THE

PURPOSES

OF

EDUCATION

A Conversation Between

John Hattie and

Steen Nepper Larsen

教育的目的

『可见的学习』对话录

[新西兰] 约翰 · 哈蒂

[丹麦] 斯滕 · 内佩尔 · 拉森 著

柴楠 译

教育科学出版社

· 北 京 ·

内容简介

教育的目的是什么？教育研究与政策有什么关系？在"可见的学习"和教育哲学的双重视角下，约翰·哈蒂（John Hattie）和斯滕·内佩尔·拉森（Steen Nepper Larsen）进行了拓展性的对话，涵盖许多有趣的话题。这本书涉猎广泛且内容丰富，提供了有关教育本质的基本命题。本书引人入胜而细致入微地将哈蒂的实证数据和风靡世界的"可见的学习"范式与丰富的教育哲学传统相结合。此外，本书还探讨了教育目的和学习型社会中学生的发展等重要话题。

本书既是文化的碰撞，也是思想的交汇，不论从哪方面来说，它都引人深思。同时，这本有趣的书也会启发从幼儿园、中小学到大学的各级教育系统中的每一位教师、学生和家长。

对话涉及：

教育的目的是什么？

教育数据能否说明问题？

教师的作用是什么？

学习是可见的现象吗？

教授和学习特定的学科是否重要？

神经科学研究的作用是什么？

教育研究和教育政策是什么关系？

国家在教育中的作用是什么？

约翰·哈蒂，澳大利亚墨尔本大学荣誉教授，他的"可见的学习"系列书籍已被翻译成 23 种不同的语言，销量超过 100 万册。

斯滕·内佩尔·拉森，丹麦奥胡斯大学教育学院副教授，出版过诸多学术书籍并发表过若干篇期刊文章。他是丹麦《信息报》（*Information*）等媒体的评论家，为丹麦广播电台 P1 频道做过几档大众类哲学节目。

目　录

1

前　言

对话的精髓是尊重、学习和对话者的共同在场。哲学领域有着对话的悠久传统，柏拉图的诸多对话集可能是这一传统中最为辉煌的典范，至今，我们也只能通过这些对话来了解苏格拉底。当我们聆听他人时，我们可以对自己内心的信念和假设予以省察；当我们向他人展示自我时，我们已听取了他们所说的话，并报以完全的尊重。对话使我们能够与他人求同存异，能够对观点进行澄清和批判；与此同时，对话使我们变得细腻而成熟，将我们引向激动人心的思考。

自《可见的学习》出版以来，对该书的讨论从未停止。对许多人而言，这本书使他们感到耳目一新；但对另一些人来说，它要么因过于量化而颠覆了他们的核心信念，要么被认为是完全错误的。在随后的几年里，不少学校依据"可见的学习"的故事完成了许多系统性干预措施——其中最早、最全面的是丹麦的一些学校。那时，丹麦的政治议程在很多方面颠覆传统的运行环境，并利用"可见的学习"的主张来为这些变革辩护（其中有的归因错误，有的则正确）。因而，在那里出现强烈的抵制行为和一群批评人士，讨论日益升温也就不足为奇了。

学术思想在最初的批判声中蓬勃成长。学术模式需要被检验、证伪和重建。我们通过批判成长，因为批判假定了这样一种观念：我们对世界的认识虽然不完美，但是可以改进。我们可以整合、运用其他学科的诸多思想，可以成为勤勉的历史继承者，也可以将许多思想联系起来，但前提是我们愿意与其他领域的专家展开对话。与许多公众对话不同，当然也与许多在线论坛不同，我们对话的目的是对观念的批判，而不是针对个人。

斯滕·内佩尔·拉森给约翰·哈蒂发了一份他对"可见的学习"的评论，并礼貌地征求后者的意见。哈蒂的回复很长，被斯滕认为"苛刻"，这与他的本意相去甚远，这是通过电子邮件进行对话引起的误解。约翰声称"从根本上反对您（斯滕）的观点，从内容到实质。您对'可见的学习'有太多的含沙射影、忽视和误读，而没有考虑到该书对您身边学校产生的实际影响。……我很乐意通过回信来进行对话，虽然我尊重您的观点，但至少下一篇文章的批评针对的应是我所说的内容，而不是您想让我说的内容"。瞧，这也许很刺耳，但斯滕发起了一场更深入的对话。

斯滕回应说，他要解决的基本问题是"什么是学习效应量的本体论？学习能被理解为一种可见的现象吗？当国际、国家和地方的政府官员与教育管理者实施'可见的学习'的信条或'一揽子计划'时，学校和学生会发生什么？前两个深刻的问题是哲学问题和本质问题，第三个问题主要关涉教化（Bildung）、对自由思考的威胁，以及自主学校的消亡问题"。

很明显，目前已存在两种文化：属于哲学家的世界，以及属于教育心理学家和心理测量学家的世界。关于彼此的传统和语言，我们有很多东西要学习。斯滕还带来了音乐家丹尼尔·巴伦博伊姆（Daniel Barenboim）和文学理论家爱德华·萨义德（Edward Said）之间对话的精彩范例，并建议我们通过这样的对话来增进对彼此观点的了解。书中对话的形式在哲学中并不少见，在教育领域却很罕见。在《共鸣教育学》（*Resonance Education*）中，社会学家哈特穆特·罗萨（Hartmut Rosa）与教育者沃尔夫冈·恩德雷斯（Wolfgang Endres）讨论了个性化和可持续性学习的基本特征，以及如何将"共鸣"概念应用于学校和教育领域

（Rosa & Endres 2016）。但这样的对话不是通过电子邮件进行的，电子邮件很快就会变成"我说，不，我说过"，其中几乎没有互动或澄清，而且这种交流常常是在缺少倾听的情况下强化各自的立场。对话很容易显露苛责。雪莉·特克尔（Sherry Turkle）写过一篇精彩的文章，描述了从交谈到没有眼神接触的交流世界，人们只会触摸键盘而不会注意到面部表情和眼睛凝视的细微差别，也不会注意到我们是如何孤独地共处着（Turkle 2017）。我们还要引用米歇尔·福柯（Michael Foucault 1984）的话："思想并不是存在于某一行为中并赋予其意义的东西，相反，它允许一个人从这种行为或反应方式中抽离，然后把它作为思考的对象进行自我呈现，进而对其意义、条件和目标予以质疑。思想与将自我从自身行为中抽离的自由相关，它将其确立为思考的对象，并作为一个问题予以反思。"因此，斯滕评论说他"脑子里酝酿着一个想法"：为什么不见面谈一谈呢？

他整理了一些关键的话题：一起来谈谈教育的目的。这远不止是好奇，而是探讨"可见的学习"的范式和结果之外的回答，其中大部分内容目前都包含在本书中。他写道："我们可能会互相挑战和挑衅，我们思想的碰撞很可能会促成彼此自我反思的更新、将教育的未知视角公之于众。我们可以讨论教育的目的、人类为什么需要教育、教化的精髓、教育中的自主性、 研究与政治的关系、学习的概念、学习的（不）可见性、教育在社会中的作用、教育的未来、网络学习和异化等等。"

需要考虑的是，尽管世易时移，政府会改革，部长会更替，但我们依旧应该针砭时弊。

斯滕收拾好自己的 11 速自行车（很多想法都是在自行车上产生的），飞到墨尔本，在那里我们经过了几个星期（从 2018 年 5 月到 6 月）的交谈，我们记录然后转录这些对话，再继续工作和修改，我们有了更多的讨论，并重新梳理、深入探讨，最终形成了这本书。这是一项充满爱的劳动，因为双方都从学习对方的语言、思维方式和（相信你也会看到）不同的视角中获益。

如果说曾经存在过脱口成章的范例，那么这本书旨在捕捉这种现象。

请允许我介绍谈话者："可见的学习"先生——约翰·哈蒂（1950年生人），以及"教化"先生——斯滕·内佩尔·拉森（1958年生人）。

1 邂逅

约翰：欢迎来到墨尔本，斯滕。在接下来的两周里，你会发现我对大多数事情都很好奇。有些事我知道得相当清楚，有些事我几乎一无所知。与你不同，我自己不是哲学方面的专家……。我记得曾向你说起，我在奥塔哥大学读研究生的时候有幸上过科学哲学课。这门课的授课教师是一位来自英格兰，名叫艾兰·马斯格雷夫（Alan Musgrave 1993）的年轻教授，他是科学哲学领域的专家，同时也是一位才华横溢的教师。他提出了一个我非常欣赏的理念：理论应该做出创造性的预测。因此，在"可见的学习"中，基础性的解释和理论不仅应该提出预测以构建理论，而且应该遵循理论构建。我们中的很多人，包括我在内，都曾偷偷地溜进他的课堂。那时，适逢他的导师、奥裔英国哲学家卡尔·波普尔在新西兰休假。当时他已是 70 岁高龄，但是，哇，他是多特别的思想家啊！是少有的能够"出口成章"的学者之一。你听过波普尔的演讲吗？

斯滕：只在广播节目中听过，但毫无疑问，我读过他的书。

约翰：他用浓重的维也纳口音说出每一个字符。他讲课时从不抬头，但我们都被深深吸引。他那时就有这样的魅力。他讨厌社会科学（和吸烟的人），但他不愿谈论，在他看来，"那不是科学"。

斯滕：的确如此。

约翰：毫无疑问，作为一名 20 岁的社会科学研究生，我被他深深吸引了，难以移步。你可以想象，他有相当大的影响力。

他当时正在写他的"三个世界"论文（Popper 1979）。他大胆猜想而后力图反驳的观点给我们留下了深刻的印象，对我整个职业生涯都产生了重要的影响。我经常引用他的观点："大胆的想法、未经论证的预测以及推测性的思想，是我们解释自然的唯一方式，也是我们理解她的唯一工具、唯一手段。"他认为，因为大胆的想法提出并预测了很多东西，因此更容易被反驳。我就"可见的学习"背后的故事做了一些"大胆的"预测——当然，其他人可以对其进行反驳，这些预测是猜测性和试探性的，其目的是进一步解释以及做出新的预测，而且它对相反观点、可证伪性持开放态度。我希望这些预测能引领我们以新的方式看待世界，并开拓新的研究。我知道关于波普尔有很多批判的声音，而且他现在在很多方面几乎被遗忘了。我不知道是否果真如此，但的确有很多人把他看作历史的幻象。

7 **斯滕：** 这取决于你的立场。 但你是对的，如果你想反思如何学会针对科学理论提出批判性问题并对其结果证伪的话，那么他 1953 年的演讲稿《猜想与反驳》(Popper 2002/1953) 仍然是一本值得参考的经典著作。

> **"可见的学习"——真正的困难在于构思故事，而非数据本身**

约翰： 是的，但你知道我的学科背景，我是测量方面的统计学家，且一直致力于此。事实上， 2009 年以前，"可见的学习"也只是我的爱好，是我在业余时间做的一件事情。

我独自花了 20 年的时间来完成它，不过数据部分不难。 元分析是一种简单明了的方法，计算效应量也不难，总的来说数据这方面很容易。数据很简单，构想故事则是最难的部分。

可以说， 2009 年的那本书（Hattie 2009 ）成功引起了人们的注意。《可见的学习》的销售量达 50 万册，这说明书中包含着一定的真知灼见，但书中的故事才是最为关键的。

斯滕： 而且这本书被翻译成了各种语言。

约翰：有 23 或 24 种语言。但这是我的第十本书，其他九本书怎么样呢？

我喜欢这个故事。也许故事并不正确，但我还是喜欢它。我的第一本书是关于"三模式因子分析"的，这本书出版于 1984 年，至今还能买到，因为他们印了 500 本，到现在还没有卖完。

斯滕：它们会是珍贵的收藏品。

约翰：因此，"可见的学习"在一定程度上促成了我工作内容的转变。我现在仍然在测量领域工作，但"可见的学习"已不像之前那样，它现在占据我工作的大部分了。

事实上，前几周我算了一下，21 年来，我在三所大学担任院长或校长，并在另一所大学担任副院长。你知道，这些工作会耗费我大量的精力，但我热爱它们。而且，在离开这类工作十年之后，去年我还在这里担任了一年的副院长。

斯滕：原来如此，但我觉得你的"可见的学习"项目也已变成了商业化项目。你走遍了世界各地，许多不同的学校都采用了你看待和评价事物的方式。不过，你是只在澳大利亚收集、统计和处理相关数据吗？

约翰：是，也不是。事实上，当我 1999 年回到新西兰时（我出生于新西兰，1974 年离开），这个国家在政治上正处一个有趣的阶段，一个政党说他们希望像美国和英国那样进行全国考试，另一个政党说："不行"，而后者最终赢得了政权。

然后，他们又说："哦，天哪，现在我们不知道如何才能知晓学校里的情况。"

于是，他们筹集了一大笔钱来举行一场五年级和七年级的读写考试，不过和以往一样没什么用。我相当反对这样做，我认为全国考试是一场灾难。

我们参加了一个非公开投标，成功中标，并建立了"新西兰评估计划"，我想给你看一下，因为这是一种完全不同的评估方式（Hattie et al. 2006）。

我们最自豪的是，参加这个计划是完全自愿的。任何学校都不会被强迫使用其中的评估工具。但17年后，80%的学校在使用这套评估工具。它非常成功。

斯滕：这与欧洲体系有很大的不同。

约翰：完全不一样。

斯滕：经济合作与发展组织（OECD）开展的国际学生评估项目（PISA）测试系统于2000年推出，目的是比较并加强不同国家学生的技能，2006—2007学年，丹麦采用了强制性的国家考试项目。

约翰："新西兰评估计划"不是强制性的。

斯滕：PISA是通过一个所谓的自愿协调计划来实施的（Krejsler et al. 2014）。不同国家的教育部部长和他们的工作人员聚在一起，协调他们的测试项目。因此，它或多或少是强制性的，现在他们正在为所有这些国家和每个"利益相关方"提供数据。

不过大体上来说，你是对所有这些国家性的方案都持批判的立场吗？

约翰：是的，我的确对此持批判态度。我想向你展示一种替代的选项，而关键在于我们可以宣称这是选择的结果。

随后，我们建立了这个体系。截至2008年，我们已经花费了六年时间来建造这个系统，但在这期间，我们逐步从系统的建造者和研究者沦为计算机系统的维护人员。我其实不想那样。

因此，我对政府人员说："是时候把它交还给你们了。"但他们最初并不情愿接管这个系统，因为他们不具备相关的专业知识。

斯滕：是澳大利亚政府吗？

约翰：是新西兰政府。我对他们说："让我经营一个以计算机为基础的公司是不合适的，这不是我的专长。我不想这么做。"于是他们就接管了公司，而且自那时起公司运营一直不错。后来我有了一个团队，我那时就想："我和这个团队能做些什么呢？"

"可见的学习"刚问世时，我就对团队说："你们的转化工作进行得很好，这是你们的专长。但我不擅长于此，也不想浪费时间穿梭于学校之间，我已经讲得太多了。"学校欢迎我去演讲，但我相信你也明白，什么都不会改变，第二天大家就通通忘了，一切只是娱乐而已。

我说："我不想做这样的事情。"

所以我说："我想要你们做的，是围绕'可见的学习'整合资源，在学校里实施这些想法。"你可以想象，那时我们对如何做到这一点知之甚少。我们坚持了大约半年到一年的时间，才在新西兰取得了成功。

在一个星期六晚上的 6 点 34 分，我的院长突然给我发了一封电子邮件，毫无商量余地地说："你必须关闭它，周一之前就关闭。它很成功，不过你对大学的相关部门造成了损失，因为这本该是由他们来处理的事，但现在大家都来找你。"你可以想象，我当时心情有多么糟糕。我在那里是有一定资历的人，但他没有与我协商。

现在回想起来，这是一个非常好的决定，它让我可以寻找其他更具包容性的、更和谐的地方，以便更好地在学校里实施"可见的学习"。于是，很多公司来找我并许诺："我们会对团队里所有人负责。"

我去了其中一家公司，成为这家公司的董事会成员。这家公司说他们会接手。我说："我这还有十个人，他们失业了。"他们也一起被接纳了。

斯滕： 你在大学工作之余还经营这家公司吗？

约翰： 不，这是完全独立的事情，而且它是一家商业公司。我说："来，我们约法三章。我不想让自己陷入这些日常性的事务当中，这不是我的特长。"斯滕，让我感到恐惧的是，对自己十年前的研究发表千篇一律的演讲，就像我的一些同事所做的那样。这不是我希望的。

"我一年给你们 30 天时间，"我说，"同时希望你们能整合资源。"就这样，这 30 天他们可以请我演讲。但换个角度说，我想要把控质量。

这样，我得到了他们在学校实施"可见的学习"模式的所有数据。现在全世界有一二百个这样的学校。我始终把质量放在首位。我的观点是，如果我看不到对学生学习的影响，那它就是没用的。有三个团队因为不能做到这点而被撤销。

去年①，该公司的商业运营基地从新西兰转到了一家美国公司（Corwin）。另外，我从大学退休，很认真地考虑要多花些时间在这些事情上，因为我很满意他们在全世界范围内提供"可见的学习"的方式。我对他们的工作非常满意，而且我相信你也知道，这并不容易，因为他们必须承担转化的工作以适应当地的环境，并雇用当地的专业开发人员。这里还有许多新东西需要学习，但从学生的表现来看，他们的工作进展得相当顺利。

比如，我看过你的国家丹麦斯坎德堡（Skanderborg）学校的所有数据，令人印象深刻。

斯滕： 那么，你是在和丹麦奥胡斯大学国家学校研究中心的负责人

---

① 2017 年。——译者注

拉尔斯·克沃特鲁普（Lars Qvortrup）教授合作吗？

约翰：是的。

斯滕：他早期是一个马克思主义者，后来受德国社会学家尼克拉斯·卢曼（Niklas Luhmann）的启发而推崇系统理论方法。如今，他非常赞成在教育研究中进行所谓的实证转向，这意味着，他同样也依赖教育统计数据。这是很大的转变。

约翰：我知道，我们进行如此的职业转向是件多么疯狂的事情。所以，正如你所知，我是一个统计学家，是的，我从来没有想过《可见的学习》会引起人们的兴趣。我写了很多版本，其中一个版本多达500多页，它有华丽的图表、大量的数据，它有每一个你可以想象到的细节，以及所有的调节变量，应有尽有。

我妻子看了看，说："会有谁愿意读它？"我意识到大概只有我们两个人会读，所以我放弃了这些内容，而她发明了那些刻度盘来说明流程。当她看到新版本时，她说："也许现在会有十个读者，因为还是有太多的数字。"所以我做了更多的修改，减少了测量的痕迹，同时力图以更具解释性的方式保留证据。

珍妮特（Janet）① 是墨尔本大学的评价学教授。你在哪里工作？奥胡斯还是哥本哈根？

斯滕：在哥本哈根，我们有教育心理学系、教育哲学系、教育社会学系和教育人类学系。这四个系的名称中都有前缀词（"教育"，丹麦语：Pædagogisk）。这确实很有趣，但我实际上属于教育科学系（丹麦语：Uddannelsesvidenskab）。此外，我是一个评论家，例如为研究性杂志和丹麦《信息报》写书评。

11

---

① 哈蒂的妻子。——译者注

我妻子伊达·温特（Ida Winther）是人类学教授。谈及教育人类学，它既可以研究正规学校机构和非正式学习中的社会进程，也可以描绘学生如何进行自我的视域拓展；它既可以探究分裂的家庭中人与人之间是如何相互影响的，也可以分析不同移民背景的相关主题是如何层出不穷的。教育人类学是一个非常有趣的项目，它支持学生在进行田野研究的同时进行广泛而多样的调查。

斯滕："在这个世界上，大量的数据和应用数学取代了所有其他可能使用的工具。从语言学到社会学，所有关于人类行为的理论都被抛诸脑后，而分类学、本体论和心理学则渐渐被遗忘。谁知道人们为什么这么做？关键是他们就是这样做了，我们能够以前所未有的精确度来追踪和测量。只要有了足够的数据，数据本身就能够说明问题。"（Anderson 2008）

因此，出生于 1961 年的英籍美国作家、企业家、《连线》杂志编辑克里斯·安德森（Chris Anderson）早在 2008 年便在其著名文章《理论的终结：数据洪流使科学方法过时》中预言，大数据革命将改变一切。

安德森声称数字本身能够说明问题，并指出我们应该摆脱科学。在我们开始讨论教育领域中的效应量问题之前，我想知道你是否同意他的观点。但首先，你读过这篇文章吗？

约翰：读过。

斯滕：不知道我这样理解是否正确，安德森认为当数据足够多时，它们就能够自我释义并内含真相，你反对他的这一观点，对吗？

约翰：没错，我完全反对这种简单化的理解方式。

斯滕：我也不认同。你在做研究时似乎更喜欢思考和推理，同时你也倾向于遵循这样一个原则，即数据必须独立于特定境脉、相关主题以及收集数据时的情境，以此保证数据的"真实性"。

约翰：不，刚好相反，这些都是经验性的问题（empirical questions）。

斯滕：经验性的问题？

约翰：是的。解释需要被检验和评价，以适应境脉中的调节变量，诸如此类。

斯滕：你的方法令人印象深刻。有人批评说，数学、诗歌、社会科学、体育等任何领域的研究之间都有巨大的差异，但你的方法可以将所有研究维度包含在一个项目中。显然，你的研究设计并没有依赖于学习内容的实质。

约翰：也不完全是这样，因为学习内容是否重要是一个经验性的问题。这是我经常问的问题：内容在本质上是否影响整体的解释？我很难找到证据证明这一点。

斯滕：或许二者的确不相关。

约翰：不，它们相关。我的观点是，这些都是经验性的问题：在数学中最有效是否意味着在英语中同样有效？对 5 岁儿童和对 15 岁儿童来说最有效的方法是否相同？这些都是经验性的问题，到目前为止，几乎没什么证据能证明，最有效的方法会因不同的学习内容（数学、英语）或年龄而存在差异。

我很谨慎地对待这个问题，学生都是独一无二的，各个学科也具有各自的独特性。我们的结论并非不顾学生的年龄、学科而一视同仁地对待每个学生。我们的结论是，各种最具影响力的策略相结合能够最大限度地发挥作用，这无关学生的年龄、学习内容等。

我认为那些为个体差异模式辩护的人应当承担责任，因为我很难看到支持这种模式的证据。的确，我们需要根据学生在学习周期中所处的位置、他们前进的实质和轨迹，以及成功标准中的挑战来调整总体策略，但"可见的学习"中的核心原则适用于大多数学生。

斯滕：我的观点是，如果你维护的是学科本位的教学，那么你就会认为教学理念可以与建立在客观证据基础上的抽象认识相抗衡。

约翰：但我想反问你一个问题。为什么学科相关知识对学生学业成就的效应量几乎是零？教师对学科知识的了解程度对学生的学习几乎没有影响。

斯滕：我认为教师充实的学科知识本身不足以代表教师－学科－学生交互的丰富世界。

约翰：但学科是由教师来教授的，不是吗？

斯滕：学科不仅仅（或不完全）靠教师来教授。例如，学生可以阅读和解读文学作品，甚至可以自己写诗。教育教学的内涵远远大于从教师到学生的单向或自上而下的交流（Larsen 2015b）。与自由思考和学习的年轻人进行教学互动，可能会打开通向神奇的艺术工作、神秘的数学图形和方程结构的大门。

约翰：的确如此。

斯滕：你似乎把教师是否准备好、是否清楚地陈述了学习计划和目标看得太重了。我认为这种方式并不是最关键的，尽管学科自身有着某种无可比拟的影响力，但是深入挖掘学科的"逻辑"、学生看待和解读学科的实际行为是非常重要的。如果你不提及学科，那么学校生活就会在很大程度上面临消亡的危险。

约翰：是的。但我的观点是这样：我对迄今为止收集到的证据的研究和解释是，学科知识、学科教学知识——无论你用什么来命名，都很难起到举足轻重的作用。这就是为什么我们花了10—12年的时间试图解释它的无关紧要——因为它理应很重要。

斯滕：你一开始就有一种先入为主的观念，认为学科知识应该很重要，然后你从数字中发现它并不重要。这样理解对吗？

约翰：对的。

斯滕：那么，你如何解释这一结果呢？

约翰：我们大约做了七八项研究，试图了解为什么学科知识的影响如此之低，但都失败了。我们也看到了一些解释，比如，教师一般需要与学生建立良好的关系，教学就是教学，等等。之后，我们不得不退后一步，观察教师们平时在课堂上的互动方式，发现有很多的"讲授和练习"。

"讲授和练习"是一个很好的方法，教师们使用这个方法有几十年之久。我们一直在做的另一项研究是记录教师的课堂教学，我们发现教师的平均讲话时长超过课堂时间的80%。

再次重申，教师的讲授是有用的。此外，半数以上学生更喜欢教师多讲授，他们早已熟悉这一流程——听讲、复述，每个人看起来都很开心！

⑰ 斯滕：这些数据、解释和理论线索也可能取决于你生活在什么样的体制中。例如，丹麦就有蓬勃发展的实验和多种学习逻辑。学生们做演讲（小型讲座），在自主项目小组中工作。他们采访别人，从各种渠道收集信息，等等。

约翰：对，这点要谨慎对待。我们的研究主要在英国、澳大利亚和美国。

斯滕：在德语中，称之为"Frontalunterricht"（自上而下的教学，包括教师面对面的监督）。

约翰：另一件事是，当你观察学生所做事情的本质时，学生所做的90%以上的学习都是表层知识的学习，这很不合理。

斯滕:你可能是对的,的确不应该这样——课堂里所发生的事件中,有一半都是在复制学生已经知道的知识。

约翰:是的,这是站不住脚的,但事实如此。现在,如果是这样的话,那么就可以解释为何教师只需要比学生领先一步就可以了。但是,假设教师的话语量减少而学生的发言增加,教师提问的数量减少而学生的提问增加,改变表层学习和表层到深层学习的比例,那么我们就有证据表明,学科相关知识非常重要。

斯滕:因此,你通过数据和统计所描述的,或多或少是一种传统体系的失败,而不是宣传它应该是什么。

约翰:正确。但更重要的是,我们正试图为某种发现(学科相关知识的低效应)提供解释。我们并没有说学科知识不重要,我们要说明的是为什么它看起来不重要,在这个问题上,我想我们有一些答案。

无独有偶,班级规模也是低效应。许多评论家对其影响如此之小感到愤怒,但事实如此,这是一种积极的影响——缩小班级规模的确与更高的学业成就相关——只是这种影响非常小。有那么多的观点都声称这种相关性应当是密切的、令人信服的、诱人的且"显而易见的"。那么,为什么效应量这么小?我认为我们需要认识为什么它的效应量小,以求改善。

斯滕:这也取决于你的组织方式。 如果你是一名现代大学的教授,你会花较多时间指导学生自主选修的写作项目。

教师能够帮助学生展开论证的有效方法是,通过彻底、深刻、仔细地阅读他们的论文,为他们提供关于如何加强学科知识和实现写作目的的建议。你和学生在一起,论文在你们二人之间,为了让这篇论文实现"三度"绽放,你们双方的注意力高度集中(Larsen 2015c)。这个过程

18

与那种单向指令"我知道你应该学什么"非常不同。

约翰：我犯了一个错误，不过这也许是好事，就是这个从 1 到 250 的影响因素排行榜，榜首是"教师集体效能"，榜尾是"无聊"。这个排行榜经常被人误解，有人说排名靠前的是好的，排名靠后的是糟糕的。我们必须认识到，一些排序靠后的因素可能也很重要，排名靠后仅仅是因为实施得不好，缺乏强有力的引入方式。学科相关知识就是这样一个例子。我们不能将其视为无关紧要，而需要先深入了解其影响力为何如此之低，然后才能纠正错误并确保其发挥作用。

正因为如此，在我接下来的著作中将不会再有排行榜。

目前，我并不后悔呈现这个排行榜——至少它引起了人们的注意——但它的缺点是人们流连于此，对我工作的许多批评都围绕着这些排名。我想有许多针对我的评论者从来没有读过我写的关于排名的那些文章，他们只是看了数字。例如，最近有一个博客提到了排名，然后声称不能这样做，因为有调节变量、有重叠、每个项目的平均值过于粗糙。显然他们从来没有打开过这本书。书的全部内容都集中于发掘背后的故事，而这些故事就建立在影响因素的重叠、调节变量和变量上。这就是你为简单概述而付出的代价——它们被断章取义了。

教育中效应的本体论是什么？

斯滕：我们转向一个深刻的问题，不是误导性的排行榜评级，不是教育中的因果逻辑关系和效应测量，我想知道你是否认为存在一种被称为效应的本体论的东西？ 例如，一个效应本身是否有内在价值、相关价值或外在价值？ 或者，效应仅仅是一个标签或名称，用于收集与在其他测量体系下的进步或倒退相关的正确或错误的答案？ 不过根本的问题是：什么是效应的本体论（Larsen 2015a，2017b）？

约翰：如你所知，效应和效应量的概念在统计学中有很长的历史——它们只是与 z 分数相关的标准偏差单位。这很简单。基恩·格拉斯（Gene Glass 1976）首次在他的元分析研究中将效应量作为核心概念。因为效应可能会不恰当地暗示因果关系，所以它常常被误解。现在，当你解析效应量的多种形式时，你会发现它可能是相互关联的（如个性之于成就），可能意味着教师的控制对象（如教学方法的选择），也可能是某种我们可控或不可控的学生属性（如学生的性别）。

效应量是所有这些关系的综合体，它有多重含义，故而备受关注。在我的研究中，我们控制或不控制、改变或不改变每一种效应量的影响都被讨论了，但批评者有时却忽视这一点，他们从头到尾都只看到平均效应。

问题是，我们是否可以在不同类型的影响之上综合这些效应量？答案是肯定的，但不同类型的调节变量的"故事"至关重要。

好了，这就是效应量的统计学概念。

斯滕：我担心的是，在行政和教育规划领域，或者从地方政府的角度来看，他们想要物有所值，想要立竿见影。于是，"效应"就或多或少地等同于学生对已知问题的正确回答和现有分数的提升等等。

约翰：你说得没错。

斯滕：行政式和管理式的体制误解了效应并简化了对其的理解，这将是致命的，因为它有可能导致教育系统误入歧途。

约翰：对于那些从未跳出过效应和量"本意"的人来说，效应量确实是一个误导性的字眼。

斯滕：他们认为高分比低分好，三个正确总比两个错误好。就这样，效应被解读为生硬的"事实"——将简单化的结论合法化。

约翰：是的，我同意你的观点。我希望有另外一个词能避免这样的误解，但从统计学的角度来看，效应量这一概念十分明确。效应量是表示差异大小的一个指标——通常是干预前与干预后的测量值之间的差异，或者是干预组与对照组的平均值之间的差异。从解读的视角看，效应量是内容丰富的包裹，里面的东西是最吸引人的。

斯滕：所以，一方面你在测量效应，另一方面你也看到了其他的影响，诸如所处位置、权力结构、多因素场景和相互关系等，那么你如何确保在不同研究视野中对效应的解释是一样的？

例如，鉴于我们已在教育资助中投入了大量的资源，故而希望能够看到这一效应在学生身上引起的长期效果。

再例如，作为一名7岁的学生，与其他学校的同年龄学生相比，回答关于幸福、未来生活或期待的问题，对我的一生意味着什么呢？由此，我们可否创造一个效应测量仪之类的东西，它可以不受到文化背景及大量潜在的相互关联的影响，以避免它们对"结果"产生影响？

约翰：完全独立的效应量是不存在的。

斯滕：好吧。那就得始终把它放在特定背景下了。

约翰：自始至终。同时你要一直关注调节变量。5岁或15岁、男孩或女孩，是不是会有不同的解释和不同大小的效应？这是最关键一步。正如你所说的，这就是将各种变量整合为所谓效应量时产生的问题。但是，你确实要关注这个问题，正如我们谈话开始时所提及的，这就是为什么最容易的部分是数字。最困难的部分是解释——试图解释这些效应量的多重含义，以及研究各种调节变量。

斯滕：我们能谈谈三步逻辑吗？第一步，你有学校范围内的复杂关联；第二步，你把它们"转化"成数字；第三步是元分析，这一步要完成对数字的深入解读。但第一步没那么简单，对吗?

约翰: 当然不简单。

斯滕: 这是否因为你一定要工具化, 以及采取简化主义的方法——将复杂背景、文化、教育等等不同的社会化"材料"转化成数字? 这个过程的确不容易, 也许根本做不到……

你可否尝试把我的观点和你所推崇的波普尔的证伪原则联系起来? 我知道有人试图通过证伪研究表明理论和实证数据之间的真实关系, 但是你如何证伪一个故事(或一种解释、一个语义学视域)呢?

约翰: 是的, 要考虑到各种条件性影响并不容易。有些人认为用证伪的方法是不可能达到目的的, 但这是不对的。你可以用这样的方法, 而且我已经这样做了。关键问题是这些解释是否站得住脚。

想象拿两个研究做比较。它们的效应等级是一样的, 看起来像是相似度很高的复制品, 这让研究变得轻松。现在, 想象两个研究的效应等级不同且出自完全不同的样本, 此时对细节的关注就变得重要。若再考虑到成百上千篇文章, 对细节的详细解读就变得更加重要了。我试图从800多个元分析(2009年时)和现在的1600多个元分析中构建一些共同的主题。这些共同的主题在多大程度上可信、可复制、有效? 这就是问题所在。

我知道简单的平均值、简单的故事、简单地无视细微差别, 确实可能产生误解。我用平均值来设置一个"转折"——与这个转折之外的影响相比, 有哪些共同的属性有助于解释所讨论的影响?

我在书中做出了许多推测, 并持续完善主要观点, 包括邀请教师和学生一起工作以评估他们的影响力; 要求学校对影响所有学生保持透明并设立高期望; 对学习内容及深刻概念建立明确的成功标准; 使用符合金发姑娘原则的挑战(不太难, 也不太枯燥)以促使学习者达到这些成功标准；将错误视为学习的机会，即建立包容错误、高度信任、支持可能的失败和支持学习的环境；教授如何听取关于影响力的反馈（尤其是对教师的反馈）并最大化地利用反馈；关注表层学习（内容）和深层学习（关联）的适当比例，以及学习的迁移；等等。这些都是大图景下的推测，这些推测超越数据、导向新的预测，而且人们可以通过寻找证据证明它们可能是不正确的（正如波普尔要求的那样）。未来，可能会有新的研究表明这些推测要么是不正确的，要么是可以被超越的，即新的观点能更完美地解释数据并且大胆预测这些推测实施后即将发生什么。

　　我目前正花大量时间来评估这些推测的实施状况，我与杰出的设计师和教育工作者们合作，忠实地实施这些推测；也与评估人员密切合作，探寻有关这些推测的优点、价值和意义的证据。

　　斯滕：真是艰难的探索旅程！先从复杂的境脉到数据，再从数据到阐释，再从阐释到政策……

　　约翰：还没到政策层面。我待会儿再说这一点。

　　斯滕：不过你要处理四个不同的层次。

　　约翰：你说得对，艾莉森·琼斯（Alison Jones）给予了有史以来最好的评论（我在《可见的学习》一书中引用过），我非常喜欢这个评论。她是一名社会学家，也是一位优秀的同事，她有一次和我聊天后说："约翰，你能把学校班级简化为两位小数，这给我留下深刻的印象。"

　　这个玩笑非常非常准确——事关解读的品质，而不是把每一项研究都视为精确严谨的，进行过多的解读。

　　有相关的批评认为，我所调查的效应只与学业成就有关。的确如此，但我也没有理由说 2009 年的那本书仅仅是关于学业成就及其多重意义的。当然，课堂上肯定有一些关键的事情比学业成就更重要。

德国有一个团队在关注我的研究，但他们更关注动机和情感结果。我在过去三年完成了一个全新的综合研究，关于学生如何学习，即学习策略，之后我还会继续做这类研究。多年来，我们一直致力于一项涵盖儿童健康、营养和体育教育的综合效应研究。大卫·米切尔（David Mitchell）出版了一本非常棒的书，是关于对特殊需求学生的影响的（Mitchell 2007）。还有其他综合了众多元分析的研究，涉及高等教育阶段学生、技术方面等，与此同时，还有更多的元综合研究正在出现。

作为三个男孩的父亲，我被亨利·莱文（Henry Levin）的观点所激励，他说，成年人健康、财富和幸福感的最佳预测因素不是学校学业成就，而是受教育的年限（个人交流，2013）。因此，无论是研究还是在政策领域，我都花费了大量的精力探索如何让学校更吸引学生。

这些是很重要的。

一些评论认为我过度沉迷于学业成就的影响，但它的确是学校教育的关键部分。而我也并非一直沉迷于此。学业成就只是其中一个重要的组成成分，我肯定不会说它不重要。

就像我对 PISA 和国家评估计划（National Assessment Program-Literacy and Numeracy，NAPLAN；澳大利亚国家学校评估，每年举办）的看法那样。阅读、数学和科学是至关重要的，我没想舍弃这些测量项目。但我想要更多的内容和更宽的论域，例如，我希望学校和教育系统重视音乐、艺术、历史、首创精神、好奇心、创造力等等。

斯滕：你是否有完整的数据，以便能够对不同的学校、不同的教师，甚至是全球不同的国家做比较？

约翰：没有教师的数据，只有学校层面的数据。在我看来，学校是一个恰当的分析单位，因为学校领导者对学校里所有人的表现负有最大的责任（在不同教育体制之间比较时也是如此）。我在澳大利亚遇到的问题是，所有的数据平均值和非常多的细节都在网上公开。政府的设想是，当家长面临送孩子去哪所学校时，这些网上的“数字”能够提供可靠的依据，同时也敦促学校对家长负责。

好消息是几乎没有家长登录过这个网站，即便他们看过，大多数家长也只会看到平均成绩，而不是增值评价的信息。正如我们所注意到的，平均成绩所能揭示的儿童经验很有限，但很多家长只关心孩子在学校里会认识哪个分数段的朋友。40 分钟的考试成绩公布后，这份成绩报告就会给学校施加很多压力，要求学校在我们所看重的狭窄标准内表现好。

我的观点类似于经济学家：我们应该有一篮子商品，并关注篮子里有什么。但目前看来，篮子里的商品完全由一系列狭隘的测量标准来决定，而我认为这是不对的。

有很多方法可以让我们更多地了解课堂的细微差别。在过去五年里，研究设计中最令人兴奋的进展也许是元分析和质性研究的发展。我认为这非常令人振奋（Kennedy 2008）。

斯滕：质性研究需要你与他人进行长时间的交谈，比如中小学生，不是吗？

约翰：是的，这是一种理解。对质性研究的另一种理解是关键在于研究者必须提出正确的问题，倾听恰当的讨论，并做出最有效的解释。通常，这些解释都是基于小样本的，相较于普遍性的解释更具深度。当然，解释也应该是量化分析的核心概念。

如何对“影响因素”进行排序？

斯滕：你有 130 个或 140 个影响因素……

约翰：我最多时有 250 个影响因素，没错，我也可以有 350 个，但这都无所谓，它们都不是关键，关键是它们之间的相互重叠。这是我花了 20 年一直研究的内容。数据当然会相互印证，这些重叠的内容就是故事的主题。研究目的是建立一个关于重叠的故事，将高于平均效应量（0.40）的影响因素与低于平均效应量的影响因素区分开来。 0.40 只是所有效应量的平均值，但太多的人将它视为神奇的东西。它并不神奇，它是所有当前影响因素的平均值。我们已经谈到过一些效应量很小的重要影响因素，并呼吁理解为什么这些影响因素的效应如此之低（不要因为不符合我们的预期而放弃这些证据，比如班级规模、基于问题的学习、技术等）。

斯滕：你也曾写过，不论我们做什么都会产生影响。

约翰：是的，这是一个让人意外的结论。

斯滕：即使我们什么都不做，也会产生影响。

约翰：这个嘛……

斯滕：如果教师进入房间，说："好了，我没有计划，你们接下来想做什么？"
我猜这同样有影响。

约翰：不完全对。差不多每一种我们引入学校的影响因素似乎都有积极的作用，也就是说提高了学业成就，所以效应大于零。因此，我们似乎总能找到证据来支持我们的想法、政策决策和任何创新。所以，我们需要把争论从"什么有效"改为"什么最有效"。
目前的困境之一是，几乎没有有效的方法让教师识别那些表现远低于自身潜力的学生。 我们不能用"学业成就"来衡量学生，这里存在矛盾之处，因为不是每个学生都会成为爱因斯坦，也不是每个学生都会成为毕加索。这就是为什么我会花很多时间来研究智力的概念或基本技能和潜能的其他测量方法。我们在学校所偏重的过于片面，让学生看待成功的视角也过于片面，事实是我们很可能会让很多学生掉队——尤其是那些背景不好的学生，而这些学生当下的失败又会导致他们未来的失败。

当我还是个孩子的时候，在新西兰的南岛，没有人告诉我说我们不富裕。小镇很小，我们没有汽车，乡村没有电视，最远的旅行就是乘公共汽车进城。现在，学生们被千方百计地告知，他们资产贫乏，出身贫寒，不太可能在世界上取得成功，而这些明示或暗示的说法无疑让学生望而生畏——这是一种犯罪。

很多时候，对家庭资源抱有期望会导致自我实现的预言。我为自己当年的天真而感恩。

还是效应的问题——因果与相关

斯滕：咱们换个话题吧。我在《学术视野杂志》（Larsen 2015a）上发表了一篇名为《约翰·哈蒂证据信条的盲点》的文章，对你的研究提出了一些评论，你可能对此有一些回应。

约翰：是的。

斯滕：我的基本论点是你的证据信条有一些盲点，所以……

约翰：我们可以逐条看看。你说："约翰·哈蒂从来没有解释过效应的实质是什么。"我们是不是已经讨论过这个问题了？

斯滕：是讨论过，但是你对我评论的回答主要是什么？当谈到影响数值时，你说某些因素的效应量大于 0.40，而且越高越好，比如 1 点几分或 0.9 分，那么我很难理解不同的因果逻辑和相关逻辑是如何隐藏在这些数字背后的。

约翰：正如我所指出的，影响不仅仅包括学业成就，最重要的是教育工作者要三角互证测量、讨论，并获得与他们自身影响力相关的证据。 是的，我选择了 0.40，因为它是所有 250 种影响力的平均值，然后我的目标是了解那些高于和远超出这个平均值的影响力。

我认可"效应"这一术语暗含着因果，但在大多数情况下，它并不是因果关系。文献综述（而元分析不过是一种体系化的文献综述）就是推断意义、检验假设，以判断影响的高低。

斯滕：我试着去理解你论点的内容和结构。但这并不容易。

约翰：不，只是有些人完全忽略了文本。很多人自始至终都仅仅看到那个有 150 至 250 种影响因素的排序表，好像排序表没有背景说明或故事。排序表的创建是为了带来更宽广的视野，但最终排序本身反而成为一个故事。排序表在某种程度上的确发挥了作用，但正如我已经提及的，从某种角度来说，我后悔创建了它，因为大家止步不前，只关注到了排序。有的人声称这样的排序表是不可能的，这是无稽之谈；有的人认为各种影响因素之间存在重叠和交互，确实如此；还有人声称排序表存在分类失误，我认为这一批评是大多数文献综述都会遭遇到的。无论如何，他们都没有看到排序表背后的论证和解释。

是的，这个表格包含相互关联的影响，如不同的干预和各异的学生背景，所以现在我用更多的条件限制来重制这个表格。我还打算纳入数据的可信度、研究的质量（在我有限的资源和关于测量质量的巨大争议的情况下做到最好）等等。这些增加的内容不会改变"故事"，但我希望能减少一些评论家对排序的过度依赖，他们往往只把排序本身看作故事。

斯滕：就是这样，不是吗？效应意味着因果。

约翰：是的，的确如此，不过效应量作为元分析中的主要统计量是个失败的概念，因为作为一个统计概念，它并不意味着因果。效应量只是两个平均值之间的标准差。

斯滕：日常生活、日常语言中，效应有不同的含义……

约翰：完全正确。除了更典型的"因果"概念外，效应也意味着某种特定影响的结果。

27 斯滕：……几乎总是有一个 A 导致 B 的单向逻辑。

约翰：是的，比如那些患有遗传性疾病或来自不同家庭的学生，作为一名教师，你无法干预和改变这些。

斯滕：另一件让我印象深刻的事情是，当我在 2010 年前后第一次阅读你的作品时，我认为你似乎总是在陈述显而易见的事情（Larsen 2011）。也许这没什么，但我们是否需要数百万的数据和大量的元分析来说明显而易见的事实呢？

约翰：说明是什么导致了显而易见的事实，或重构叙事，这通常就是学者的工作。但我们需要小心。纳特·盖奇（Nat Gage）写了一篇关于为什么研究不是"常识"的文章。盖奇（Gage 1991）认为，不应该相信一个研究结果是显而易见的。之所以有这样的观点，是因为人们倾向于认为任何关于人类行为的合理陈述都是显而易见的。这种观点可能没错，但并不能让研究更正确或者更可信。当然，有关重复性研究中的频率和一致性的研究问题应该质疑常识。

斯滕：好的，说到显而易见，比如，教师在上课之前做好充分的准备要比没有做准备好,透过学生的眼睛看问题要比高高在上地对他们发号施令更好……。世界上有谁会反对或质疑这些"发现"呢?

约翰:是的,你举了一些很明显的例子。但"可见的学习"模式中同样有许多反常识的事实。例如,当你去听那些教师在谈论什么,去参加专业学习会议,去观察教师教育,等等,所有一切都是从教师的角度看问题。所有这些都是关于如何教学,关于如何对学生分类,关于课程设置,以及关于(通常是反对)评价的。"可见的学习"更多的是关于教学、课程和评估的影响。

斯滕:你甚至可以从行政管理的角度看。

约翰:……或者是督导员。

斯滕:……还有校长或者"教育家"(规划师和管理者)。但我有一个问题,你曾说过这是对明显事实的陈述,而且它非常符合效应语言。那是我最担心的。 在我看来,效应的本体论这一棘手问题没有最终答案,只是向读者呈现了一个明显的事实和相应的数据之间可以自我协调的循环。

约翰:是的,但是我们作为学者又该如何呢? 我们重新诠释了"是什么",用不同的叙述、更好的解释、更好的转换方式和理解来达成这一目的。我常向同事们引用这句话:"有一天你回家说:'天哪,我是个骗子。我的工作只是重塑。'那你就是一个真正的学者了。"这是亚里士多德的论点——太阳底下没有新鲜事,或者引用《圣经》中的格言:"已有的事,后必再有。已行的事,后必再行。"我试图对我所看到的证据进行不同的叙述。回顾或是文献综述应该强调"重新"审视——它确实是在回头看我们所声称的已知的东西,它讲述的是关于这些过往主张的故事,它旨在通过不同镜头下的再审视以推动研究领域向前发

28

展——这就是一项关于回顾和元分析系统过程的工作。

从某种意义上说，这稀松平常，也显而易见。但如你所知，你必须直接做出令人信服和合理的决定。正如爱因斯坦所说，一切都必须尽可能简单，直到不能再简单。当我读弗莱雷（Paul Freire）的时候，我可以看到他的叙述，他对文献和所有一切的重塑——这是令人信服的（Freire 1970/1968）。学校教育的叙事能够让我们看到其中的教师、学校和学生。效应量和调节变量允许我做出这些（我希望是）大胆的声明，它们确实是可证伪的。除此以外，我没有宣称更多的观点。但你提到效应意味着因果时，你是对的。一般来说，效应不是因果关系（如果这种效应源自罕见的控制研究，它们可能会被如此解释，但通常要谨慎对待）。我希望现在我们能更好地理解效应量无法回答"为什么"问题和"是什么"问题。它给出了各种影响程度的指标，但困难的是解释重叠的部分、背后的故事、叙述，以及提出前所未知的内容。

斯滕：希望政界人士和教育界的官员能看到你们的保留意见，因为他们以前一点都不了解。在政治和行政领域，因果逻辑的语言和思维方式似乎占主导地位。

约翰：他们看了看排序表，对效应量大的影响因素说"要，要，要"，对效应量小的说"不要，不要，不要"，而这从来不是我想要传递的信息。

斯滕：他们都偏爱效应量最大的影响因素，他们认为那些处于效应量顶端的"原因"是最重要的，而底部的则不重要，风险即暗藏于此。这似乎完全违背了你的初衷。你认为我们应该更多地思考那些低效应量吗？

约翰：当然需要，我花了一些时间试图弄明白为什么这些低影响因素处于底部。例如，我做过一些研究，现在还在继续，也发表了关于班级规模、学科相关知识、留级、问题导向学习的文章，思考为什么三分之一的反馈都是负面的。当你接受这些影响因素小的证据时，研究问题就变成了为什么如此，我们能否从中获知如何提高它们的影响。

比如，谁会希望教师的学科相关知识不重要呢？当前的证据表明它的确无关紧要。当你接受了这一点，你就要重新审视自己的研究视角，去理解为什么不重要，并纠正这些抑制因素——这正是我和我的团队提出这个问题的原因——我们得到了很好的结果。反对、否认或诋毁这些发现仅仅意味着我们可能会继续看到学科知识或教学内容知识的低影响。

正如我所说的，我要对影响因素列表负责。它服务于特定的目的，所以我不打算说我后悔做出这个列表。我不后悔。它提供了一个视角来看待影响力的高和低；它让所有的批评者面对如何更好地解释排序的挑战；同时它还向一些支持者表明，他们所看重的影响因素所产生的效应，如在提高学业成就（即大于零）方面，要比另外一些影响因素所产生的效应小得多。它强调了"相对效应"的理念。那些指示表也是一样，我想我已经说过，是我的合作者创造性地提出了这些概念，我很满意，因为它提供了一个高水平的图表，并在第一本书中贯穿始终。

是的，指示表里面有大量的事实和数据。鉴于这本书已售出50万册，虽然我不知道，但有时又很想了解竟有多少人真正读过这本书，而不是只看排序。

斯滕：我们有些人认真读过。

约翰：哦，我知道的。这一点从你的评论中可以看出来，不像有些人。但这不是我想说的。我的观点是，高层次的信息远比指示表或排序表重要得多。

斯滕：是的，对某些转述你的观点的人来说，从几页演示文稿中找到你的主旨观点可能更容易。但另一方面——如果我们只讨论效应和相关性问题——假设人们每周来学校上学就很有可能拿到 1000 美元，比如说在每周一，这可能会产生一个影响，即他们之所以去上学是为了在每周一早上得到 1000 美元。

约翰：事实上，有一个很好的研究表明事实并非如此。

斯滕：但也有可能是数值越大，问题越大；或者，数值越小，你就越应该投入精力来提高它。

约翰：我知道，我在书中提到了这一点。关键在于要理解为什么尽管有些效应量低，我们依然要努力提高它们的影响力。但许多评论家没有看到这一点。我认为，一个更有说服力的批评不是那个 1000 美元的例子，而是你选取的是小概念还是大概念（我在书的结论中提出了这一点）。如果选取小概念，你更有可能得到较高的效应，比如词汇这个小概念，那么效应量会变高；如果是个较大的概念，比如创造力，那么效应量会更低。概念的大小是关键的调节变量。

也有人提出过这一主张，但错误地看待了影响因素，认为有些是针对较低阶的概念，而有些则是针对高阶的概念；他们进而认为，这就是为什么直接教学、词汇项目的效应量高，而探究导向和问题导向的效应量低——但这些都是有选择性的——要不然如何解释交互教学和理解项目的高效应量，以及技术和辅导的低效应量呢？

现在，困难的是，我不认为这种或小或大的概念是对我的工作的主要批评，不幸的是，许多和学校教育相关的结果都是小概念。学校不必如此，或许也不应该是如此，但是——注意这里的动词——鉴于学校已经是（has been）这样，我认为这项研究是对学校教育的反思。它不一定必须是（have to be）这样。我认为，正如我在《可见的学习》（Hattie

2009）第 11 章中所提到的，针对学校教育的主要批评是，学校教育所看重的结果过于狭隘。

　　斯滕：人们阅读你的著作时，在用错误的方式解读它。例如，丹麦教师工会，他们的发言人急切地强调没有工会和强大的教师队伍，就没有好的教育——他们很欣赏你的作品，并认为教师了解他们的影响力是非常重要的，教师是良好学校教育的最重要因素。所以，他们可能利用你的研究和观点作为政治领域的工具，投入权力运作。

　　约翰：我的确说过教师是学校里最重要的影响因素， 这一点很重要，但他们用错了地方。

　　斯滕：他们利用你的观点作为工具，支持自己的工会权利。

　　约翰：是的，其他工会批评并驳回了它，因为一些受欢迎的项目没有那么高的效应（比如班级规模）。

　　斯滕：但就在同一时刻，政治家和学校的领导，正如你自己所预料到的，他们可能开始这样想："好吧。哈蒂告诉我们，学习最重要的因素其实是教师。"一种强烈的"我们"观念和"我们/他们"的二分法就产生了，即当说"我们"时，教师并没有真正把学生包括在内，而"他们"不教穆斯林学生说正宗的丹麦语，以致许多学生在国家考试或PISA 考试中表现不佳，或者考试不及格。当你把教师看作学校里所有事情中最重要的因素时，那就意味着作用不起效一定是教师的过错。因此，从教师工会的政治主张的另一面来看，教师备受重视，但同时又被简单和自作聪明的规范所支配和谴责。

　　约翰：的确如此。

　　斯滕：大约 150 年前，弗里德里希·尼采（Friedrich Nietzsche）明

智地写道，如果把真理和首因（第一因）的决定权作为一个重要的副产品让渡给他人，你就有可能也有权利在以后惩罚他们的道德恶行。

约翰：尼采说，没有所谓的"完美的领悟"。看待世界的正确方式从来不止一种。

学习是否有终极目标？

斯滕：你的方法是否有终极目标？看起来你很迫切地收集远程学习数据，致力于提高学生学习效率，以培养学生创造性思考的能力。

约翰：是的，这是其中一部分，但我也很清楚自己的工作目标是优化教师和学生的学习体验，增加他们的学习机会。我对综合报告所依据的教育现状持批评态度。这个现状通常很少关注教师的专业知识和学生的学习，而过多关注学生能或不能学习的方法、条件、解释，过多关注学习内容——更多的知识。但是没错，我的数据是基于当前教学的数据。

斯滕：是的，我知道，因为当你侧重已有研究，处理已知数据时，你就很可能为当前的状况辩护。

约翰：没错。我的批评者称之为后视镜思维（rear vision mirror thinking）。

斯滕：完美的修辞。那他们错在哪了？

约翰：我想说的是，当你开车或骑车时，我希望你能通过后视镜来帮助你前进。

斯滕：还需要考虑到物体可能比它们本身看起来更小，或更大？

约翰：是的，所以我试着说明，或许不像某些批评者所看到或误解的那样成功，"这就是我们目前所知道的"。就这样，我被批评是在维护现状，但我就是在面对现状呀。我不一定要接受，但我也知道，这就是我们课堂的现状。有很多因素起作用，也有很多不起作用。

斯滕：好的。在我的文章《约翰·哈蒂证据信条的盲点》中，我提出，你必须考虑到，数量庞大的元分析集合中的每一项研究都基于不同种类的材料，呈现出非常不同的模式和相关性（Larsen 2015a）。你积累各个类别的知识和多元数据作为基础，但这些关键的差异在你进入下一阶段时似乎都消失了。你将它们进行了比较，在丹麦语中，我们说这是在比较苹果和梨、雷电和高塔。这显然是数据堆积和"元反射"的代价，不是吗?

约翰：这也是对元分析的早期批评，这种批评在我进行这项工作之前就有了。但事实上，我们可以比较苹果和梨，或综合地看它们，因为它们都是水果。

同样，当我在合并时，我会谨慎对待那些能产生差异的调节变量。哪些是苹果，哪些是雷电，等等。而且再次重申，我在第一步就这么做了。在我看来，基础研究不利于识别调节变量，因为它们多测量简单的项目，如性别、社会经济地位和年龄，但还有更有趣的调节变量，比如态度、先前的行为，而这些几乎从未被测量过。这既是对基础研究的批评，也是对我所做工作的批评。我承认这一点。我认为未来的研究应当能够包含更多更有意义的调节变量。

斯滕：因此，你的元分析中有某种反馈逻辑或程序，它回过头来告诉研究人员去寻找你在研究中强调的因素?

约翰：正是如此，正如我在《可见的学习》第 11 章中所说的，太多的研究——我估计 80%—90% 的效应——是基于狭隘的学业成就标准的（Hattie 2009）。现在，我认为狭隘的衡量没什么错，但它们不够好。我也想要宽泛的衡量标准。元分析的一个重要方面是，狭隘的视角（词汇知识）比更宽泛的视角（对单词的批判性思考）更能获得较高的效应。

斯滕：当然。

约翰：这在元分析中并未被考虑到，这是对我工作的批评。我承认这一点。但我认为这也是对很多课堂的批评。

教育数据能说明问题吗？

什么是教育中效应的本体论？

约翰·哈蒂的“可见的学习”范式是否存在盲点？

是否有可能出于工具理性目的使用（或误用）元分析的数据？

在学校和课堂里运用证伪的方法是否有效（如，问“我会接受哪些理由证明我错了？”）？

3 学习是可见的现象吗?

斯滕：下面，让我们讨论另一个基本问题：学习是可见的现象，还是不可见的现象（Larsen 2019a）？

我要说的是，在你学习某些东西的过程中，你并不知道这是否会对你 10 年或 20 年后的生活产生影响。

可能你会觉得学习很无聊，很烦人，很苦恼。比如语法，学了它有什么用呢？尘封的历史，没完没了的科学课，等等。为什么我必须要学习这些课程？但是从 5 年、10 年，甚至一生的视角来看，发生在某天、某月或某年的事情可能非常重要（Larsen 2019a）。

那么，怎样才能把学习理解为一种能够在当下就被理解和描绘的可见的现象呢？

约翰：你改变了话题。你瞧，从学业成就到学习，它们不是一回事。

斯滕：是的，二者有很大区别。但我认为，"可见的学习"并不是能被即时测量或展示出来的学习。

约翰：在学习方面，我完全同意，而且我认为我们大多数成年人都缺乏关于学习的语言，更不用说孩子了。我们很多人都没有意识到自己的学习是如何发生的。我们认为自己知道，更糟糕的是，有时我们会告诉别人自己是如何学习的。但是，当你观察别人的学习时，你会发现它并没有那么系统化。

你——因为你非常成功——可能有多种学习方法。当一种方法不起作用时，你还有其他的策略。

斯滕：我想是这样。

约翰：但是，对于许多在我们的教育系统中不成功的学生来说，他们的学习策略非常有限。即使某个策略是无效的，他们依然继续使用。

这是我的观点，大概花费了两年，还是三四年的时间，我才想出了"可见的学习"这个名称，即你如何使学习尽可能可见。

我想以一件事作为例子。如果教师停止唠叨而让学生谈谈他们正在做的事情，那么教师就有可能知道学生所使用的策略，也会更容易了解学生是怎么做的。所以，你越能让学习变得可见，你就越能发挥影响。

斯滕：但是，从根本上说，如果你认为学习只与大脑内部的新突触连接、社会互动或身体的灵巧有关，那么有关自暴自弃或强制学习计划的想法就可能产生误导（Larsen 2013a）。

约翰：是谁说学习是强制的?

斯滕：强制策略理念，即人们能够说出自己在做什么，并将其载入个人提升和成功的逻辑中。

约翰：如果我们想"了解"我们的学生，那我们确实需要更好地明白他们是如何思考的，他们是如何处理任务的，他们是如何解决问题的，他们的错误观念是什么，他们哪里出错了，他们有什么误解，他们是如何走向成功的，等等。这就是我们需要的更可见的信息，用以确定如何更有效地教学。举个例子，我们目前正在推进一个项目，旨在制造顿悟时刻，即灵光一闪的时刻（Berckley 2018）。这不是用言语表达的，但你经常可以从学生的反应、眼神以及他们处理问题方式的突然转变中看到。也许我们需要制造更多的顿悟时刻。

斯滕：没错，你刚才说教师应当闭上嘴巴。

约翰：如果教师少说多听，比如创设更多的课堂讨论机会，那么教师就可以听到学生们如何相互提问、展示答案。这样一来，教师就能听到自己的影响。

斯滕：我看到你提倡学校的"行动者们"要更多地倾听彼此，而不仅仅是自说自话。但如何行动呢?

约翰：你会如何解决这个问题?

斯滕：我的观点是，如果"可见的学习"等于你说出来的努力或能力，仅仅是为了说"现在我学会了"，那这只是一个微小的自我回应，除此之外还有更丰富的内涵。

约翰：不，不，我没说它有这么狭窄。比如，我作为教师，你，斯滕，作为学生，我希望能更好地理解我自己、更好地理解你，希望教师能更好地理解学生是怎么犯错的，是如何得出正确答案的。我不只是想要正确或错误的答案。思考涉及人的全部，它不仅仅是脑中的神经连接和信号发射。就像顿悟时刻，它可以是情感的证据，而情感当然可以帮助强化思维。

你怎么走到加工信息的那一步的? 我称之为可见的加工，尽管这是个糟糕的名称。当学生处于学习进程中时，他们被制约为社会性沉默，但不应当如此。原因在于，作为一名教师，如果你不知道学生是如何选择和思考的，那么你怎么能帮助他们呢?

斯滕：当然，我也赞成学校中"直言不讳"的交流和学生的"言辞"，但这些——用更具哲理性的字眼来讲就是基于精准言语表达的"可见的学习"的认识论——并没有涵盖所有正在发生的事情，或者说，没有 1∶1 地涵盖本体论意义上的感知、具身、无意识学习和思考（Larsen 2011，2018b）。我的丹麦同事奥利沃·考夫曼（Oliver Kauffmann）是哲学家，他认为，人类学习大部分是不可见和无意识的（Kauffmann 2017）。

约翰：这种精准言语表达需要被引导、教授和纠正。是的，正如你所说，还有很多与感知有关的东西，我的主张正是从这些无意识的学习观念开始。但当前的状况是我们几乎不去"听"学生如何思考、如何联结诸多观念，以及如何产生或消除误解。将学生对思考的谈论置于优先地位是重要的开端。是的，我们需要一个这样做的恰当时机，需要教师具备让学生出声思考的技能，并且需要开发充满信任、支持和信心的环境。

合作问题解决（collaborative problem-solving）是一个帮助学生出声思维的好策略，在恰当的时候使用会非常有效。当学生正在学习知识或事实时，它的作用就不那么明显；但是当学生具备充分的知识时，他们会听到其他学生如何联结各种想法、提出什么问题、如何筛选细节、如何观察和参与试错或建立关系——这些都非常有效。

斯滕：这就是我教我的学生在完成数学题目时所做的，不只是写下结果，还要耐心地学习各种各样的算法，包括方程式、分数、百分比等等。这样你可能用四种不同的方法达到目的。如果你在数学方面有天赋，你就有可能运用各种原理来解决同一个问题。

约翰：是的，你说得对。因为知识越丰富，内容知识（knowing that）和原理知识（knowing how）越是能够融合。以我们目前正在做的一项研究为例，即错误和失误的概念。当学生举手回答问题，但给出了错误答案时，有大约一半的教师会纠正；还有约一半的教师会转而提问另一个学生；大约5%到10%的教师会将错误的答案作为讨论的跳板，以深入了解错误是如何产生的。为什么学生在课堂上所犯的错误很少被视为机会？

斯滕：因为学校同时也承担着筛选的任务，你也知道，有评估和评分的权力。

如果你的分数很高，那么你很可能得到好职位和高薪水。如果你的成绩很糟糕，那么整个体系都不会友好。

约翰：是的，我们忽视了犯错误的价值，对课堂中什么有价值、什么是社会化，我们认识偏颇、教训深刻。当我 1999 年搬到奥克兰时，我常和玛丽·克莱（Marie Clay）共进午餐（Clay 1991）。我给她看了一些数据，是 5—6 岁儿童对印刷的概念与其 5 年以后概念的相关数据。数据表明，学生 5 岁时的表现和他们 10 岁时的表现之间的相关性太高了。如果我们所做的只是让聪明的学生继续聪明，让学困生依然感到困难重重，那么学校就失败了。我们的任务就是破坏这种相关性。

但是，当学生犯错时，教师会认为这很尴尬，认为自己不应该打击学生的自尊心。此外，正如我前面提到的，平均水平以上的学生更喜欢听教师讲，他们已经完全明白这里的游戏规则了，他们知道如何应对，也知道如何降低暴露自己"不知道"的可能性。这是一个恶性循环，它将那些想知道和想理解的学生，与那些已获得社会化沉默（他们通常已经学会如何看起来很投入）的学生相隔离，同时导致教师以为自己听到"所有"学生的正确答案，进而继续下一步的讲授，讲得越来越多。

斯滕：这是因为学校也是一个文化系统，而他们熟悉这种文化。

约翰：他们想成为其中的一部分，你和我在学校之所以成功，也许就是因为我们知道游戏规则。我在高中时不善言辞，但我会吸收，我是个吸收知识的海绵。

那么，如何把犯错视为机会呢？你走进一所日本学校去观察他们的做法，比如斯滕犯了一个错误，我作为教师会这样对全班同学说："斯滕犯了个错误。你们觉得他为什么会犯错？"这就是让学习变得可见。

斯滕：但在日本，这会很困难，因为学生会丢面子。

约翰：不，不会，因为日本课堂上的社会问题没有西方学校里的那

40

么尖锐。

斯滕： 在日本吗？

约翰： 在日本，这种场景非常非常普遍。

斯滕： 好吧，我以前并不知道这一点。

约翰： 没关系，这很正常。这已经成为某种规则了，学生们希望他们的错误被指出和纠正，很多学生将这看作学习的最好方式。

斯滕： 可能是我有偏见。

约翰： 还有其他颇为出乎意料的事，我觉得很有趣。当你和一些日本教师谈论班级规模时，他们会说："班级规模怎么可以小于 50 人？这样你就没有足够的学生犯有意义的错误了。"

他们的文化是从错误中学习。在我们的文化中，错误是令人难堪的。从某种意义上说，所有的学习都充满错误，因为你不会去学习你已经知道的东西。学习包括纠正误解和错误，以及调整我们对世界的认知。

斯滕： 让我们回到学习的可见性这一问题上。我不明白的是，你也承认学习的不可见性很高，在教学实践中高达 80%（Hattie & Zierer 2018）。那么，人们（不仅是政治家、学校规划者和管理者）怎么会认为你的研究和著作应当处理这种对于学习可见性的或多或少的损害或是强调？

在丹麦（准确地说是哥本哈根北部的根托夫特），我看到一所学校门前挂着巨大的横幅，上面写着"我们的学习是可见的"（丹麦语：Vores læring er synlig；Larsen 2019a）。他们似乎或多或少将对可见事物的把握视为理所当然，即便大多数的学习是不可见的，也是无法掌握的。

约翰：你得小心那些简单化的标签。 以格雷厄姆·纳托尔（Graham Nuthall）的著作《学生的隐秘生活》（Nuthall 2007）为例。他职业生涯的大部分时间都花在给学生安装麦克风和听他们说话上——这通常要花上好几个星期。他的一个主要发现是教师对课堂上 80% 的事闭目塞听。我的观点是我们需要帮助教师看到这 80%。

我不认为这是件容易的事，但我们需要帮助教师了解学生 A 是如何思考和处理信息的，学生 B 是如何做的，他们成功时会做什么，特别是他们失败时又会做什么，结果怎么样。如果我们要最大限度地发挥教学的影响，那它就不应该是不可见的。

斯滕：好的。请允许我来对这个问题做一点哲学思考，影响可见性的主要障碍是什么？是因为缺少恰当的语言、精妙的感知，还是因为缺少对学生大脑或心理系统进行观测的可能性？你可能也知道，尼古拉斯·卢曼（Niklas Luhmann）十分有把握地认为，社会系统（沟通）不能观测和解释心理系统，因为后者完全遵循另一套逻辑（Luhmann 2002）。那么，你认为可见性的主要障碍是什么？

约翰：谢谢你提及卢曼的作品，它们确实很有说服力。但是在教育事业中，我们不需要接受这样的事实：你不能让思考变得可见，因为它不可能。对那些研究脑的人来说你是对的，这就是为什么前几年我与神经科学家一起在我们的科学学习中心开展合作。我回到研究生院学习和听课，想更好地理解神经科学的语言、方法和发现。当然，我们对脑、发射和连接了解很多。我不确定它能告诉我们多少，或者是否能帮助我们改进课堂上所做的事情——至少目前还没有。

斯滕：我们生活在一个对神经科学寄予厚望的时代，但那些对神经的炒作大多已经变成了神话。脑不是我们可以控制和决定它应该学习什么的东西（Fuchs 2006，2009； Larsen 2013a）。它应该是什么样子呢？

约翰：我想它会朝另一个方向发展，而不是从脑科学到课堂，我们要让研究脑的人也了解学习。我们对课堂了解得很多，但我们不是总能解释正在发生什么，或者为什么发生了。这就是脑研究可以帮助我们的地方。

当然，当你去观察课堂时，我想把争论从教师是如何教的转移到教的影响上，因为眼下我们过度沉迷于教学方法。观察如何教学已经够难了——尤其是在如此多的教师观察计划都不可靠的情况下；我更感兴趣的是教学的影响，这就是为什么我们需要观察和倾听学生以及他们对教师和教学的反应。

因此，在教师教育项目中，我特别希望新教师能观察学生，了解他们正面临的困难或进步。我们能否帮助新教师更多地关注他们的教学对学生思维和学习策略的影响，并让这一切变得可见呢？不容易，但这正是墨尔本教师教育计划的目标。

我当然不是说一切都是可见的，那不可能。现在，我认为钟摆几乎摆向相反的另一端，即太多的事物是不可见的。

所以，你如何将学生的思考置于优先地位，不是因为你希望学生的思考是对还是错，而是你确实想更好地了解他们是如何处理信息的，他们犯错误时会做什么，他们如何进行判断。同样地，我想了解教师们是如何思考的，他们何以决定和判断下一步该做什么。如何学习的讨论对学生与教师来说一样适用（也适用于校长和教育系统的领导）。

教师如何在每一个时刻做出决定，现在，这真的很难掌握。

有没有可能从终生视角来预测学习质量？

斯滕：还有一个问题。在学习质量方面，如果学习质量与长期的生活经历有关，而这些经历伴随着未定的法则与不可预知的进程，那么你的团队如何才能从既深刻又宽泛的生活角度了解个人的学习质量呢？

听了你的话之后，我觉得你主要聚焦于当下，让教师从短期的角度解读"可见的学习"数据。我认为关键问题是基于这样一个论点：我们首先要知道学校里什么是重要和需要学习的，其次是非制度化的非正式学习，以及从长期生活的角度来说，从父母那里学习什么。

在我看来，你的数据和你在学习项目中所依赖的是这样的想法：它就在那里，我们能够描述它并固定它。但我的想法是，研究人员能够在某个瞬间把握的，以及可以衡量和讨论的，只是"可见的学习"的冰山一角。大多数学习是不可见的。

20 年、30 年或 50 年后，你可能变得更睿智，但在学到什么东西的那一刻，学习是不可见的（Larsen 2019a，2019b）。那么，你如何看待时间跨度，以及可见和不可见的学习之间的必要区别呢？

约翰：是的，很多和我不同的人都从学校里就显露出蛛丝马迹。的确，学习有时会有潜伏期，这是学校经历的累积效应，某些思维和行为习惯可能来自学校经验。但也有很多东西是我们在学校学不到的。是的，"可见的学习"与学校里发生的事情有关，很多都是基于短期干预，当然，也都是基于学业成就的效应。所以，可见的学习只是学习整体的一部分。

我对在短时间内看到的变化很感兴趣。我们用大约 10—12 周来评估变化——比这个时间更短的话，你往往会高估，而且学习并不总是线性的，所以需要时间来证明学习的发生。可能需要一个 1—3 年的周期，你才能更加确定学习收益，但你肯定需要短期内的指标或证据。如果花费 3 年时间都毫无收获，那对学生来说是一个很大的损失。

还有一些我们曾过度学习却被忘记了的内容。如果你测试学生，这些内容已经变得根深蒂固或因被过度学习而塑造了他们的思维方式，他们可能无法清楚地表达识知的过程，但这并不意味着他们不能继续使用这些内容。

还有一个与你的长期观点相反的观点：你怎么可能知道你在 10 岁时学的社会研究、历史或英语知识在你 20 岁或 30 岁时会有任何可预见的用途？当然，你在 10 岁时所学的历史内容也可以在 20 岁或 30 岁的时候学到，因此，关注"像历史学家一样的思维"的发展是有理由的，但这当然取决于内容。这就是为什么我对某些科目是"什么"不感兴趣（比如历史——可以让教师来选择学习内容），而对促进"知道怎么做"更感兴趣。

当下的内容规则受到那些善于记忆和过度学习事实的教师和学生的青睐，但这也扩大了掌握和未掌握知识的学生之间的差距。没有足够的学科相关知识可能是致命的缺陷，很可能在所有学生都掌握知识前，教师就开始研究观念之间的关系和应用了。

44 这种对内容的过分关注在高中阶段表现得最为明显，主要是因为许多考试系统都偏重于对内容的考查。但这些内容通常只是一些学科，比如历史、物理、数学的简化标准，而很少涉及木工或咖啡师。为什么你不能在所有的领域中变得卓越？在 21 世纪初，新西兰废除了传统的高中毕业考试，这让许多大学和许多高中教师感到恐惧。他们的主张是：让大学自己决定招生政策，但不要约束高中制度。以及，让我们验证学生在高中三年能做些什么。

是的，实施过程中出现了严重的问题，但及时解决了。后来引入的一个原则是，任何科目都可以被批准列入课程清单，只要可以设计出区分卓越、优秀、及格和不及格水平学生的可靠评价体系。语文老师和木工老师说："我们区分不了学生等级，所以我们只有及格或不及格。"
我们说："好，你们出局。" 3 年内，所有的科目都研究出了如何设计
评估方法，全国高中毕业学生的比例从 80% 上升到 93%。

为什么我们不能引导高中生在追求卓越的同时不受限于学习内容
呢？我很不安，斯滕，因为我的同事帕特·亚历山大（Pat Alexander）
认为学校的目的不是让学生变得优秀（Alexander 2000）。我很尊重她的
论点，在我刚才向你描述的模型中，卓越意味着我们不是要在完成和完
美之间划清界限。这是一个比声称高中为学生就业做好准备更现实的愿
景。我认为如果高中教育有助于找到工作，那当然没有问题，但我们想
要更多。

我本科期间学习的是人文学科，可能你也一样。在我们 20 岁时，
与选择法学或商科相比，文科可能并没有为我们求职提供多大的帮助。
今天的情况不同了，你进入法律界，律师行业已经饱和，很难找到工
作。同样，我从绘图和挂纸开始，如果我认为上学的目的是为某份工作
做好准备，我会感到恐惧，因为这会进一步限制我的选择。学校为工作
做准备，我不太欣赏这样的观点；相反，我非常欣赏的观点是，你如何
让人们知道该做什么，尤其是在他们不知道该做什么的时候。他们可以
去学新学科，他们具备与他人互动的技巧，以及所有那些我们之前谈论
过的能力。我已经离题万里了。

斯滕： 你的话让我想到了两个哲学概念。第一个来自伊曼努尔·康
德（Immanuel Kant）——反思判断力（Kant 2008/1790）。 当你处在先
验未知的情境中，不得不在没有严格的规章制度可遵循的领域中决策
时，你就需要这种思维方式。在这种情况下，你不能仅仅依靠分类逻
辑，利用归类判断力对已知对象进行排序和区分。另一个概念是黑格尔
的观点，密涅瓦的猫头鹰，即智慧的象征，在黄昏时才会起飞（Hegel
1979/1807）。这意味着只要你及时、反思地看待事物，你就有可能变

45

得更智慧。在未来，你可以用更清晰的视角来回顾过去发生了什么，那个你曾经身处其中却不知道当时发生了什么的过去。我现在有个野心，我想尝试将由康德起源的反思判断力与黑格尔和"密涅瓦的猫头鹰"结合起来。康德有三种批判，他的第三种批判是关于判断力（德语 Urteil-skraft）的地位和特殊性的，而黑格尔是一位动态的、辩证的、关系型的卓越哲学家。

约翰： 那么你的回答是什么呢？

斯滕： 嗯，答案可能不是堆积如山的数据和元分析，也不是要建立一个开放的时代，欢迎学习统领各个领域的教育。但它可能是不同的Übungen（德语中的"训练"）的组合，也就是重复训练和练习。所以我的想法可能和德国哲学家彼得·斯劳特戴克（Peter Sloterdijk）一样，这位鼓舞人心的作者在 2009 年出版了《你必须改变你的生活》的英语版（Sloterdijk 2013/2009）。书中涉及塑造了男人和女人的所谓的人类技术方法，即几千年以来不同层次领域的训练，包括战争、狩猎、农耕、体育、哲学、艺术、爱情、教育等。

他的思想是，作为人类，我们的首要任务是练习，并在练习中变得更好，通过积极的反馈、每一次的练习，我们能够在所做的事情上变得越来越好。

因此，我的观点是：好的学校和优秀的教师会毫无畏惧地支持和促进实践。拥有耐心、与众不同和无所畏惧的权利，这是对所有练习参与者的必要保障。

如果把所有这些结合起来，我们在学校系统中应该有可能同时建立四种"事物"：反思判断力、密涅瓦的猫头鹰、"训练人类学"和勇敢个体的培养。

约翰： 你认为需要内容知识吗？

斯滕:我认为是需要的,它会有帮助。

约翰:那为什么你在刚才的回答中提及元分析呢?

斯滕:我认为元分析是非常重要的,同时它也是实践研究。你必须有一种思维,即建立元反思和具体的学科实践知识之间的辩证思考。

约翰:这种辩证思考在目前的元分析中并没有如你我所愿的那样存在。

斯滕:你是对的,确实没有。我有一个想法,你必须非常擅长用自然主义的方式描绘,以打破既定框架,转而用超现实主义、立体主义或碎片化的方式重写。所以我的想法是综合所有技能,同时赋予其可偏离、可即兴发挥的自由。

约翰:在这一点上我们意见一致,因此应该以此要求更多的学校,或者至少把重点放在你所说的这种训练上,学习以不同方式看待各种观念的技能,并对我们所学的东西进行更高层次的反思。

证伪作为一种方法

斯滕:你深受卡尔·波普尔(Popper 2002/1953)的启发,那么自2009 年以来,你用自己的方法证伪了,我的意思是试图证伪了哪些内容? 你的哪项研究成果是无效或难以持久的?

约翰:我低估了教师作为学习者合作的重要性,低估了校长们为这种合作建立信任、提供时间和资源的能力和决心,同时低估了教育系统为教师之间和学校领导者之间的合作提供资金的必要性。

斯滕:好吧,你似乎已经意识到团队精神起着决定性的作用。

约翰：我也在困惑排行榜底部的那些因素为什么会处于下方，这完全没有道理，比如学科相关知识。还有为什么班级规模的影响如此之小？为什么小学家庭作业的影响很小？为什么问题式学习、探究式学习等的效应量都那么低？

斯滕：你找到比以前更好的主题了吗？

约翰：是的，我的主题一直在发展。例如，考虑表层－深层维度时，其中一些低效应因素开始变得有意义。以基于问题的学习为例，如果在学生掌握足够的内容或学科相关知识之前就使用，其效应会很低——这种情况很常见。教师会在开始时就宣称基于问题的学习可以解决所有问题，并应用这种方法，而没有考虑到任务的性质或学生是否准备好参与进来。对于学习表层知识或内容信息来说，其效应量接近零；但当学生准备好了，同时任务指向概念之间的关系时，其效应量就会显著增长。

在过去的 10 年里，我最大的改变与反馈有关，我也写了这方面的文章。我之前的错误是把注意力集中在教师给出反馈上，而不是学生或教师接受反馈，几年前认识到这一点时，对我来说是顿悟时刻。这有助于解开反馈的似是而非的悖论，即反馈的效应量非常高，但同时又有三分之一是负向的。我花了很长时间才明白为什么会这样。反馈是一模一样的，但学生的接受（或不接受）却是各式各样的，这才是解决反馈难题的关键。

我们知道对话的力量，但为什么课堂讨论很少见？我很喜欢那个新西兰人格雷厄姆·纳托尔的研究。他每天都要走进教室，给所有的学生装麦克风，然后每天下午回家听学生们的对话。这是在 20 世纪 70—80 年代，当时技术还不够成熟，在他的《学生的隐秘生活》一书中，他指出——正如我所说——"在课堂上发生的事情中，80%是教师看不见也听不到的"（Nuthall 2007）。他向我们展示了学生们拥有非常丰富的个人词汇和彼此间的对话，这些内容与学习相关，如果我们希望能够影响他们的学习，就需要了解这些内容。二三十年后的今天，我们用现代技术重复他的研究，发现了同样的结果——学生之间有很多对话，大部分不是关于学习的，而是关于如何提高警惕、正确行动和相互帮助的。大多数时候，当教师来到学生的小组或引起他们注意的时候，学生认为教师并不是在针对任务做出反馈，相反，学生的大部分对话都是关于任务的完成——何种程度或质量的完成。

目前所有关于学生话语的讨论往往忽视了学生之间的对话，而过于偏向学生在课堂上的发言，我们需要将关注点转移到教给学生如何参与到学习的对话中。不能仅看到学生在说话，还要了解他们什么时候说话，他们如何谈论学习，以及他们如何接受、评估和根据反馈采取行动。

斯滕：你是否认为你必须有勇气将你的先见、偏见和研究结果进行证伪，这是实证研究的一个不可或缺的部分吗？

约翰：是的，正如我一开始所说，我很崇尚证伪，如果能在这个前提下多下功夫就好了。

斯滕：你声称许多研究人员只是在堆砌数据，以构建硬科学的证据。

约翰：或者说是为了自我确证？

斯滕：……累积，导向自我确证。

约翰：通常的说法是："去年对我有效的，今年却不行，所以肯定是学生们的原因。"这是一种非常糟糕的思维方式。

斯滕：你是对的。这是一个非常让人失望但广为传播的"习惯"。

53

许多科学家——同样包括教育科学专家——要么忽视波普尔的证伪，要么对此闻所未闻。

冲击时代精神

斯滕：《可见的学习》（Hattie 2009）是你的第十本书，或许不是因为你的内容，或许你没有预料到，但它确实击中了当下的时代精神。

约翰：正如我对你说过的，我不后悔写这本书。作为一个学者，我可以用我的一生来研究，即使无人问津。人们关心的是完美的事实。但是，我必须尽我所能正确地解读信息，你瞧，这是多么重大的责任。

斯滕：可能性与严格的规则，或者即便是理由，它们之间有非常大的差异。

约翰：非常准确。是的，这本书主要涉及引出关于可能性的主张，所有的精力都要放在实施过程的真实性上，以及具体层面实施的影响上。

斯滕：我年轻的时候也学过数学。我以前喜欢数学，这一点像我父亲，他是数学家和工程师。我们都知道概率和因果关系之间有很大的区别……

约翰：是的。

斯滕：……演绎逻辑，等等。

约翰：是的。

斯滕：这意味着，所有对你的研究和工作的实际应用的合理保留和明确限制似乎消失了。它们正在消失。

约翰：当然，我现在在做的一件事就是对每一个元分析和每一个影响进行更深入的研究。

斯滕：太好了。我欢迎这样的研究。

约翰：我给数据库增加了一个新的指标——可信度指数。例如，如果一个元分析基于 20 项研究，你对结论就没有太多的信心。如果 5 个元分析基于 2000 项研究，你对结论就会更有信心。对于每一种影响，我都会观察元分析的数量、研究的数量、学生的数量和效应量的数量，以形成这个可信度指数。

斯滕：这就是我的批评，因为在你的第一本《可见的学习》书中，很难甚至不可能看到每个元分析所涵盖的内容。

约翰：嗯，是的。这是一个很好的论点，所以我正致力于这一点，并发表了许多关于具体影响的文章，从而深入研究特定的元分析。

斯滕：所以当我用"自负"来形容你的方法时，我指的不是你这个人，而是书中的研究态度。

约翰：我知道，但自负意味着对权力的痴迷，而我没有。

斯滕：也就是说，如果你忘记公开谈论你的科学成果的有效性和局限性，它们就有可能变得自负。

约翰：哈，这是我们的共识。

帮助教师看到不可见的

约翰：但还有其他问题。我不能阻止课堂观察，但可以改变课堂观察的方法。所以，我对我们的团队说："我们需要发明能够用于课堂观察的方法，就像丹尼尔森（Danielson 2011）和马扎诺（Marzano 2018）所做的那样，来帮助教师看到那另外的 80%（注意，丹尼尔森和马扎诺从未滥用过他们的矩阵）。我们不是为了问责。我们需要引入一种没有他人在场的方式，因为他们无法通过学生的眼睛去看，并且他人的出现会改变课堂活动的性质。录制视频同样不可行，因为视频的问题是，一个小时的视频需要花两个小时去分析。教师坐下来分析他们所做的事情并非利用时间的好方式——得不偿失。”

斯滕：我知道，还有一个问题是，现在的你也许可以教授或研究学生，但你自己的 7 岁已经过去了很久，现在的你怎么还能像一个 7 岁的小学生那样思考呢？进入学生的头脑，像他们一样，是不可能的。你不像他们。

约翰：是的，所以我们问：“我们能否发明一种技术来帮助教师看到‘其余’的 80%？”它必须是可推广的，因为如果只有 10—20 名教师可以用这一技术，那就没有意义了。我们想改变世界，所以做了一个免费应用程序，非常简单，它被称为“可见的教室”（Visible Classroom）。教师拿出手机，他们要么拨打本地号码，要么打开“可见的教室”上的录音程序。这款应用程序有两个选择——一种是只接收最少编码的转录脚本（免费版本），另一种是付费版，即由速记员（一个收听录音并将其转换为书面文本的人）转录语音并同时对其进行编码。哦，还有第三个版本，这里的转录是深度编码的——我们的目标是尽可能多地让人工智能（AI）来完成，以降低成本。

如果你是现场使用这个软件的，那么在三秒钟之内，我们就可以在电子白板上或学生的平板电脑上重现你所说的一切，并保证高水平的可信度。对许多学生来说，尤其是那些平均水平之下的学生，他们在理解你的意思方面没有那么快。 从这项研究中——目前只有大约 7000—8000 名教师参与——我们知道教师平均每节课都会给出 8—10 条指令。

"斯滕,我想让你把书拿出来,翻到第 52 页。你今天必须用蓝笔。完成第一页后,你要翻到背面,并且在背面的图片上涂颜色。最后,请你去图书馆拿书。"对于那些学困生来说,他们可能只记得去图书馆拿书;而聪明的学生知道唯一重要的是翻到第 52 页。这种技术的优点是学生可以回头重温指令,抛弃繁冗而专注于重要的东西。当教师和另一个小组交流和合作时,所有的学生都可以"倾听"并阅读对教师所说内容的转录。"哦,天哪,这就是我应该做的。"我可以看到这些。

还有一件事,只要你愿意,我可以让学生对他们的学习进行评分,我们使用了有效教学测量(Gates-MET)研究中的 6 个题目(Kane & Staiger 2012)。这些题目会询问学生在课堂上的学习情况。教师刚离开教室,就可以立即得到转码后的信息,程序自动编码 16 个最重要的变量,教师能够看到学生对自己学习的评价。

通过两周内五次为期两小时的培训,我们已经能够让70%的教师有所提升。这些教师会更清楚自己的影响、语言水平、语速、表层和深层学习的比例,他们如何教学,以及他们的教学水平和工作量。我的观点是,我们要让教师更多地了解他们是如何被学生看待的,并帮助他们了解学生对他们教学的反应。我们的论点是,教师想用这些作为任何形式的绩效评估的证据都是可以的。这是他们的决定,但重要的是他们对证据的解释,而不仅仅是证据本身。我们需要重视他们的解释,并强化这些解释。

我们能"摆脱"学习的概念吗?

约翰:我想问你一个问题。我刚刚读过欧洲大陆教育哲学家格特·比斯塔(Gert Biesta)的最新著作《重新发现教学》(*The Rediscovery of Teaching*),你和比斯塔都反对目前的教育"学习化",以及你所说的

"无意义学习"（Biesta 2017； Larsen 2014a，2015a）。你认为学习的概念是什么？

斯滕：我认为我们应该设法摆脱"学习"这个词。

约翰：请再阐述一下。

斯滕：我的观点是，至少在丹麦，在 20 世纪 60—80 年代，学习一开始是作为一个对立的概念从改革教育学和左派运动中出现的，它主张提倡和建立自下而上而非自上而下的学习。中小学生应当可以也可能自下而上地组织自己的问题学习小组、组织自己的教育系统和学习活动。但从 20 世纪 90 年代以后，"学习"和"能力"这两个概念紧密地融合在一起，并逐渐被纳入管理概念，认为我们应该制定学习目标，并将其写入中小学、大学的每一门学科的强制性规定中。今天的大学在它们的学习规范和课程中都陈述了学习目标，这让人难以想象和接受。顺便说一句，就在从丹麦到澳大利亚的长途飞行中，我也读了比斯塔的这本新书。

约翰：哦，我知道这些，但比斯塔在他的书中夸大了反对学习的理由，并为他所反对的事物引入了一个贬义词——"学习化"（learnification）。但与此同时，他在学习方面提出了什么建议呢？

斯滕：他批判学习思想体系中缺乏实质性，强调教师的作用。

约翰：我也有同感。

斯滕：你在哪一点上和他的观点不同？

约翰：我对他所反对的观点感到困惑。他谨慎地说，他不是反对学习，而是反对学习在当前争论中所占据的主导地位，而这意味着更多关于教育目的的关键问题被忽略了。

斯滕：他想做的是捍卫法籍立陶宛哲学家伊曼纽尔·列维纳斯（Emmanuel Levinas）的外在性逻辑，即对学习制度和建构主义的反对。比斯塔反对"现在让我们告诉大家如何构建或解释你喜欢的东西……"，主张教学过程可以打开通向外在性的大门。但他根本上反对自主建构主义。

约翰：我也是。我把建构主义看作一种知识理论，而不是教学理论。我也希望学生们能建构语言，但这并不意味着要有特定的教学方式来教学生这样做。它确实意味着你必须经常主动地"教"学生如何构建知识，向他们讲解有价值的知识形式，也就是你希望他们能从先前理解关联和拓展的那些知识形式。

斯滕：比斯塔的想法是，我们应该处理我们不知道的事情——外在性、超验问题、本体论和不可能性——同时，接受分歧，反对"学习化"。

约翰：是，但你还需要知道一些……

斯滕：比斯塔还强调了好奇（希腊语 Thaumadzein）的重要性。

约翰：当然，好奇是识知的起点。

斯滕：是的，我们三个都同意。比斯塔还指出，学生应该接受并适应某概念，而不是对它进行解释。很难确切地知道这是什么意思，不过他站在教师角色的立场上。中小学生不需要教师来告诉他们具体该做什么、想什么、"学"什么。像斯劳特戴克一样，他赞同自由思考者的永无休止的"重生"（Sloterdijk 2013/2009），并且不要忘记要谦卑地在世上生存。

53

约翰：我同意这一点。

斯滕：丹麦人克努兹·伊列雷斯（Knud Illeris）是终身学习方面的教授，他在《社会学词典》（*Sociologisk leksikon*）（我与我的同事、社会学家英厄·克吕格·彼得森［Inge Kryger Pedersen］一起参与了编著）一书中给学习下了一个定义，他认为学习可以被宽泛地定义为在遗忘生理成熟或年龄增长等原因之外，导向能力持久性改变的过程。学习通常（但并非总是）与深思熟虑的解释、意图和把控学习过程相联系，它作为能力的改变，“产生”新的行动和思考的可能性（Illeris in Larsen and Pedersen［eds.］2011：380-381，另见 Illeris 2004，2018）。学习不只是来自外部，学习总是在个人身上得以体现，有特定的表现形式。但学习也可能包含一些神秘的元素，你永远无法从自己身上理解这些元素，也无法在任何学习理论中 1:1 地重构。与此同时，重要的是要强调学习在现代社会是一个有争议的概念。几乎每个人都喜欢学习，即使大家对这个词的定义没有共识。

约翰：是的，伊列雷斯的观念很有力量。我认为学习是从表层到深层再到迁移的过程，但更像是对教师的引导。伊列雷斯的“定义”更深入，更深入学习的意义。是的，就像大多数有价值的主张一样，这是一个有争议的词。但我可不觉得你非得下个定义才能使用某个词。如果是这样的话，我们就不能谈电或磁了。我们的心理概念比简单的字面定义更丰富，更有情境性，也更加微妙。伊列雷斯很好地展示了这一点。

我能问你一个问题吗？这是一个合理的问题——斯滕，你是如何学习的？

斯滕：我认为这个问题很难回答，因为对我来说，学习或多或少已经是个支离破碎的概念了，它已经被行政和官僚体系下的成就所摧毁。

约翰：不，你还没回答我的问题。

斯滕：我可能是通过很多途径来学习的，这是受伊列雷斯对学习定义的启发，如果要以一种积极的方式来回答这个问题的话。例如，我可以通过说、听、读、玩、调查、写作、感知、活动身体来学习，同时还有很多其他方面。

约翰：是的。

斯滕：听一场很好的演讲，阅读一个非常艰涩的观点或一首神秘的诗，骑自行车，在城镇和风景中穿梭，与爱人缠绵，参观艺术展览和音乐会，与家人、学生、好朋友一起体验惊喜的交流活动……

约翰：这也突出了一个主要的问题——即使作为成年人，我们对自己如何学习也没有丰富或深刻的语言来表述，那么孩子们又怎么能做到呢？虽然我们无法很好地进入高阶认知过程，但我们可以更积极地讨论如何思考、制定策略、回顾观点、挑战未知、结合新知与旧识等等问题。我们不应假定学生知道如何学习，也不应认为只有一种正确的学习方法，即学习必然是快速的和容易的。这是我们强调学习这一概念的优势之一。那么，就比斯塔似乎反对的这个问题进行辩论有何不妥呢？

"什么最有效" 是最关键的问题

约翰：当然， 我还要回到《可见的学习》上，我写这本书的时候应该更明智一些，因为有些章节被误解了，而我本可以避免。我说这本书不打算深究元分析中的质量问题，这一点被误解为我不关心质量。我说过很多次，学业成就只是学校教育中的一个重要结果，但这被误解成我痴迷于学业成就，其他什么都不重要。对每一种影响因素，我都花费几页的篇幅来确定它的调节变量，力图了解变异性，但很多人只是看看

55

61

影响因素清单，然后想当然地认为那就是全部。我花了大约30年的时间（1984年在西雅图开始）试图找出效应量高于0.40的影响因素区别于低于0.40的影响因素的指征，但仍有人质疑我为什么只在排行榜上列出这些影响。这本书是关于已有研究的，从这个意义上说，这是一个后视镜的视野，但所有的文献综述都是这样的——文献收集的数据是为了讲述未来的故事。我相信建立一个模型是值得的，而且一个模型不仅要能预测，还要能解释。

没错，我的重点转为更强调"认识你的影响力"，以及我们讨论过的有关教育者对影响含义的认识问题。我曾与世界各地数千所学校的团队合作，从学生们的言行以及证据中亲历了这种影响力。我们学到了很多东西，我们又写了20本书，而且在实施的过程中变得越来越智慧——我们从来没有告诉过教师"怎么教"。从本质上讲，我们回到了大多数教育工作者进入这一行业的初衷——对学生产生积极的影响。

最重要的是，我希望把问题从"什么有效"变为"什么最有效"。

令人兴奋的是，专业性是高影响因素的共同点。鉴于有如此多的教育工作者和学校都很专业，我们应该持续地尊重这种专业性，不是探寻如何改变这种专业性，而是如何让我们周边的教师都变得更加专精。

当我听到教育工作者、家长和政客们要求更多的"东西"：更小的班级规模、更多的能力小组、更密集的课程、引入考试，但没有要求利用已有资源来提高专业性时，我感到沮丧。将资源侧重于提高专业性其实并不容易，但它是正确的。

核心理念是激发学生对学习的热情，我认为这是我们应该做的一件非常关键的事情。同样，它也提出了问题：学习的内容是什么？要达到何种深度的识知和领会？

斯滕：我已经提到了我最喜欢的在世哲学家之一，超高产的德国思想家彼得·斯劳特戴克，他关于代际善意（intergenerational generosity）

的观点可以被这样解释:"我们能够'善待'和激励彼此,给彼此各种各样的好观点。"(Sloterdijk 2013/2009)

约翰:是的,这样的关怀可以带来变革。借用爱因斯坦的话来说,我们已经认识到学校教育是我们过往思维的历程。思维不改变,学校教育就不会改变。

斯滕:代际善意发端于你为人父母,有了一个孩子,你保护他,给他食物,给他喂奶,在他周围忙碌,和他一起玩耍。我们始终互相激励,因为我们都是待完善的物种。我们出生后要经历漫长的二次诞生。自我同一性发展是自我们出生就有的机会和任务,它是介于存在和成为之间的终身过程,在稳定和动态的"元素"之间摇摆。这是保罗·利科(Paul Ricoeur)在其名著《作为他者的自我》(Ricoeur 1995a)中使用的概念,他是法国哲学家、解释学家和现象学家。我们的大脑具有很强的可塑性,可以在一生中不断发展和改变。神秘的大脑不会在年满16岁时就固化(Fuchs 2009,2018; Larsen 2013a)。当你谈论适应环境多样性的生物学,谈论鼓舞人心的可能性时,你如何看待这类观点?

约翰:是的,随着我们的成长,我们的脑结构、神经连接和信号发射都会发生巨大的变化。还有激励,我认为这是其中一个非常重要的部分。现在学生们的问题在于,他们在错误的事情上也可以互相"激励",这就是为什么我们需要学校教育。对于你们来说,作为成年人,我们希望你们处在具备批判性能力的阶段,你会说"不够好,我无法接受"。但对于七八岁的孩子来说,他们没有这些能力,这就是为什么我们必须让他们具有开放性而不仅是被教导。我们需要培养他们的评价技能和判断能力。

斯滕:你也阅读过著名的小说《蝇王》,它告诉你某些学生可能会发展出各种非道德行为，甚至变得暴力并互相残杀（Golding 1954）。

约翰：当然，但回到我们团队的研究，目前我们正在收集学生在课堂上的私人语言，了解他们是如何互动的。学生是用私人语言交流的群体，私人语言并不属于学校教育的语言。很多时候，学生的谈话与课程无关。当然，我们知道，如果你允许学生在学习的早期相互交流，那么他们可能会强化错误的东西。当学生有一定的知识时，再让他们讨论，学习就可以得到很好的巩固。所以，激励很棒，但是激励是有条件的，可能会有好的或坏的、正确的或错误的激励。

斯滕：哲学家们也强调这样一个观点，如果你有一头小牛和一头大牛，那么几个月后，小牛的行走和吃草能力就会和大牛一样好。在我看来，人类必须至少需要 15—20 年的时间才能离开家——如果你来自意大利，那么有可能是 35 年，因为有个笑话说，意大利人 35 岁时还和父母住在一起。我们会花费很长的时间来抚育人类，因为人类没有足够的可以依赖的本能。

约翰：在澳大利亚， 17—27 岁被视为人生的一个新阶段，这个阶段还没有被命名（也许可以称为前青年时期）。这与 20 年前大不相同，之所以如此，是因为很多工作机会、各种形式的高等教育，家庭成员搬进搬出，同时更少的阶层向上流动、更少的稳定就业期待，更多的社会生活财富。

但回到你的说法，是的，人类的依赖期更长。因为人脑需要相当长的时间来发育，所以人类有很长时间的哺乳期，而之后还有长时间的依赖性，这些都需要成年人投入很多精力。

斯滕：是的，从本体论上来看，我们存在于语言和社会交往中。我们无法逃避这种双重条件、双重事实。

约翰:我们通过语言学习,牛却无法用同样的方式学习。因为有语言,所以我们有更多的机会变得正确或是错误。

斯滕:确实如此。

约翰:我认为学习的语言是我们发展中的一个关键部分。我们学习提问的语言,学习如何将其建立在内容上,这样我们就能够知道什么是正确的提问语言。

斯滕:在某种程度上,这意味着你对"为什么人类需要教育?"这个问题的回答(我们稍后会在谈话中讨论并重点关注)与这个观点相关:我们应该能够创造和发展社会并建立社会纽带。 正如法国早期社会学家埃米尔·涂尔干(Émile Durkheim)在 100 多年前所写的那样(Durkheim 1956/1922)……

约翰:是的。

斯滕:……还有社会交流。

约翰:正如你在《可见的学习:十个心智框架》中所看到的,我认为学校需要成为社会中最文明化的组织之一(Hattie & Zierer 2018)。它确实是,不论从哪方面看,也的确如此。

作为社会学家的统计学家

斯滕:那么,你是如何得出这个解释的呢?我同意你的看法,但你是统计学家,现在你要成为社会学家。这真的很有趣。

约翰:我以为你会说我要成为一个哲学家。

斯滕:比起哲学,你更接近社会学……

约翰：我是这样吗？

斯滕：……艺术、文学、诗歌等等，都在你的回信里了，别不承认。

约翰：从来没有人举证说我是社会学家。

斯滕：不，这不需要举证，更像是观察得出的。

约翰：你的一位同事，汉恩·努森（Hanne Knudsen）曾采访过我，不知何故决定在文章标题中指出我是一个统计学家，而不是一个哲学家——好像你必须成为二者之一（Knudsen 2017）。当然，每种思考都会有一点哲学倾向。就像我前几天当着我学生的面对你说的那样，作为父母，我的哲学理念是要教他们回报。

斯滕：好吧，我有另一个主题的问题要问你，因为在丹麦，我经常与建筑师和在艺术学校学习建筑的人打交道。过去，我会说制作图纸或建筑模型、参加某个会议可能更容易，因为图纸或者模型本身就可以"说话"。但现在，建筑学院的学生要接受修辞学训练，要通过发言来展示和表达。这意味着文学或修辞学以及社会交流是塑造一个成功的建筑师的重要组成部分。这表示你应该能谈论建筑的目的、理念和语言，它如何融入城镇的历史结构，等等。你能看到其中的相似之处吗？在你的领域，也就是主要从教育统计的数据中，得出"这些数据不言自明"的结论。

约翰：不，不，数据永远不可能不言自明，我们已经讨论过了。

斯滕：好吧，现在我知道你对这点并不认可，但我想你一定也感到了一种越来越强烈的冲动或压力——像建筑学专业的学生一样——要求你能够建立一个更严谨、更连贯的叙事，以说明这些有关学习影响数据的总体目的？

约翰：我想说，这是我这 40 年来始终不变的重要主题，尤其是作为一名统计学家。我的专业训练告诉我，重要的不是数据，而是对数据的解释。核心问题是：你能为你的解释辩护吗？这是尼采的论点。没有完美的领悟，没有唯一正确的方法，但有多种解释。例如，30 个人看一座山，他们会看到不同的东西，但是山还是山。我作为一个研究者的逻辑是：你如何导向共同的主题？你如何组织叙述？你如何消化数据？你会怎样犯错？我认为这种方法贯穿了我的整个工作。我想，即使是在《可见的学习》中，我也做出了有可能被证明是错误的充分的陈述。在我 20 世纪 90 年代写的《自我概念》（Hattie 1992a）中，整个第一章都是关于思考怎样犯错的哲学、开发模型的目的和价值，以及提出大胆主张的必要性。"大胆"不一定要符合现在我们所主张的已知。"大胆"就是提出一个可检验的主张，即使未来的观察结果可能会证明该主张是错误的。我承担着可能犯错误的风险，以真正的波普尔方式。

斯滕：但是，它也可能很快被认定为一种具有普遍性的强制性能力（并被写入商业和政策文件），即每个人都应该能够用发展性术语来描述自己（即"发展主义"，一种新的意识形态、新的"主义"）。暗示某种能力是成为好木匠或好建筑师所必备的，同时在自己擅长领域之外的叙事实践中声称自我增值变得越来越重要。这个新的理念是变成表现性和策略性的主体，从而意图控制日常生活中自我的呈现。加拿大社会学家欧文·戈夫曼（Erving Goffman 1959）以《日常生活中自我的呈现》作为专著的书名，颇具预见性。

约翰：完全同意。但我想知道他们对课堂的感知，或者对其他什么的感知，因为他们自己的感知很重要。例如，关于他们所理解的课堂学习，故事是怎么样的？

斯滕：但这也可能意味着人们或多或少地变成了我所说的策略性动物，试图找到实例、添加说明，甚至为永不停歇的自我增值注入动力。

约翰：是的，这就是为什么我们应该寻找与我们的故事相反的信息，为什么我们应该通过别人的眼睛来反思。

"可见的学习"项目中的安慰剂效应

斯滕：让我们转到另一个问题。我有一个大学同事，她的名字是基尔斯滕·海尔德加德（Kirsten Hyldgaard），她是拉康学派精神分析师和思想史学家。最近，她就"可见的学习"项目写了一篇非常缜密且令人大开眼界的评论（Hyldgaard 2017）。

约翰：好，我很乐意读读它的英语版本。

斯滕：我会给你，或者更确切地说，我会让她把英文版寄给你。现在我想提出一个问题，她可能也很想听听你的回答。

约翰：请讲。

斯滕：是这样的：在医学领域，研究人员在寻找证据时会努力克服安慰剂效应的挑战，正如你所知，他们高度重视循证（evidence-based）医学中的随机对照试验（RCT）设计。在基于"可见的学习"原则的循证教育研究中，是否存在所谓的安慰剂效应？如果答案是肯定的，你是否看到并尝试预测甚至解决"可见的学习"项目中的安慰剂效应？有安慰剂效应吗？

约翰：哦，毫无疑问，她是对的，我试着用很多方法来解决这个问题。让我用一种特定的安慰剂来回答，那就是霍桑效应（Hawthorne effect）。

斯滕: 我知道,社会学中的霍桑效应。

约翰: 多年来,我一直痴迷于这项研究。事实上,我已经回去看了书稿的原稿。正如你所知道的,霍桑效应的主要观点是,参与研究或实验的人更有可能发生改变,因为他们知道自己参与了研究或实验。但如果你真的回去看看霍桑研究,就会知道它是在通用电气公司完成的,参与研究的妇女在做一项非常乏味的工作——把灯丝放进灯泡里。就霍桑效应的定义而言,我对这项研究的解读有点不同。每天工作结束时,妇女们都被告知她们做得有多好,而且她们知道自己在与另一组做比较。因此,我的观点是,霍桑效应的出现更多地与她们收到的关于自身进程的反馈有关。从很多方面来说,这一点的影响都是巨大的,所以我对你同事的回答是:"如果我们在教育中需要做的恰恰就是根据反馈提高人们的能力,那么我接受安慰剂效应,谢谢。"

医学研究中的安慰剂本身是没有效应的,因此我们的研究需要做得更好。这与我先前提出的关于"零"效应量含义的问题相似——学生无论如何都会获得发展和成长。对于那些从未上过学的学生,我对他们的年均成长的最好估计是多少呢?我确实得出了对这种成长的估计,不是很好。我承认,这是因为数据很难收集。我在有失学儿童的国家寻找证据,尼泊尔、危地马拉等。我试着看看发展商数(the development quotient)。我最好的估计——非常非常粗略的估计——为 0.15 的效应量是成长安慰剂的结果,所以你必须高于它。因此在学校里,"安慰剂"的参考点不是零或无效应,而是 0.15 左右。

即使你在学校里做的不多,学生们也是会学习的。如果你去前面提到的那些国家,那么你会看到那些 15 岁的少年,他们从来没有上过学,但他们的街头智慧令人难以置信。他们显然已经学会了如何在"学习型"社会中生活。所以,是的,安慰剂效应存在。任何干预措施都应当高出这种效应。

斯滕： 比如说，从学校领导的角度来看，如果你去乡村，那么你可能会遇到50—100个学校领导或行政人员，他们现在采纳了你的"可见的学习"项目。从他们如何实施的角度来看，是否会产生安慰剂效应？比如，他们想成为项目的一部分，他们想展示"正确的"数据，他们想要成功，同样重要的是，他们想展示自己的成功。

约翰： 会的，斯滕，他们会产生安慰剂效应。

斯滕： 那么从行政管理者的角度来看，有没有安慰剂？

约翰： 会的，会产生，也的确发生了。

斯滕： 但这种"舆论"大于结论的行为是不科学的吧？

约翰： 这让我很生气，因为我听到人们说："哦，我们已经执行了'可见的学习'。"当人们来找我，说："我想引进你的'可见的学习'项目。"我会问："那'可见的学习'是解决什么问题的？"很多人无法回答，他们仅仅是读读书，挑选喜欢或正在做的部分，然后就说正在做或已经运行了"可见的学习"项目，这是荒谬的。

斯滕： 他们认为这是一个他们可以购买的包裹——接着就是下单和实施。

约翰： 对，它不仅是项目，而且是一种思维方式。当我们在学校开始实施"可见的学习"时，我们首先要做的是开展优秀且传统的需求分析。我们会花很多时间在诊断上，原因是如果我们不了解境脉，我们就不知道什么是有效的、什么是无效的。我们要求教育工作者做一个需求分析，因为他们对证据的解释正是我们想要揭示的。我们极力主张，我们更多关注的是如何（how），而不是什么（what），因为"可见的学习"可以在任何一种境脉下实施。我们不太关心教师怎么教，但我们关

70

注教师对学生产生的影响。例如，我们询问教师视角下的班级优秀学习者，我们也询问了一部分学生。如果他们的看法相似，那就太好了。但是学生们常常认为学习就是做好准备、坐直、做作业、交作业，以及看着教师工作。哎，就这样开始实施项目。

我们也会询问学生们对影响的认识：影响意味着什么、关于什么、是对谁的影响、程度有多大。我们教他们如何审视自己关于影响的信念，这可以通过学生学习的产物得以实现，如考试和作业中的效应量、学生自己对影响看法的表达。如果学生们不确信自己已经取得了进步，那么我们确实会处于糟糕的状况中。

斯滕：好的。我不是医学专家，但这是个非常，或许过于简单的逻辑。你有治愈癌症的药物，并且相信它会治愈某些疾病；同时你有一种无害的、中性的产品，像粉剂或维生素片，你可以比较两者可能产生的效果。 实验中，你蒙住了参与者的眼睛——包括实验组和控制组——通过所有这些基于随机对照试验证据标准的测试，你可以比较它们可能的效果。你在教育统计中是否有类似的测试逻辑，用来破译和估计不同学习"干预"的影响和效果？在教育中是否有类似零逻辑的东西，比如无害和中性的粉剂或维生素片？

约翰：我做过这样的测试……

斯滕：我迫不及待地想听听你的回答。

约翰：……我认为有两种方式来看待这个维生素片式的零逻辑。一是认为这是"零点"，如果学生没有成长，不管这意味着什么，干预就是无效的。但我认为这太低了，因为我们对学生做的事情中，有97%都能促进他们的学习。几乎每一次干预都能突破"零点"。

所以我采用了所有影响的平均效应，也就是 0.40。现在要谨慎建立当地的标准及其解读。很可能最大的调节变量是测量的范围，如果范围小，就容易得到较高的效应。不过结论还取决于当地认可的标准的使用。比如，我们与一些学校合作运行项目，当地的标准来自学校之前的考试，我们同时还比较了不同年份、不同科目和不同学生分组的影响。所以我的"安慰剂"远远大于零，否则就意味着没有干预。

斯滕：如果要动些手脚，你可能会在自己的提议中建立一些错误的想法，看看聪明人是否会发现。

约翰：是的，可以。

斯滕：你可以加入一些引语、测量、算法等等，这样就能完全把人们搞糊涂，看他们是否能证伪你的项目。

约翰：是的，但是如果学生的学习没有进步，他们就很难被糊弄了。所以我们需要多问一些比较性的问题，问问什么是最有效的，确定个体的最佳水平，然后超越它。

小的事情能够带来学校大的改变，这是一个令人担忧的问题，但我们对此非常非常警醒。

但我想退一步讲。如果你的同事基尔斯滕·海尔德加德问我们是否需要像医生一样对安慰剂进行更多的控制，那么我想说我的测量本身足以构成教育领域的随机对照试验。我现在在英国参与了一些随机对照试验，我不认为随机对照试验是黄金标准。我认为当你把一种方法作为黄金标准时，这本身会成为重大错误。

斯滕：他们的主要错误是什么，或者说他们正在犯的主要错误是什么？

在"可见的学习"范式中是否存在盲区？

约翰：首先，让我告诉你一个更高的原则。我认为，更高的原则是超越合理怀疑[①]（由迈克尔·斯克里文［Michael Scriven］提出，见Cook et al. 2010）。如同面对一个陪审团，你必须给出理由来说明为什么你要进行这个项目，而不是介绍这个项目本身，你要有证据、有境脉等等，目的是说服，超越合理的怀疑，这是你作为一个研究者和教师应该做的。这就需要证据。

如果你有好的方法，你就更有可能超越合理怀疑。我曾经写过一篇综述，关于某特定研究对象的随机对照研究，这些研究都非常不完善。它们基于少量的学生，在控制对照方面做得也不好，但它们是随机对照研究。他们在出版和被引方面享有优先权——就是因为它们是随机对照试验。既然有差的，当然也有好的随机对照研究。我想在美国有效干预交易所（What Works Clearinghouse，WWC）中，关于教育干预措施的综述大约有150篇，每篇综述所依据的平均文章数目是多少？两篇，因为只有两篇论文能够符合他们纳入综述的标准（Lortie-Forgues & Inglis 2019）。他们的结论是："通过这两篇文章，我们可以得出一些结论，但我们当然需要更多的研究。"由于随机对照试验文章的贫乏，141篇综述的平均效应量为0.03。因此，如果学校不得不从这些网站选择干预措施，那失败就是注定的。他们回顾了一些有大量非随机对照试验证据的影响，同时还有其他能够导致强效干预的发现。声称任何更高层次的真理都是犯罪行为，这就是医学模式的问题，医学模式将方法置于首位，而在教育领域，我们永远不会这样做。我们会优先考虑思维方式，这正是超越合理怀疑的强大之处。作为研究人员，我们需要有令人信服

[①] 法律术语，超越合理怀疑的意思是说，证据要经得起一切合理质疑的推敲，要百毒不侵才有效。——译者注

的证据和关于这些证据的叙述或故事。当然，教师或者需要说服的人可以选择"我不接受你的证据"。而我作为说服你的人，必须倾听你的意见，理解你的想法，这样我才能整理证据和叙述，从而说服你。但在这样做的过程中，我可能会找到相反的证据，或者你提出了相反的证据——因此发展、改进和完善就发生了——或许它可能摧毁和扼杀这个故事，但这就是我们前进的方式。这就是我们如何为学习型社会做出贡献。我想知道你和你的同事，海尔德加德，对这些想法有何回应？

斯滕：好吧，这听起来像是当你处理如此复杂的统计有效性问题和证据时，所必需的批判意识，同时还"负载"着小心谨慎。

约翰：当然，是的。

斯滕：我在丹麦的一些同事，瑟伦·克里斯滕森（Søren Christensen）和约翰·克雷斯勒（John Krejsler）区分了什么是基于证据的（evidence based）和什么是证据导向的（evidence informed）（Christensen & Krejsler 2015）。在教育和教育学中，他们倾向于寻找和传播证据导向的实践。

约翰：嗯，不过我并没有区分这个。

斯滕：为什么没有区分呢？你知道，我还是想问你个问题，即使我对证据"思维"本身持怀疑态度，尤其是在教育领域（Larsen 2019b）。在你看来"可见的学习"项目所产生结果，以及你所收集的所有数据和元分析，是否提供了基于证据的全球性知识？还是"仅仅"作为一种尝试，帮助教师成为证据导向的专业人士，强化他们的专业能力？

约翰：不，对证据的这种理解太狭隘了。如果我是一名有着 20 年教龄的教师，你为什么要否认那些证据呢？

斯滕：也许是因为你"精心设计"的经验比那些转瞬即逝的要好。

约翰：是的。只有这样的经验可以被当作证据。

斯滕：好吧。在丹麦，关于教师最糟糕、最侮辱人的一句话是，他们"凭借自己的经验"。这意味着教师不想听从真正的科学，而只相信自己有限的主观经验……

约翰：嗯，但经验就是证据，当然要符合证据的规则——它是否有效、是否能被三角互证、是否令人信服？教师的叙述如何与这些证据相吻合？经验必须接受考验和证伪——经由其他教师、学生、学生的作品，以及对考试分数的解释，等等。

斯滕：……一些研究人员、政治家和学校管理人员认为，教师们太依赖自己的经验了（丹麦语：erfaringsramte，意为受经验的驱使），所以他们必须将经验放置一旁，才能变为基于证据的和有效的。

约翰：不，当然不是这样。就像我对研究的要求一样，对你经验的调查、询问和推演，我也要求一致的标准。我会质疑你的证据，因为不是有证据就能说明证据是对的。我会说："让我看看证据。"你可以带着你的证据——当你如何如何做的时候，你的学生做了这个那个等等。这就是证据。

斯滕：我和我的同事们都有一个想法，与其寻找一个符合基于证据逻辑的测试并强制执行，不如通过不同类型的证据来获知信息……

约翰：嗯，可以的。

斯滕：但这一切都取决于内容、学科和境脉（Larsen 2011，

66

2014c，2015d，2017b，2019a，2019b）。如果"可见的学习"范式在调查和检验的方法和程序中，没有将有关内容、学科和境脉的问题整合起来，那么这一范式就会面临风险，"产生"盲目性。

约翰：我认为证据应当包括调查研究，包括教师的经验。二者都应符合同样的评价和证伪观念。你的叙述是什么？你能否为你的叙述辩护？证据并不能给出回答，但对证据的解释可以。我想知道你怎么解释这些证据。

必须对同一"事物"提出不同观点

斯滕：我想问你一个问题。因为在我看来，你总是回到这个问题上来，即关于解释力、充分的叙述、对数据的可靠解释，以及对观点的批判性考查。

约翰：是的，关键问题是：什么证据能让你承认自己犯错了？

斯滕：人们是如何建立这种解释能力的？通过阅读和训练吗？

约翰：那是学校教育的目的之一。

斯滕：是的，但作为统计学家，你有自己的方法，作为社会学家、哲学家和历史学家，你会运用不同的方法来反思。

约翰：对，许多统计学家并不这么认为。

斯滕：我想是的。所以你认为这种解释能力可以用很多种方式来训练，对吗？

约翰：我认为这是教育的根本目的，让你从不同的视角看待同一件事。回想一下那个登山的故事——可能有多种视角，你需要从理解每个个体对山的概念开始。

斯滕：我曾经是人民学院（丹麦语：Højskole）的教师，它在丹麦有着悠久的历史，有150多年的在乡村自发组织学校历史，有很多实践和理论学科，从艺术项目到体育活动应有尽有。这些学校有很高的自主权，得到了国家的支持。如果你在那里没有通过考试，没有文凭或证书，那你也没有资格胜任社会分工中的特定工作。在20世纪90年代，我"负责"了一门哲学课程，或者说是工作坊，内容是关于认识理论，实际上也就是认识论，论题是"为什么一个瓶子不仅仅是一个瓶子？"。这是一个相当有智慧的标题，因为你可以拿一个简单的、最具体的啤酒瓶，开始讨论它是什么。它可以被视为生殖器的象征，可以被当作武器，也可能它突然唤醒了你被遗忘已久的记忆，关于你最爱的叔叔的慢性酗酒"自杀"，等等。

啤酒瓶可以成为现代艺术品的一部分，被贴上"丹麦文化"的标签，钉上钉子挂在现代艺术博物馆的墙上；它可以是一种抵押品，价值一丹麦克朗；也可以被看作一个容器，可以容纳各种液体；它可以是一种有颜色的物体。所以对一个简单的瓶子有很多种解释。因此，我曾经认为对世界所有不同的解读都应当呈现出来。但现在我认为，这个瓶子的例子和你对多视角主义的辩护，都将开放和不断变化的解释逻辑置于越来越重要的地位上，甚至比更严格的科学演绎逻辑还要重要。但是，这与你成为优秀的演绎者的信条如何发生相关性呢？

约翰：这听起来像是现代的创造力测试——你能想到易拉罐有多少种不寻常的用途？是的，这会有多种解释，但你仅仅做出了一个解释，并不能证明这个解释是真实的、有效的或可复制的。解释是故事的第一部分。你甚至可以享受这个故事，但这不足以成为一个有效的理论。它需要证据，需要一个反例，需要寻找相反的证据。例如，你可以列举所有与"可见的学习"相竞争的理论，这些理论都使用了同样的数据，只

68

要有人能提出这些竞争性理论，那就有趣了。实际上，在教育方面，我们需要更多相互竞争的理论。

走溯因推理的路

斯滕：在全球范围内的大多数方法类书中，你的方法常常与另外两种科学思考和反思的方法相提并论：归纳推理和溯因推理。

约翰：我对溯因推理很感兴趣。

斯滕：我也是。溯因经常被视为一种偏差，因为你必须在研究中具备创造性。你必须敢于迎接挑战，并尊重试图整合不同世界事物的雄心，即使它们本身并未整合过，同时也要能够掌握不同的推理方式。

约翰：我的朋友布莱恩·黑格（Brian Haig）写过关于在因子分析和研究设计中溯因的文章，我认为他的观点很有说服力（他也是我高中时的学长，然后是我大学一年级的导师；Haig 2014，2018）。就像在"可见的学习"中一样，溯因推理要分析多个数据集（探究平均值、变量、调节变量、规律），然后进行意义探寻。溯因的关键一步是甄别经验现象，它不仅仅是数据，而是数据背后相对稳定的、反复出现的一般特征。然后，我们构建这些影响之间的可信模型，并用竞争性理论对这些模型进行测试，以达到较高的解释力和概括性。一个好的理论会比它的竞争理论更好地解释证据。

因此，"可见的学习"并不缺乏数据，我的任务是检测数据背后的一般特征，尤其是提出合理的模型，说明这些处于平均水平之上和之下的影响因素的潜在关系。从这一点上，我建立了宏大的主题，然后反过来再寻找相反的证据、备择的主张，直到我对模型的自我辩护足够满意。其他人现在可以提供备择的解释，我也在持续增补数据，这些可能

69

会推翻我之前的说法。如此继续运转下去。

斯滕：我担心的一件事是，如果你碰巧是一名教师，你有一个问题很多的班级，主要是中小学生之间的各种问题。你已经不堪重负，无暇处理所有不同的学习目标、所有不同的人、所有不同的冲突，以及所有不同的紧张关系。有人——比如你或者你的国际同行——来给你建议，说："看，这是超过 0.40 的，这是 1.80 或 0.80 的效应。'认识你的影响力！'改变你的行为和想法。"教师说："我有很多事情要做，我不能参与'可见的学习'项目，这解决不了我所面对的具体问题，而且我还要自己想办法来处理所有这些任务和冲突。"你能理解这位教师吗？

约翰：一般情况下，我认为教师们有一样的时间，一样的学生类型，一样的课程，一样的学校领导，一样的行政压力——尽管有这些相似之处，但有些教师的影响力要高于另外一部分教师。有些教师确实把学习放在首位，最大限度地提高自己对学生的影响，而另一些教师的目标是完成课程，让学生参与有趣味性和吸引人的任务，并将成功视同于所有人都按时完成任务。同时，我很高兴你能说"我不需要学习这些'可见的学习'内容"。但是我仍然认为你有义务，向我，向你的校长、家长、学生，或者向社会大众拿出证据，证明你对学生施加了合理的、适当的、令人满意的影响——你可以在影响相关的领域进行辩解。

在"可见的学习"的工作中，特别是在项目实施的学校中，我所要做的不是赋予某种教学方式特殊地位。我们对每个教师如何教学持中立态度。我们说："我们会参与其中，帮助你了解自己的影响。"因为我知道，作为教师，他们有很充分的教学理论，尽管理论可能不是建立于研究的基础之上；他们可能连海德格尔或卢梭都没听说过，但他们的理论是有效的。如果你只改变教师的行为而不改变他们对自己行为的思考，那你就不会成功。不过，我们遇到过不少教师对此很感兴趣，而且当你帮助他们理解自身的叙事和影响时，他们很乐意学习，尽管叙事

70

和影响有时并不一致。

大多数教师，但并非所有的教师，绝对希望有一个改进（improvement）的方案。他们想要的不是改变（change）的方案，而是改进的方案。如果他们已经有足够高的影响力，且能够充分匹配他们的内容、挑战所有学生，我们就可以简单地回应："你被允许继续做你正在做的事情。我们为什么要改变你？"不论它多么令人满意，为什么我们一定要让教师们去使用某种教学方式？相反，大多数的专业学习和教育工作都是基于这样一个假设："斯滕，你的工作做得不够好。来吧，我来帮助你改善或改变。我会看着你教，然后告诉你如何教得更好。"我认为这是侮辱，尤其是对那些已经有很高影响力的人来说。

"认识你的影响力"几乎适用于一切？

斯滕：好吧，让我们换个话题来讨论。有没有可能把这种教学、学校教育和学习的逻辑转换为某种人类互动的分属？例如，如果你"有"恋人或妻子，"认识你对你的女人的影响力！"。或者"提升"到另一个层面，如果你是一个艺术家，"'认识你的影响力'，影响人们对艺术的看法！"。所有这些不同的领域是否都遵循同样的逻辑，即你应当加强自己的影响？

约翰：不，不。有时候我们应该接受美丽和智慧，给予和接受别人的爱。并非每件事都是实验，我们不总是需要溯因式的思考，有时我们只需细嗅蔷薇。

斯滕：因为我现在关心的是，如果认识你的影响力是最有价值的线索，那么这就是一种将你置于叙事中心的思考。这里的问题——反对的问题——可能是：为什么中小学生让你影响他们？

约翰：因为这是强制性的。但同时我们也希望我们的班级和学校变得有吸引力，让学生愿意到来并乐于接受影响。这就是为什么要让学习变得有趣、富有挑战性并向学生展示他们的进步是如此重要。

斯滕：这里肯定有不同的系统在起作用：爱、艺术、教育……

约翰：什么不起作用呢？ 我不想进入艺术和爱的领域，因为它们面临完全不同的伦理问题，教育对尚未自负其责的人负责，在教人学会负责的过程中，还兼顾识知、理解等等。其他领域不涉及人的发展。

斯滕：所以，你认为这整个逻辑也包含在康德的教育学悖论①中（Kant 1971/1803）？

约翰：是的。

斯滕：在学校教育中，我们有责任解放那些不能自我解放的人。

约翰：正确。我们需要教导他们在弗莱雷的意义上获得解放。当然，重要的还有增长知识、学会批判和评价，让他们成为自己在学校教育里所接受的东西的批判者。

斯滕：这和爱或艺术的关系大不相同。

约翰：是的，还有家庭养育、体育运动等等，我们"可见的学习"团队正致力于研究家庭养育和体育训练。因为在养育和训练的过程中，你会面临相同的道德要求和悖论，尽管是不同的负责任的方式。

斯滕：好吧，但从哪里可以找到这种表述的有限性？因为我在体育和养育方面都能看到这种表述，还有哪些方面，比如说领导力？

① "你无法通过强迫使人们自由。"——译者注

约翰：当然，你可以把"可见的学习"与学校的领导力联系起来。

斯滕：好，但不能在爱的领域，对吗？

约翰：不能，应用于教育领域的概念没有明确的边界。

斯滕：艺术领域也不能应用？

约翰：不能。

斯滕：也不能在信仰体系？但你有过教父或牧师，教会的权威，告诉你如何信仰。

约翰：是的，但他们不能解决核心的科学问题，即他们不能接受那些证明他们错了的证据。

斯滕：我只是想知道，"认识你的影响力"这一基本原则是否可以被传递和转化到其他领域，对此你是怎么看的？

约翰：这是不公平的，斯滕，因为你所说的"认识你的影响力"是指认识你对他人的影响这一狭义的概念，然后你转到了信仰体系上。是的，我确实认为我们具有一定的普遍性，如在如何质疑、如何接受负面证据、如何意识到我们在各个领域的确信偏见等方面。但那是不同的。我认为宗教、艺术、爱等方面有规则、程序和对方法论的理解。但就对他人的影响而言，我们在学校教育规训中被赋予额外的义务，即明确意识到道德的必要性。对此你已经说过1000遍了，我同意你的观点，它在道德目的问题上渴求更多。在艺术中，是否存在道德目的问题？不，或者说不在同一个意义上。你可以通过艺术来召唤，你可以构建叙述，但是你不能用同样的方式使用证据、溯因、寻找负面证据。就此而言，美是超越一切的。

斯滕：当你向学生展示你在所说的内容中"化身为"或呈现特定的属性，也许学生们会允许你对他们产生影响。

约翰：对，他们一定会接受，这是个非常有力的观点。

斯滕：你知道你在说什么。他们无法预见或预测你在五分钟或十分钟内会说什么。高质量的教学不应该让他们睡着，而是让他们的智力和注意力闪闪发光。

约翰：你说得对。教育就像点亮光芒——听起来很棒。但法律规定他们必须上学。

斯滕：是的，在这里是规定，但在丹麦有所不同。教人们学习是强制性的，但不是非得去学校。在丹麦，你有权利也有机会上家庭学校，与其他家长一起建立国家支持的所谓免费学校（丹麦语：friskoler）。

约翰：哦，丹麦可以在家上学。但是他们必须参加某种形式的学校教育。

斯滕：在丹麦，学生并非一定要去学校。你可以独自，也可以和别人一起接受教育，但学生最后必须通过考试。

约翰：哦，好吧。所以也有中小学生完成某些事情的要求。

斯滕：是的，但你不必去学校。 2012 年春天，我和我 12 岁的儿子阿尔伯特（Albert）一起骑了 4200 公里的赛车穿越欧洲（西班牙、法国和德国），再从马拉加南部回到丹麦北部，很多人不理解："你怎么能让他离开学校这么久？"我们只是回答，我们对他负了两个月的责任，他会回来参加考试的。这是丹麦的方式。

约翰：在新西兰，你可能被罚款甚至入狱，因为你在没有事先许可

73

的情况下让你的孩子长时间离开学校。是的，不过社会强制要求学生上学的观念给了我们更强的责任感，而且远超过我们很多人的意识。

学习是可见的还是不可见的？

有没有可能从终生视角来预测学习质量？

在基于可见的学习原则的循证教育研究中，是否存在所谓的安慰剂效应？

溯因式思维如何保证教育研究的质量？

4 教授和学习特定的学科是否重要?

斯滕： 让我们再来讨论这个问题：具体学科的教和学重要吗？

约翰： 这是一个关于学科主题是否会影响各种教学方法有效性的经验问题，但我很难找到证据来证明这种影响。这并不意味着学科不重要。当然，我们需要学科内容，需要在内容之间建立联系，并转换我们的思维以处理新的问题；我们需要学科词汇；需要了解其他人在学科范围中产生的新观念及诸多观念之间的关系。在过去的 30 年里，我一直在关注可观察的学习成果结构（Structural Observations of Learning Outcomes，SOLO；Biggs & Collis 1982），这一分类方法对学习结果从表层到深层进行了（松散的）划分，该模型的前提是你需要先有表层（内容）然后才能到深层（关系）。然而，令人遗憾的是，在学校里，教师和学生往往都倾向于从内容的角度来思考。当然，这是个问题。

斯滕： 我们也请我们的同事，不论是数学教师还是文学教师……

约翰： 对，但问题是，最有效的语言教学方法是否与焊接教学、化学教学的有效方法相似或不同？证据似乎表明，"不，没什么不同"。所以说，学科，没问题；不同学科匹配不同的教学方法，有问题。

但别误会我。知识很重要。我是英国社会学家迈克尔·扬（Young & Muller 2013）的忠实粉丝。他谈到了"珍贵的知识"，我肯定他讨论的是"哪些"知识珍贵，因为我们不可能学习所有知识，故而认识我们如何认知也是重要的。在我们的社会中，博学如你的人享有特权。对你和其他拥有很多知识的人来说，知识、能力和思维之间的区别很小。但分布在另一端的那些没有很多知识的人常常会遭遇不幸，因为他们无法轻易地看到观念之间的联系，还缺乏学习的策略。将内容、关系、思维以及策略分开很容易，但我们有时过于看重学生的学习能力培养，而忽视了与能力同样重要的内容。我们对 21 世纪技能提出了新的要求，要求全体学生都具备这些技能（Griffin & Care 2014），但他们也需要知识。

我操心的是，21 世纪技能（如适应力、应变能力、反思能力、协作能力）要把年幼的学生教成批判性的思考者，但我们不要偏废一方。二者都是我们需要的。

斯滕：我认为你的观点很对。医学生不可能在第一年就完成问题导向的工作，如果我们对这些年轻人说："瞧，现在我们有个创新项目。"那么他们可能会说："我们应该创新些什么？为什么？"在你能够创新前，你必须了解传统，能够切身体会，并讨论传统方式不再奏效的原因。

约翰：对的，但在学前教育这一领域，他们所谈论的游戏让我颇为无奈。"没有语言的游戏不是好游戏。"

斯滕：学生在游戏中发展他们的语言。路德维希·维特根斯坦（Ludwig Wittgenstein）曾描绘了在遵循语言规则中生命形式、语言游戏，以及不断发展的社会化（即通过严格的纪律；德语为 Abrichtung［训练］）之间的密切关联（Wittgenstein 1953）。

约翰：这是一种假设。我们对澳大利亚 3000 个幼教机构进行了评估，包括家庭看护、政府学前机构、幼儿园、私人机构（Tayler et al. 2013）。我们对这些学生的跟踪调查从他们 3 岁持续到了八九岁。当你想要衡量这些幼教中心的质量，特别是那些帮助学生做好学前准备的机构时，你会问这样一个问题："在澳大利亚，有多少个高质量的幼教中心是为那些低于平均社会经济地位的学生服务的？"答案是零。太多机构痴迷于游戏，但他们没有利用游戏发展孩子的语言，仅仅用游戏来吸引小孩子，让孩子们有事可做。以游戏促进语言发展是非常重要的。他们痴迷于游戏，却不是为了发展语言。

斯滕：对。我还没有做过这种形式的观察。但是，我留意过我自己的学生,还有我的两个女儿。她们在游戏过程中,能够发展出自己的语言交流能力,当然还有体能和社交技巧。比如,她们假装这是妈妈,这是爸爸,这个有什么能力,等等。

约翰:看看最著名的研究(Hart & Risley 2003,其研究引起激烈争议;见 Sperry et al. 2018),把你 5 岁的女儿和一个来自社会经济地位较低家庭的 5 岁孩子进行比较,看她接触过的词语有多少。也就是说,你的女儿比这个同样 5 岁的孩子多掌握了多少词语(不包括专有词)?

斯滕:最多 30 倍吧。

约翰:三千万。

斯滕:三千万?那是一个难以置信的数字。

约翰:我相信学生需要通过游戏来学习语言。我觉得游戏没什么不好。但游戏不是目的,而那些从事幼教的人们往往这样认为。我现在正在做我的下一个项目,是建立一个从 0 至 8 级的评估方案。你能想象这对很多人来说是多大的挑衅。我记得在之前的一所大学里,有一个研讨会的主题是为什么研究人员不应该对幼儿使用定量方法——这简直太荒谬。通过定量方法,我们可以更好地判断、理解和促进幼儿的发展。这将是一次有趣的尝试,而澳大利亚的大多数行业也都渴望实现这一目标。

我还和我儿子一起写了一本书,叫《给父母的可见的学习》①。这本书目前还不是很适合家长阅读,所以我请其他人帮我对此进行修订。整个文本都基于三个主题:语言、语言和语言。

斯滕:这很有趣。我们也可以讨论德国哲学解释学的汉斯·格奥尔

---

① 该书已出版,书名为 "10 Steps to Develop Great Learners";中译本即将出版,书名为《培养卓越学习者的十个步骤:和家长谈 "可见的学习"》。——译者注

格·伽达默尔（Hans-Georg Gadamer）和他的游戏概念，德语是 das Spiel。在他的鸿篇巨作《真理与方法》（Gadamer 1989/1960）中，他也用这个概念来分析我们与艺术的邂逅。

约翰：听起来很吸引人。

斯滕：……还有与文学的邂逅。因为他说，为了理解艺术，你必须被艺术所驱动——德语是 gespielt werden。

约翰：这和研究者的角色很一致。

斯滕：这意味着你要敞开心扉，用辩证逻辑来解释它。

约翰：这和我们今天做的事没什么区别。

斯滕：完全正确。我们被教育哲学的语言所驱动，我们在语言中，也使用着语言，同时还希望我们能发明新的语言。这正是富饶的解释学方法。在语言的框架内，许多惊异的事情得以实现。

学习的内容和实质

斯滕：让我们转到另一个问题。如果像我所说的那样，学习的质量会由于学习过程中内容和对象的不同而不同，你如何确定某学生是否学会和具备自主反思能力？即能够陈述事实、理解、反思、解释，甚至思维和批判？学习的效应量在 0.40 及以上并不一定保证学习的质量，也不能检测中小学生是否学会了自主思考。

约翰：我可以从两个方面回答这个问题。

斯滕：那么，我们如何得知陈述事实和思维之间的区别呢？

约翰：不，不，不，这不公平。咱们先来谈谈问题的前半部分。你怎么知道学生学了还是没有学？然后你说："这与内容有关。"我也会说它与内容有关，但我想了解更多。如果你认为我对学习质量只字不提，那这是个根本性问题。

几年前，我把 2009 年版的《可见的学习》中的叙事转换成了现在的这个版本。许多读者认为我们能够一个一个地对所有的影响因素排序（尽管某些主题潜在区分了顶部和底部的影响因素），而且很多读者认为 0.40 的效应量在某种程度上是神奇的（因为我称之为"转折点"，并区分了转折点之上和之下的不同效应），但他们忽视了隐藏起来的信息。是的，我也有责任，因为我没有将这些信息写得更清楚些，所以我强调"认识你的影响力"，这个概念我们之前已经提到过。当我想到这个概念时，我很惊讶还没有人这样用过这个概念。我在谷歌上查过，没人用过。所以我想，没错，这会有助于聚焦主要信息。要求"认识你的影响力"会引出这样的问题：你所说的影响力是什么意思？有多少学生受到这种影响？关于什么的影响？以及这种影响有多大？

如果影响意味着在选择题测试中表现出色，那么这是非常狭隘的；即便如此，它也与思维没什么关系。如果你的观点是学生有能力用科学或历史的方式思考，那么我可能对此还是持批评态度，因为它过于宽泛，同时也没有考虑到大多数学生——它还需要包括与思维方式有关的内容。对你所说的影响，我有一个更为精妙的理解，这取决于学生在哪儿、你想去哪儿、有多少学生受到了影响。这需要你去了解每个学生，也是我为什么要谈论学生的中心地位。我希望教育工作者能够就他们所理解的影响展开激烈的讨论，当然要以（多种方式收集的）证据为基础，因为影响是他们课堂所要达到的目标的核心。与学生讨论影响力不是很好吗？我看到许多 5 岁儿童真正地参与关于影响的内涵的讨论，但随着孩子们在学校的成长，这样的讨论变得越来越难得，因为他们认为自己不该参与这些争论。这是一场悲剧。

80

　　还有，你如何认识某段时间内"足够好"的发展程度？为什么你要留在教师认为发展就是这么小（哈蒂举起食指和拇指来表示很小的成长）的课堂上，而走廊那头课堂上的教师对发展的理解则要大得多（哈蒂放大食指和拇指的距离）？对第一个教师班里的学生来说，这很不公平。因此，这些教师至关重要的一步是要对他们所说的"三个月的工作带来的进步"和"一年的工作带来的进步"的含义进行讨论。我的研究不解决这个问题，但我希望教育工作者能回答这个问题，因为你关于影响问题的回答对学生产生的影响要高于你做的其他任何事情。这是我的论点的核心。再回到你的问题上来。我想，你会认为（我也是）不仅仅要陈述事实，还有思维、问题解决、知识丰富以建立观点之间的联系、培养技能以将所学知识迁移到新的问题，这些都非常重要。这样的辩论之所以有意义，就在于它引导我们思考：课程、资料、作业是否是为了让学生明白这一点而整合的，是否让学生能看到你所重视的这些技能。如果是，那么这些工作成果上成功的证据就是持续进行的讨论的一部分。

　　斯滕：我的观点是，优秀的教师能够告诉你如何在某时刻调整自己的策略。因为如果你总是自言自语："考试需要这个吗？""考试成绩会得 A 还是 C？"或者别的什么，那么你永远不能领会内容和学科本身——诗歌、植物学、量子物理学。

　　约翰：我完全认可这一点。

　　斯滕：学校的责任也包括提出挑战，让你开始理解和解释你所不知道的东西。

　　约翰：正确，以及批判你的所思和所知。

　　斯滕：如果你只是重复已知内容，那么你杰出而大胆的教师会帮助你抛弃当下行为及策略（Larsen 2016a，2017c）。

约翰：非常准确。过度学习的核心特征是，它可以减轻工作记忆的负担，进而转向更深层次的概念。

斯滕：以及对实用性方法的抛弃。

约翰：抛弃，也许是超越。你掌握得越好，就越不必去思考它。我们敬佩有些人知道很多（know lots），但更重要的是，他们能够看到观点之间的联系，而这恰恰是我们看不到的。在学校课程中，把博闻强识与使用信息相结合对发展是至关重要的，这两者并不是非此即彼的关系。是的，许多人只是掌握了很多知识，也受到一些教师或者考试的认可，当然也被许多学生羡慕。如果问一个高中生谁是班上最好的学生，他们不可避免地会说某同学知道得多、学得快、记得好。这很让人悲伤，却是现实。

如何通过去境脉和去学科的学习过程习得知识？

斯滕：从你的言语和专著中，我认为"可见的学习"项目似乎是去境脉、去学科的，甚至归化收集到的数据，以获取和汇集真正的可以产生证据的科学素材。理想的情况是，数据不会被复杂学校体系中的真实学科所"污染"，而演绎推理——你说自己是个坚定的演绎推理者——是以大量处理过的数据为基础的。

我对此的评论是：关于学习的数据越是可见，就越简化，也越被剥离其特性和特指。从第一人称现象学经验的角度来看，这里似乎有一种内在的悖论。你收集的数据越多，就越远离直接相关人员（Larsen 2015a，2019a）。

你也可以用一种稍微更积极的方式来陈述。也就是说，如果"可见的学习"项目和你的元分析，以及你过去十年里所做的巨大努力，都是在做学习的形而下之类的事情，那么这种经验主义的数据收集的目标一定是寻找我们能知道的东西。

约翰：感谢你提供的积极的视角。

斯滕：你是否偏爱那种客观的，甚至可能是实证的、科学的强烈现实主义类型的方法，即以大量的经验知识作为进行演绎推理的前提？

约翰：是的。

斯滕：这就是你的视域。所以说我听到的只是个悖论。你有意地使教育领域脱离境脉，脱离学科，从数学或者其他具体学科中抽出具体内容，这样可以让其与文学和哲学相比较。我们以某种方式归化这些材料，将其汇集起来，再返回具体学科领域，并宣称"在这种特殊的情境下，我知道如何找到正确做事的方法"，是这样吗？如果我们事先对收集数据的不同领域中的所有复杂性进行了去境脉化和去学科化处理，我们又怎么能做到这一点呢？

约翰：你说得对。我认为教育教学是有知识基础的，有的做法是我们知道要去做的，而有的是我们明知不可为的。我认为教学不是一种在某种程度上允许个人按照自己认为恰当的方式去操作的技艺，正如你不能随心所欲地驾驶飞机。我们的确知道学校里有些做法会更有效，同样我们也知道有些并不那么有效，而这些无效的做法应当被取缔。

我们的研究确实存在一定程度的去境脉，但这不会阻断对境脉内容、对调节变量、对教学影响和学生最大限度学习之间互动关系的追求。有时去境脉以做出概括化的评论是有益的，我们能够看到这些一般性原理如何反过来在课堂境脉中起作用。请记住，文献检索是一种后视镜思维方式，我之所以强调"认识你的影响力"这句格言，因为它关注高效应的干预措施是否存在于你的课堂，是否对学生和课程发挥作用。

你的观点是对的，要不是我们需要教学生的话，去人性化、去境脉化、去学科化就不会有问题了。

斯滕：目前"我的"大学里，课程正在模块化，这样课程可以在学生培养项目间互换，如 ECTS①10 学分、15 学分、20 学分或 30 学分的课程。其中最重要的是学习目标，在我们系，和学习目标有关的一个表述是这样的：任何一位教师都可以代替另一位教师（Larsen 2016c）。这是因为每一门课程都不应该丝毫地贴近某人的生活经历、某教师个人特性，或某教授特定的阅读方式。这意味着当整个结构被去个性化，而模式化的学习目标被构建时，真实的生活也被剥离了。这就是我所担心的，学科中的传统被遗弃、真挚的热爱被抛弃，这意味着在某种程度上，大学里的所有障碍、个人风格和激情都被清除了。突然间，你就有了一个非常简单、易于理解的学习项目，而在这个项目中，任何一个教师都可以被其他教师取代。

约翰：这种可替换的观念对现代企业式大学很有吸引力。我注意到，美国许多在线课程都是由有影响力的学者编写，然后（通常）由年轻教师讲授的。当然，其中还有其他可能性，但仍然是一种适应性调节，"倾听"对学生的影响，随后进行修改和再次教学，以及深入了解学生是如何得出错误或非最佳理解的——这是教学的艺术。设计"教师无涉"的课程就像设计"学生无涉"的学习一样，荒谬。

斯滕：这也是"可见的学习"项目会面临的问题，也就是说，风险在于是否有人（如政治家、学校领导、教育规划者、记者……）会忘记学校体系中所承载的是活生生的主体？

---

① ECTS 即欧洲学分互认体系（European Credit Transfer System），是欧洲各个国家间在高等教育领域互相衔接的学分系统，有利于各国高等教育之间的合作交流。——译者注

约翰：这是对我的工作非常糟糕的解读，我相信事实并非如此。我们在研讨会上花了大量时间倾听参与者的意见，看他们是否理解这些信息，邀请他们践行这些理念，之后在他们的境脉下对其进行评估，最重要的是，我们在安全的环境中展开批评和合作，目的是讨论他们的影响力。

你的话题从中小学校转到了大学。

斯滕：是的。

约翰：你所说的那些在中小学校里不大可能发生。但这些不一定是非此即彼的问题——可以是一个皆大欢喜的折中方案即专家设计课程，让他和相对资浅的教师一起合作教学——这是我曾经身在其中的大学模式，尽管我看到了你说的情况变得越来越普遍。在网络课程中倒是经常发生你所说的情况。

斯滕：我们回溯大学的历史，让世界上不同的观点碰撞是非常有成效的。量子力学和量子物理学就诞生于公认的对牛顿物理学不足的批判。大学不应该是一个沉溺于自己的模块化学习进程的机构。

约翰：我再举一个例子。菲尼克斯大学会（从一群人中）先邀请业内精英（专家）来制定正确的教学内容，再聘请一般人士照本宣科。你是否会建议我们先邀请那些一般人士，之后再让专家（或新手）来教？你要走哪条路？

斯滕：好吧，我会让大家把这两种方式都尝试一下，然后立刻组织会议来讨论实行这两种不同方式所获得的经验。

约翰：我没给你这个选项。但是在你所说的那个会议上，参会的是了解会议议题的人还是不了解会议议题的人？

斯滕：你当然应该优先考虑前一类人。

约翰：但是专家并不多。

斯滕：还有一个主意，你可以开展一种实验，让参与者自下而上地开发课程，至少可以实验一下。

约翰：在20世纪90年代，那时还没有开始"可见的学习"研究，赫伯·马什（Herb Marsh）和我就大学的研究和教学之间的关系做了一个元分析（Hattie & Marsh 1996； Marsh & Hattie 2002）。虽然这项元分析并没有引起广泛关注，但我们从涉及研究机构和大学的46项研究中发现，无论如何衡量研究或教学的质量，它们之间的相关性都非常接近零。

我花了一段时间来解释这个故事，如果 y 轴表示研究， x 轴表示教学，那么每个人都想在优秀研究人员和优秀教师交叉的象限中工作。但这样的学者太少了。我的观点是，一所好的大学里会有各种教师，他们有的在研究和教学领域都优秀，有的研究优秀但教学一般，还有的教学优秀但研究平平，但是没有人想要与研究或教学都不如人意的教师共事。零相关意味着什么？在这里它反映了以上三个象限的数字的中和。

此外，我在之前供职的大学做过一件有趣的事情。作为审计体系的一部分，我们需要对所有与教学和研究有关的政策进行审查。我们在大学里找不到任何一个将教学和研究统筹起来的政策，比如在聘用、晋升、学术休假、奖励等方面。这样当大学自诩为研究和教学相结合时，就显得有点虚伪。我向我遇到的每一位副校长和校长提出了同样的要求——成为第一所为顶尖研究员兼顶尖教师颁发奖项的大学。我们往往设置的是单独的奖项，而很少设置兼顾教学和研究的奖项（事实上，我从没见过兼顾的案例）——这无疑是两者之间关系的缩影。

85

斯滕：我认为你是对的。我们同时还面临的状况是，你获得的资助越多，就越享有免于长期教导他人及教学的自由。当你的研究得到赞助时，你就有"自由"不教学了。

约翰：是的，这些资助经常导致教师教学参与度的降低！在我之前工作过的一所大学里，有一条规则，不管你有几百万元的经费，所有学者都必须担负最小工作量的课程教学工作，不过高经费的获得者也能够得到高水平的帮助和支持。我们知道，那些获得大量资助的人所占比例很小，因此他们常常被人羡慕，部分原因是他们做到了锦上添花（几乎在每一所大学里，员工收入仍然主要通过教学获得；不过，能教学的人多，能吸引资助的人很少）。

斯滕：这就是整个逻辑中隐藏的矛盾。以丹麦为例，大学手册上写着，如果需要聘用教师，那么你应该同时考虑他们的教学经验，而不应该仅仅看他们的同行评议的文章。教学技能与学术质量同等重要。但现实并非如此，仍然是学术价值更为重要。

约翰：在我的职业生涯中，我发现的另一个重大变化是大学里兼职和临时聘任教师的增多。

斯滕：是的，而且现在依然如此。兼职教师没有权利做研究。他们常常来了又走了，被社会学家称为不稳定的人。

约翰：他们如何还贷？

斯滕：是的，他们很难获得体面的薪水和生活方式。

约翰：我当然知道有些大学一半以上的员工签的是一年制的合同。此外，澳大利亚80%的学术工作都压在这些教师肩上。不用举例，因为你很容易就想到你认识的这般处境中的人。我们开始不关注学术界的长远发展，而新来的学者们往往期望立刻就能挣到薪水。这与我进入大学任教时的情况不同，那时没有人指望我能通过吸引资助来挣钱。事实上，直到我在大学工作的第 17 年，我才拿到第一笔资助。是的，我教书，当导师，出书（也打高尔夫，住在农场，有学生），对不同的课题做了很多努力，并学习了学术方法和标准。对于今天的新老师来说，这比预想中花费了更多的时间。急于获得资助、高水平的出版物、大量的教学、一年的合同，这些都不利于培养未来的学术骨干。这不是当初栽培我的大学。我该退休了。

与内容密切相关

斯滕：在前面提到的《重新发现教学》一书中，格特·比斯塔说："与学习的语言、教育的语言不同，我们所需要的是对内容、目的和关系等问题的关注。"（Biesta 2017：28）我想，这就是你和他的主要不同，因为你认为可以依靠大量内容无涉的元研究，将数百万的数据统一到一般的标准上。反之，比斯塔和我认为，教育语言必须以最具体和独特的方式关涉内容、目的和关系。

约翰：不完全是这样，每个原初研究都包含某个类型的内容，每个元分析都涉及一个或多个内容领域。这个内容的本质就成了一个值得元分析者去探索的调节变量。这是元分析的核心概念和价值。许多评论家认为元分析仅仅是对效应大小的总结，而忽略了吉恩·格拉斯的主要贡献——如何系统化地提出关于调节变量和效应量的疑问（Glass 1976）。拉里·赫奇斯（Larry Hedges）获得了一丹奖（Yidan Prize），他的主要贡献之一是分解元分析中的变异性，以及确定相应的调节变量影响（Hedges & Olkin 1990）。其中一个调节变量可能是内容。例如，从经验上看，许多教学方法并不因内容的不同而有显著差异，但这并不意味着我们可以忽视内容与教学方法相互作用的可能性。"可见的学习"中的数据并非内容无涉、摒弃变异，而简单地归结到小数点后两位。

87 　我不能把内容拿在手里，说"内容在这儿，斯滕"。必须经过一个帮助你理解内容、获取知识、掌握事实、明了关系，并扩展这些观点的过程。过程是什么？比斯塔如何命名这个过程？

斯滕：他将这个问题域融入他所说的三个领域中。你可能了解，在他早期的著作中，他将这三个领域描述为文凭化、社会化和主体化（Biesta 2013）。这个三脚架或许能澄清问题，但我认为他的思维方式中存在一个问题，因为看起来文凭化与接触教育的内容密切相关，但正规的资质不可能是哈姆雷特（剧本）、阿基米德法则或人类的基因遗传……

约翰：似乎是这样的。

斯滕：或者文凭可以和物质、性质……一样吗？

约翰：很好的问题。

斯滕：我认为这是完全错误的，因为文凭化是指你有资格在世界上做一些事情。例如，在劳动力市场上展示技能，或者履行一项职能，比如你有资格当铁匠或护士。

约翰：这是学习的结果。

斯滕：但我认为，内容远远大于发给你一纸文凭。

约翰：我也这么认为。

斯滕：所以，我想比斯塔三个领域的概念中的第一个有严重的问题。他提倡"三个领域之间有意义的平衡"（Biesta 2017：29）。但这并不能真正解决问题。

约翰：没错，这解决不了问题。

斯滕：但我同意他的一个观点，他写道："简而言之，这里的问题是，教学或者教育的重点从来不'仅仅'是学生学习，而是他们学习某些东西，他们的学习有具体的缘由，并且是从某人那里学习。"（Biesta 2017：27-28； Larsen 2016a）你同意吗？

约翰：赞同，当我谈到影响时，我也会以同样的方式问是什么、对谁、改善的程度有多大。学习总是关涉许多相关的东西，通常表现为某人学习的结果。

斯滕：是的，很难避免使用"学习"一词。但是，说学习并不意味着去认同某种学习意识形态，也不意味着痴迷于"学习化"，更不是确信"可见的学习"项目可以使课堂上、学生中发生的一切变得可见。但请注意，这里的某人是教师，比斯塔在几句话之后强调，"在我看来，目的问题是最重要和最基本的问题"（Biesta 2017： 28），这意味着比斯塔进入了我们所讨论的教育目的，也就是关于为什么的阶段。

约翰：我乐意与你讨论这个话题。

斯滕：这个某些东西或多或少就是外在的了。

约翰：但是，比斯塔又说，不想用"学习"（learn）和"在学习"（learning）这样的词，尽管他自己已经用了好几次了。

斯滕：观察得很细致，我也看出来了，我基本上对"在学习"这个概念没有兴趣。相反，我会从许多哲学家那里获得灵感——恩斯特·布洛赫（Ernst Bloch）的《希望的原理》、西奥多·W. 阿多诺（Theodor

W. Adorno）的《否定的辩证法》、汉娜·阿伦特（Hannah Arendt）的《精神生活》和马克辛·希茨–约翰斯顿（Maxine Sheets-Johnstone）的《思考的根源》，我将注意力投注到"思考"这个概念上，顺便说一句，这比占主导地位的"在学习"概念（Bloch 1986/1954 – 1959；Adorno 2004/1966； Arendt 1971； Sheets-Johnstone 1990）更为重要。

约翰：你对"在学习"不感兴趣，因为它将知识分门别类，同时是某某的简化概念。我听到你之前这么说。

斯滕：是的，"在学习"的概念也被用作一种自我确认的目的论——学习是指向自身的……

约翰：对。

斯滕：同时也是一种程序术语……

约翰：所以当我站起来说"我希望把重点从教转到学"，你会有问题吗？

斯滕：会有很严重的问题。因为我仍然认为教在本质上还意味着你有质疑教师的自由，而不仅仅是接受所教的内容。这是我和比斯塔的不同之处。我要说的是，当你接受了真正的培训后，你会学会评判教师所教给你的东西，你会获得创造性和超越性的才能以质疑和去合理化，如果必要的话，甚至可以抨击那些用来维护和捍卫社会权力结构的错误观点。概念之于你，不能只是赖以为生或供己瞻仰。作为一个自主的思考者，你有自由去重建、创造或是抛弃概念。

约翰：但是，怎么应对那些老生常谈——"我教得很成功，但学生还没学会"？

斯滕：是的，比斯塔一直在强调，你可以在没有学习目标的情况下教书。

约翰：他还说你可以在没有教的情况下学习，我完全同意。

斯滕：是的，当然可以。否则你就不会和你的朋友一起玩，不会一起划船、骑自行车、踢足球，或者搞别的什么活动。

约翰：你知道我读过这本书。我喜欢他的观点，但我很难理解"学习化"这个核心概念。所以就目前而言，这并非我首先要担心的事，因为他还有很大的待补空白。

斯滕：比斯塔提出了一个非此即彼的逻辑，这在一定程度上让我不安。要么你有一个厉害的教师，要么你有解释和理解的自由——这种自愿的建构主义不是他的所好。他甚至说，理解和解释总是出于建设性的原因存在的，我认为这是错误的（Larsen 2017a）。

在*解释学*中，关键的问题是理解和概念化艺术品与人之间的交流。如果你去理解艺术品，你就会进入一种辩证性运动中——你是被艺术品"摆弄"，而不是出于自己的理解对艺术品进行解释。我想他误解了这一点。他只把解释学看作主体单方面的建构性逻辑。他似乎没有意识到解释学是对以主体为中心的解释思想的批判，至少在伽达默尔给我们的哲学解释学中是这样。你读过他那本影响深远的书——《真理与方法》（Gadamer 1989/1960）吗？

约翰：我还没有读过这本书。

斯滕：如果你读过，你可能会同意我的观点——比斯塔并没有真正对教育中发生的事情做出解释性的理解。他对文本与诠释之间的动态互动缺乏辩证的方法，他也没有复兴*教化*的观念。他的重点不在这里。

90

我们为什么要教授学科？

约翰： 我很难找到这个问题的答案。为什么我们要教授数学、科学和英语？为什么我们不教一些完全不同的东西，比如互动风格、电子游戏等其他主题？你对此成规会如何辩解？

斯滕： 我并非为成规辩护，对你的问题也没有简单直接的答案，但我会尽量给出四个不同的回答，希望能回答好你的重要"问询"。

首先，传统的答案是一直就是如此，公立学校自出现开始就被设计出它们的内在"逻辑"。不过传统本身不能作为论点。其次，由于实际的劳动分工，以及顾虑到教师和学生的心理承受能力，所以没有在同一时间教授所有东西。再次，学校里的每一门学科都创造了自身的重要天地，如果我们不想冒着失去社会定位和交流内容的风险，那我们就不应该取消它。

除了这三点，还有更可行、更具实用价值的缘由。例如，如果没有数学，你就会陷入迷茫，因为人们会在你购物时欺骗你，你也不知道如何盖房子。

你对我这四个回答有什么看法？

约翰： 是的，我们一直在教授学科，但它们也在发生很大的变化——拉丁语已消亡，现在地理学正在衰落，计算、编程和环境研究已兴起。我认为，教师讲授学科数量上的限制并非特定学科能够占据主导地位的原因（例如，也可以要求教师更深入地研究视频游戏或眨眼游戏，但这不是教授这些科目的理由）。是的，我能明白你关于"我们的社会定位和交流内容"的风险的说法，这是许多独裁者用来自证其内容选择合理性的说法。最后，我也可以看到具备抵御欺骗的能力水平的必要性，等等。不过，这是 12 岁左右的学生需要理解的数学和英语，那么高中学科又为何存在呢?

斯滕：是的，不过，我们大多数人都需要数学，还有科学，至少在 常识水平上使用。

约翰：嗯，这是非常低的水平。大多数成年人的数学掌握程度很低，尤其是与其高中期间的数学掌握深度相比较时。

斯滕：是的，在查银行账户的时候会做做算术。但你认为这个论点站不住脚，是吗?

约翰：嗯，这不算是糟糕的论点。我们的争论是，为什么你不用超过 12 岁的数学水平。

斯滕：另外的争论是关于英语的教和学。例如，从丹麦人的角度来看，如果你不懂英语或其他广泛应用的"世界"语言，旅行就会变得相当困难，你可能无法与世界上的其他人交流。此外，你也很难理解媒体、国际政治和丹麦以外世界的紧张局势和冲突。

约翰：嗯，这些是事实，但我认为你的观点不是很有说服力，斯滕。我经常旅行，但是我并不懂丹麦语、汉语等等。

斯滕：那么还有哪些充分的论点呢?

约翰：我知道并同意你所说的，因为你说的是生存的最低要求。我们聚焦来看看高中阶段。我在数学学科中学到了很多东西，你肯定也是如此，但这些内容不是普通成年人生存所必需的。

斯滕：你需要它，因为你是一名统计学家。

约翰：在我的领域，我当然要具备相应水平。但就成人的生存而言，你并不需要它。

斯滕：的确不需要，但我认为我们不能把教育中所有学科存在的理由都简化为纯粹的生存。

约翰：是的，但这确实令人兴奋。我听到有人说，我们需要学 x 学科，因为通过对 x 的学习，我们会了解到 x 的美，也了解到为什么 x 值得学习；有人说，作为一个受过教育的公民，我们应该了解珍贵的知识。所以我想知道你们哲学家是怎么解决这个问题的，因为我无法回答。

当然，有太多的理由来解释为什么这些而不是那些学科是多余的——评论者从学科入手，支持并证明其自身存在的价值。一般来说，已经存在的东西是理所当然的，没有什么新的东西能挑战这个成规。就看看那些申请大学时的重点学科吧，这些学科的挂科往往会导致退学。这告诉了学生们什么？学校有重点学科和普通学科，就像市场里有肉类和蔬菜那样!

我看到一种观点，认为应该向学生介绍不同类型的思维、经验和知识，但在时间有限的项目中，这并不能解决"为什么是这个而不是那个"的问题。我听到这样一种观点：能让学生知道"为什么是这个而不是那个"的答案的学科更受欢迎——但对我来说，这证明了乒乓球和电脑游戏都是合理的。

我听到有人说，我们应该发展多元智能（Gardner 1983），让学生进行批判性分析，阅读弗莱雷的批判教育学（Freire 1970/1968），但我仍然想知道，我们为什么要选择（仍然）在学校教授的学科和内容。当然，要想成为一名优秀的学生有多种途径，而对于一名想成为咖啡师、画家或水球教练的学生来说，他们依靠的并不是高水平的数学、化学、历史或音乐。可能有一定程度的相关性，但这不是那些高中重点学科设立高要求的原因。

斯滕：美国哲学家理查德·罗蒂（Richard Rorty）说得对，他说哲学对于加强人类永恒的交流是重要的，当然在使之成为现实上也很重要（Rorty 1989，1999）。我认为数学、文学、语言，以及其他所有学科，都符合这个交流标准。此外，罗蒂也希望与文学的密切接触能让我们变得仁慈。这是一种对教化伦理的道德辩护。

约翰：如果你指的是通过推理、批判性思维，或者其他更哲学化的角度来思考，那么是的——也就是说，既要教授"所知"，也要教授"所做"。也许，我理解你说的是我们需要深入研究宗教？

斯滕：你还必须以科学的方式了解宗教，而不是以忏悔的方式。但如果你不是在天主教徒、印度教徒或穆斯林学校上学，而且或多或少是自愿选择的，那么你也不需要在学校里履行宗教仪式。

约翰：是不需要。

斯滕：基本上，如果你在某地方市政的公立学校受教育，人们就不会期望听到你忏悔， 也不要求你推崇忏悔。这应该是你的私人信仰，而不是国家机器的一部分。

约翰：我同意这一点。

斯滕：在神权极权主义政权中，宗教信仰是一种强制性的"纪律"（比如伊朗）。如果像土耳其这样的国家想成为欧盟的一部分，土耳其总统必须确保言论自由和宗教自由，甚至不信仰任何宗教的权利也受到国家的保护。

学校的科目随着时代的发展而变化。从 20 世纪 60 年代中期的学校开始，女孩们像她们被期望成为的妇女那样学习缝纫和编织，男孩们则用树木、锯子和锤子做一些事情，从小被培养成一个小男子汉和未来的木匠。在古代，大学里有七艺。如今这些学科都发生了变化。

约翰：哦，的确是发生了变化。正如我曾说过的，我不太喜欢关于课程的争论——尽管如此，有人去争论总是好事情，但这是因为我对此知之甚少，而且我看到大多数论点都很肤浅。大多数的争论都是"你怎么把更多的东西放进去"。因为现在学校的要求都非常高。

我也知道迈克尔·波特（Michael Porter）在美国各州和各地区课程整合方面的工作（Porter et al. 2009）。在从 1（完美）到 0（无）的范围内，他对许多数学和阅读课程进行了评分，算出得分平均值为 0.10。一个地区认为有价值的知识与另一个地区不一样。在通常情况下，数学和阅读都被认为是合理的课程，即这两门课程是核心的、必要的，并遵循正确的顺序；但如果课程整合的评分如此之低，就不可能有所谓的完美！

斯滕：我现在不明白的是，为什么我们学校没有完善的社会学课程。因为社会学研究的是社会关系：如何获得认可，如何接触他人，甚至可能是冒犯或激怒他人，如何与他人接近，如何与他人保持距离、亲密，如何掌握规范、习惯，等等。

约翰：是的，我看到过这种说法，特别是考虑到美国各地正在发生的事情。

斯滕：我认为，我们都必须了解并讨论我们如何尊重和保障权利、公平，如何保护环境，如何保护国家福祉，如何将我们的理念和愿景融入体制，所有这些也意味着我们必须掌握社会互动、社会沟通、社会技能的基本知识。除此之外，还有如何理解不同文化之间的冲突，如何处理个体之间的冲突。基本上，你应该经过更全面的社会学培训，或许社会学也应当成为学校里的主要学科。

94

也许我们还应该保留（一些）学科，这样年轻人就有机会生动地理解社会，与此同时，我们应该增加学科选择，使年轻人敢于以新的和前所未见的方式加以超越。

> **通向"教育虚无主义"："学会学习"的教条是否变得比知道实质性内容更重要？**

约翰：不，两者我都想要，而且学会学习和学习之间的联系很紧密。

斯滕：在我的国家，一些大学和学校的领导开始说："好吧，我们学什么并不重要。重要的是学会学习。"这就是我所说的教学虚无主义（Larsen 2016a）。

约翰：我不同意。这要追溯到迈克尔·波兰尼（Michael Polanyi）对"所做"和"所知"的区分（Polanyi 1962）。我知道如何骑自行车，但我可能不知道骑车的物理原因（即"所知"那部分）。同样地，我希望学生们有多种学习的策略，并运用这些学习策略来获得"所知"。

在多重意义上，这类似于对我的书的第一波评论，即说我没有考虑到课堂的社会学、社会性文化的本质（Snook et al. 2009）。

斯滕：这也是我的评判。

约翰：尽管如此，我在《可见的学习》一书的开头就说，我不打算处理所有问题，而是更关注学业成就问题。但许多人并不满意，他们要求我写下一本关于学习社会学或其他类似的主张的书。我的回答是，有其他人能胜任而且正在这样做，读者可以在不同的阅读之间获得平衡（尤其是我远没有资质写一本关于学业成就的社会学书籍，但我热衷于阅读这些书籍）。

权力问题与家长角色

斯滕：那么，在这方面，你如何看待米歇尔·福柯的主张呢？他是法国著名的哲学家和思想史学家，生于 1926 年，1984 年死于艾滋病。他主张哪里有知识，哪里就有权力。在法语中，这两个词语是相互关联的：savoir（知识）和 pouvoir（权力）（Foucault 1980）。

约翰：的确如此，可以赘述为：权力在学校教育中是强大的，而且永远如此。

斯滕：这是否意味着，在学校教育中，没有所谓的与权力问题相分离的纯粹知识？

约翰：是的，只要权力是显而易见的、可理解的和适当的，我对此就不会有任何质疑。如果说教师没有权力，或者说导师没有权力，这就是在忽视明显的事实，而你也将陷入巨大的麻烦。学生没有教师那样的权力，这就是为什么我们有责任变得更加道德、公正、公平，并对我们施加给学生的影响负责。

斯滕：我想你是对的，因为有一段时间里，教师们可能有太多的怀疑，甚至自怨自艾，以至于他们不承认自己也参与了权力的游戏。

约翰：同样地，这也是我对教师的不满之一——在我所知道的所有职业中，他们总是拒绝承认自身的专业性。

斯滕：而且教师否认自己在权力运行中的作用。这怎么可能？

约翰：在某种程度上，我想这是因为教师从事的是培养人的职业，他们是善良温和的人，他们想把自己的影响归功于学生。学生们投入了，学生们批判了，因此是学生们完成了这项精细的工作。

斯滕：教师也经常扮演社会教育工作者、护士，或随时待命的助手角色。有时甚至是替代父母的角色……

约翰：确切地说，作为教师，我对学生说："哇，看看你在干什么。你有能力来完成你的工作，这不是很好吗？看看你学到了什么。"我从来不说"是我让这一切发生"。

斯滕：从不。

约翰：但教师确实引起了很多这样的学习。"可见的学习"的一个基本信息是，教师可以成为强有力的变革推动者——他们确实会带来变革和进步。否认这一点，我们就制造了一个巨大的政治问题，因为每当我们否认自己的专长时，我们就放弃了这种权力，然后其他人就会绕过我们，摆脱我们对他们的制约（我们决定了课程、评估、学校规则）。教师就被绕过了。在澳大利亚，我的基本纲领是将教育者的专业力量重新引入影响力等式。

斯滕：我还有一个论点要补充。如果你是一个专业的牙医，或者我们能说……一个专业的汽车修理工……

约翰：……或者电力专家……

斯滕：对，你就不会允许别人把自己的父母请来，坐下来告诉你牙医怎么工作或者如何运转内燃机。但教师似乎永远无法摆脱"顾客"——学生和家长——如果你是个小学生，你经常不得不带着爸爸妈妈一起去学校。有时，学生的家长会按照你所说的"打"排球，也就是所谓的"社交排球"，家长甚至不知道打排球的基础知识。他们认为自己可以进入赛场打排球，但排球是一项技术性很强的运动，你必须知道

96

各种传球和扣球技术。家长往往会忘记或低估排球的专业性，抑或学校的真正专业性。他们认为自己可以做得更好，可以给教师一堆意见、观点、想法，告诉教师该做什么，因为教师从事的就是培养他们孩子的工作。我认为有一个问题——当然，有时也可能是必要的——就是我们太频繁地邀请家长进入学校，以至于专业知识总是受到来自"消费者"层面，也就是这些家长的挑战。你怎么思考这个问题？

约翰：我想问你一个问题，因为教育不像电工和牙医，教育不只在学校发生。

斯滕：是这样。

约翰：因此，家长在其中也扮演了相应的角色。我们从法律上知道，多年前就有的"家长代理"的观念，现在已经不是教师的主导观念了。我们对家长负有责任，但有时家长参与的方式并不是那么富有成效。我们做了一项研究，观察了参与家庭作业的家长，发现家长参与家庭作业越多，尤其是以监督的名义，家庭作业的效果就越差。

斯滕：中学高年级不是这样，因为家长参与可以让孩子学会自助，并刺激他们发展关键自主技能。

约翰：是的，家庭作业辅导有很大的效应变异。太多的中学高年级学生家庭通过聘请家教来实施"家庭作业辅导"，而这些家教最后都是替学生做家庭作业。

斯滕：什么？

约翰：他们聘请家教，我们知道，而且家教替学生做家庭作业。

斯滕：是的，我想这有可能发生。而作业服务的辅导机构也在疯狂发展。

约翰：这就是为什么我的观点是，教学中有一种专业性是家教和许多家长所没有的——那就是专业的教学。我的根本问题是，为什么学生会因为他们的父母是否具备教师技能而处于优势或劣势呢？这里就有一个道德困惑：如果家长很专业，那么我会很高兴；但当家长不专业时，我们教师就有责任。

我们与新西兰最困难的五所学校合作，跟踪调查教师和他们的学生长达四年（Clinton & Hattie 2005）。学生经历了 100 种不同的干预，其中最有效的一种是在家里安装电脑。在第一年结束时，我们对这五所学校说："把电脑放在家里不是解决问题的方法。"学校对我们很不满，我们这些评估人员差点被炒鱿鱼。但我们还说："你要请之前的教师到家里去教家长和学生如何使用电脑，那会有用。"结果是家长学会了教师的语言，他们学会了如何与教师交流。若非如此，家长学会的可能是眨眼游戏或排球，而不是电脑了。真正有用的是学习如何与教师交流互动。这些家长中的许多人的学校生活没有什么美好的经历或记忆，与教师交谈（教师来自不同水平的班级，在教学和自我管理方面都很有原则）曾经是一个难以逾越的鸿沟。例如，和教师谈论什么内容，如何讨论和互动，如何提问、深入研究，如何理解教师的回答和行话。当家长在家和教师就电脑展开讨论时，这个鸿沟就被跨越了。

我们还采访了每一位 5 岁开始上学的孩子的家长，我们问他们的问题之一是："当你的孩子离开学校时，你的期望是什么？"大多数人说："我们希望他们从中学毕业后，能够进入大学。"我们对这些家长进行了再次采访，当孩子从小学升入中学时，同样的家长、同样的学生，他们每个人都说："我希望他们找到一份工作。"当然，这 5000 名学生不可能人人都上大学，但这样一来我们就已经浇灭了那些家长的勃勃雄心，而这本是那些家长所拥有的主要想法。我们有责任支持这些雄心壮志，而不是对其加以限制。尽管每个家长都想帮助自己的孩子，但他们不知道如何做。家长相信我们会做得比他们好，然而在这个案例中，我们辜负了他们。

在学校教和学具体的学科重要吗？

不教怎么可能学？

没有内容的“学会学习”教条是否比了解一些实质性的东西更重要？

家长如何在学校生活中发挥重要作用？

斯滕：我在阅读你的书时，好像看到教师在这，学生在那。但是，在课堂中，或者是课前和课后所发生的一切，都是学生群体的多重社会互动。这意味着整个社会学的视角——群体的社会化、人的社会化、课堂的出入，以及学校之外的非正式学习都必须被纳入考虑。你可能得到或多或少的认可，由于自己的正确解答、对教师提出批判的能力，甚至提出另一个他或她不知道的期待等，这样你可能会变身成一个小助教，也就是一个帮助教师的学生（Larsen 2017b）。

因此，有各种各样的可替代的方案、其他的权威、不同的社会学逻辑，你都必须在"可见的学习"的研究和理论中反思。你的研究是否包含社会学的互动理论？

约翰：不，并没有包括。我试图对课堂观察研究进行元分析，但没有成功，因为很难确定结果和效应量大小。不过我已经完成了相对较为传统的文献综述。毫不奇怪的是，主要模式仍然是教师站在全班面前：教师说话、教师组织、教师占主导地位。这是我们愿意看到的吗？不能说绝对不好，但这不是唯一方式。目前，我们正在寻找创新的学习环境（Imms et al. 2016），这种环境过去被称为开放式课堂，这是一个大项目中的一部分。我儿子是教师，他的班级有90名学生和3名教师。我对这些课堂学习环境很感兴趣。教学中发生的一切，以及你所说的那种互动都令人惊叹不已。教师几乎不可能站在最前面说话、组织或占主导地位。

你必须学会与其他教师合作并信任他们，一起备课，一起工作，而不是"霸占"学生。是"我们"而不是"我"占据主导地位。教师们需要创造更多的协作任务和活动；教导学生彼此之间更加相互依赖，知道寻求帮助的最佳时机；创造机会进入已知领域，找到正确的问题并解决它；帮助学生对自己的学习进度有更多的了解和反思。

创新的学习环境当然不是常态，最多有10%到15%的学校是这样

100

的。并不是所有的教师都能应对，也不是所有的教师都学会了合作、信任彼此的计划，我们也不能低估他们借助盆栽、文件柜、书柜封闭自我的可能性。

101 我对这些课堂的兴趣在于探究学生学习过程的实质是什么，他们犯错误时会做什么，坦率地说，这比传统的课堂更令人兴奋。而正如你所说，大多数学生在 8 岁时就知道他们在课堂上的地位，他们直接面向教师。

斯滕：所以这些基于问题的项目研究（problem-based project studies）和小组工作都由学校规定或学生自行组织。当我 1978 年开始在罗斯基勒大学中心（Roskilde University Centre）学习时，我们也有这样的内部评估会议，在其中学习其他兄弟项目组的研究，他们也学习我们的，就像是一所学校在接受公众批评。

约翰：没错。

斯滕：除了上课之外，我们还开展了各种各样的论文写作和学生活动，大大充实了项目。

约翰：我的博士生也一样。他们在我之前就阅读了彼此的研究。天哪！这对共同体的创建太有帮助了。我发现，即使是在博士阶段，我们也很少教他们评判他人的技能，这很有意思。而如果他们要成为评定作业、初稿、文章的学者，他们就需要这种技能。

斯滕：我们在自学这项技能。

约翰：好吧，让我问你一个问题。为什么基于项目的学习（project-based learning）只有 0.15 的效应量呢？

斯滕：你的数据是这么"说"的吗？我不能理解也解释不了这个

"事实"。

约翰：这正是我的观点，斯滕。我们需要理解为什么它的效应量这么低，因为这个"事实"太没道理了。

斯滕：是没道理。那么，你认为它应该产生更好的效应。

约翰：从你所说的所有理由来看，它应该产生更好的效应，而让我沮丧的是，教育者们谈论应该发生的事情，并将其与已经发生的事情混为一谈。基于项目的学习是我们最大的失败，所以我的兴趣是为什么它不起作用，这也是我们一直在研究的。

斯滕：但是，首先，我不知道你的效应"仪器"是否"捕捉"了所有在交互式项目研究小组中发生的重要事情。其次，我认为 20 世纪 70 年代末和 21 世纪初的文化背景非常不同。 40 年前，许多学生读书并梦想着为社会的根本变革而努力（Larsen 2017c）。现在，丹麦几乎没有人会考虑到资本主义的根本变化，尽管我们不得不面对所有这些持续性问题：气候危机、日益加剧的不平等、金融危机、无情和残酷的资本剥削、严酷的民族主义和大量移民（难民、寻求庇护的人、寻求更好生活的穷人……）等等，但人们作为学生等社会群体的一分子，不是抵抗者。

约翰：我想你是对的，不过我还有不同的意见。

斯滕：一个主要的趋势是，随着工作岗位的减少，我们看到个人为了在有限的劳动力市场上取得成功而相互竞争。

约翰：对，而且这些竞争相关的技能大多从课堂中习得。

斯滕：计算机、算法和大数据都加入了竞争。据估计，未来 20 年

102

将有大约 8 亿个工作岗位在世界范围内消失。我想，在我们成长的那个年代，也就是 20 世纪 70 年代末，假若热衷于这种自组织的学习过程（self-organized study process）的话，我们也可能会逐渐认为，更多的社会权力堡垒会被取代……

约翰：可能会。

斯滕：……然后被解决和消灭。但这并没有真的发生。

约翰：对，不会发生的。要是不雇用专业的保育人员的话，我们怎么可能让父母留在工作场所呢？

斯滕：当然，是应当有专业的保育。

约翰：我们必须好好利用那样节省下的时间。但先让我回到问题解决这一方法上，再说一次，我们所探讨的是，问题解决应该是成功的。但我们不需要另做一项研究来证明问题解决是失败的。

所以我们研究的是它不起作用的原因，我们根据学习科学建立了这个模型，把学习看作从表层到深层再到迁移的过程。

我所说的表层，指的是信息、观点、事实、内容；我所说的深层，指的是观点之间的关系、更高层次的理解、多种观点的结合以及建立模式。在深层上，有自我监控和自我调节的策略，并能够扩展和迁移观点以应用于新的情况或环境。两者都是必需的，而深层在很大程度上取决于表层的获取，所以这是一个比例的问题——什么时候关注其中一个，什么时候关注两者。

我所做的是观察问题解决在表层学习和深层学习阶段的效应。这一突破来自菲利普·多西（Filip Dochy）和他的团队在瑞士和法国所做的工作（Dochy et al. 2003）。他指出，在医学院一年级的学生中，基于问题的学习的效应量是从 0 到负数；但在四年级学生中，问题解决的效应量为 0.40，这就是线索。

我们发现并发表的结论是，如果问题解决是关于事实和内容的，那么它注定会失败；如果是关于观点之间关系的，那么它的效应量会上升到 0.50 左右。

问题来了。许多引入问题解决模式的人往往带着宗教般的热情，声称问题解决模式能够提供所有问题的答案，他们过早地引入问题解决模式并疏于教授或检查学生是否掌握了用于解决问题的知识。

所以，问题解决模式能起作用，它确实起作用了，我们需要更好地理解它在学习周期中的**什么时候**起作用。

斯滕：事实上，我有类似的观点，因为我（1958 年出生）比你年轻，回想起来，我对 1968 年运动也持批评态度——我们称其为运动，即 50 年前欧洲寻求激进的文化政治变革——虽然当时他们取得了成功。自组织项目、问题解决模式和自学模式成为大学结构的一部分，当时的大学结构被称为所谓的进步结构，这些结构并不总是重视更深层次的知识以及教学的重要作用。当然，我们必须先知道某些内容，在此基础上才能够做实验和从事自组织的学习活动。

约翰：我对现行教育体系的批评是，它过于注重内容和博知。我认为学生在课堂上被要求完成的任务中，有 90% 是他们可以通过博知完成的——需要识记的事实和内容与 200 年前一样多。对此我无话可说。

现在，作为一个哲学家，你面临的问题是这样的：对社会中那些成功的人来说，知识和对知识的加工是相互关联的；对于那些没有成功的人来说，他们甚至缺乏引导其走向成功的知识。

另一件让我吃惊的事是：我最近从一张图表中看到了从 20 世纪 80 年代至今美国的数学和科学毕业生的就业率（Deming 2017）。那些数学技能高、社交技能高的学生，他们的就业率持续增长。低数学技能、低社交技能毫无疑问就意味着灾难。

104

有趣的是，数学技能较低、社交技能较高的学生也能够就业，而数学技能较高、社交技能较低的学生则不行。

过去 20 年最大的变化是，雇主要求："如果你没有团队合作、变通、协作和沟通的能力，我也没法教你任何东西。我希望你有数学或科学技能，同时也有在团队中工作的社交技能。"

我发现有趣的是，如果把这些低数学技能学生分配到慢班，他们可能还是会被雇用；如果将其中低社交技能和高数学技能的学生分配到快班，他们依然无法就业。

这使你强烈质疑能力分组的价值，强烈质疑我们布置给学生的那些导向个体成功的任务和评估。这同时也让你疑惑，为什么那些拥有较多内容知识的学生没有与他人合作，没有学习如何教授他人，也没有在团队合作中发展社会共情能力。

所以我的问题是，当我进入你们在丹麦的学校或我在墨尔本的学校时，我想看看高中的数学课和科学课，想看看学生们在做什么——他们是否单独工作，他们是否独立完成作业，他们是否单独应对考试，他们是否在做某种变通、是否与同龄人就所知道和理解的东西进行交流，他们是否合作，特别是与非数学或非科学人士合作？如果没有，那么这些学生很可能在未来无法就业。

这些学生正在面临困境，因为过去 30 年的传统都集中在"知道很多"上，把那些掌握许多知识的学生挑出来，贴上成功的标签，并给予特权。这也是目前体系的主导模式，而它却让学生走投无路。更糟糕的是，学生往往喜欢内容和知识，这本身没什么不对，只是这样远远不够。对那些尚未掌握较多知识的学生来说，我们要让他们接触到更高级的数学和科学，同时也要将社交技能的培养置于优先地位；与此同时，我们还要改变任务和作业结构，以使他们同时获得更多内容知识和更高的社交技能。

现在，我不喜欢把这些社交技能或能力当作单独的能力。我也不太认同 21 世纪技能。我不喜欢韩国和新加坡的做法，把技能作为单独的课程领域来介绍。技能必须在内容学习的过程中完成。

从这个意义上说，我是个传统主义者。

如何保证大学的教育质量

斯滕： 我不知道澳大利亚的情况，但在丹麦，有些非常好的做法销声匿迹了，比如学生之间的渐进式反馈互动（the progressive feedback interaction between students）。同样销声匿迹的还有对硕士论文进行的整体书面评估，这通常由导师和外部审查机构进行。旧制度中许多非常好的东西都消失不见了。再举一个例子，在我工作的奥胡斯大学，论文的口头答辩已经不可能了。

约翰： 我工作的大学也是这样。

斯滕： 一年前还都是可以的。所以，举个例子，如果你写一篇硕士学位论文，已经完成了 80 页或是 100 页，那么为该论文进行一个小时的答辩作为考核是正常的，这个过程会包括密集而富有挑战性的问题、真正的学术讨论，以及令人受益颇丰的谈话。我记得那些答辩大都具有高水平，但为了省钱，它们都消失了。

约翰： 你说得对。现在有效率方面的要求。在论文提交前我们还有一个口头报告。

但我必须承认，我是站在学校立场的。我们这样做的主要原因是为了确保导师们完成了他们的工作。

斯滕： 对，要管理导师。

约翰： 学术界最大的问题是督导，这里不是说学生。百分之二十的学者督导着百分之八十的学生。在很多大学中，没有被督导的人员有很多。不过，我需要问一下，我们什么时候培训过督导人员？

斯滕：没有培训过。更多的时候，它被认为是"自然而然"发生的。

约翰：对很多大学教师来说，唯一的培训就是他们自己作为研究生的个人经验。

斯滕：我喜欢当导师。

约翰：我也是！你知道，我很自豪，今年我的第 200 个学生毕业了。

斯滕：是的，我看到过你有 191 个学生，现在有 200 个了。

106　约翰：我在学术界最大的贡献是我的学生。这是一个既奇怪又奇妙的世界——学生花钱来完成一篇论文，他们深入而专注地研究一个重要的课题，他们教你一些你可能永远不会自己去做的研究，他们写作和发表，他们和你一起对你的和他们自己的观点进行批判——我为此得到了报酬。的确是奢侈。

斯滕：是的，但是学校缩减了督导时间，他们要我们进行小组督导，这太愚蠢了。

约翰：但问题在于如何督导。你为什么要这样安排？有些人能够在小组督导中做得很优秀，但我不行。我喜欢一个一个来，即使学生们学会了如何在小组中工作，如何评判彼此的工作，并给予彼此道义上的和个人的支持。

但我已经想好了怎么做。……继续说说我儿子。他在常规课堂上教了五年，然后有一天他来对我说："爸爸，我不想成为一个更好的老师……"这和你对我说的话完全不同。

我说："你在说什么？"他说："我不想在那种学校里成为一个更好的老师。"于是他去了一所全新的开放式学校，在过去的四五年里，他已经在其中的两所学校工作过了。他和90多名学生及另外两位教师一起工作，"你别说，"他说，"我的备课工作减少了三分之一。"

他学会了信任他人，与其他专家合作，在电车上分享教书的乐趣。

为什么在教育中保持效率是个秘密？我现在在研究一位教师，她在常规课堂上教二年级。她把醒着的每一分钟都花在撰写资源、创作材料、给学生的作业打分上。我知道几年后她可能不再教书，因为没有人支持她。为什么她认为忙碌就是在成为好教师？工作中的合作支持在哪里？

我认为拉里·库班（Larry Cuban）说得对，他是一位杰出的教育历史学家。在过去的200年里，我们在忙碌上变得越来越有效（Cuban 1984）。

斯滕：这是对当前荒谬的疯狂状况的绝妙描述。学校教师注定要制作一个类似于事前和事后工作计划的东西，并用他们的教育数据为系统提供信息（Larsen 2019b）。在丹麦，这个系统被命名为"学习平台"（丹麦语：læringsplatform）。

约翰：是的，我感兴趣的是，如果教师团队能够运行，会效果惊人；但它不可避免地失败了。我记得最近一个创新团队学校的案例。三位教师，他们的班里有一、二、三年级的共90个孩子。太妙了，这是个令人敬佩的模式。然后他们任命了一个不喜欢这种教学的新教师，她几乎立刻就让团队工作毁于一旦。一个喜欢单干的人就能把它搞砸。那个班级现在已经狼狈不堪了。

这就是问题所在，传统的单枪匹马模式占主导地位。教师们喜欢分

107

享他们所做的事情，他们如何工作，好像这是所有人的共同方式。他们喜欢成为创建和修改课程的委员会成员，他们添加各自的内容，最终导致课程内容越来越多，而且他们不会协商删除或替换太多内容。

这和我被要求加入课程委员会时的情形一样。我拒绝了，除非部长同意委员会去掉一半的内容。

最终，我加入了一个课程委员会（在一个欧洲国家）。但不幸的是，部长换任了，新的部长想把更多的内容放回去！我们不需要那一半的东西。

我的经典问题是：当你 10 岁的时候，你从历史课或英语课中学到了什么？

斯滕：那时候我们的教育体系真的很糟糕。

约翰：你没有回答我的问题。

斯滕：历史课上，我们学习国王和王后，你知道的，丹麦历史。

约翰：我的意思是，你当时可能学到历史上的任何东西，但你仍然是今天的你。你可以立刻学习各个国王和王后的知识。但我敢打赌，那些教师会不顾一切地争辩说，他们所教的内容，对你的未来至关重要！

斯滕：可能吧，但在过去，他们只是做了他们所做的，而没有太多的反思。

约翰：今天有改变吗？太多，超过 90% 的教室和系统中，学生只需"知道很多"就可以成功——成为 Google 先生或 Siri 女士。这就是教育的目的吗？

斯滕：但当"PISA 先生"本人，经合组织教育和技能司司长安德烈亚斯·施莱歇尔（Andreas Schleicher）在重要政策文件《四维教育，学习者成功需要的素养》（参见 Fadel et al. 2015）的序言中宣称，我们今天不必知道任何事情，即使知道，也不会因此得到祝贺（或被雇用），因为机器无所不知，我们只能大声哭诉：不，这不是真的。首先，信息机器并非知道一切，只有人可以。其次，只有懂得如何解释、创造和批判知识的人，才能理解和改变他们所处的体系。知识、思维、反思和自主性是教育中相互关联的概念和规范性的主导。因此，我不能完全赞同你对"知道很多"的评论，即使你对根深蒂固的那种自上而下老旧"知识"灌输的批评是正确的。

约翰：不过，我同意，在那些精通某一领域的人中，表层和深层、知识和学习策略之间存在着高度的重叠。事实上，合并它们可以被视为学校教育的一个目标，但是在发展这种知识和技能的过程中，有一条途径是获得知识、联系观点、扩展或迁移到新问题或新情境。

如何避免物化小学生和中学生

斯滕：不过，关于你的实证研究可能存在物化中小学生的风险，我的基本担心还没有消除，所以我保留我的疑问。为什么你从不和中小学生谈论他们的学习经历？为什么你首先要让教师知道自己的影响，而不是去倾听或反思学校中的其他重要角色：小学生和中学生？

我有一个顾虑，每次扩大数据的规模时，你所面临的风险可能是失去对数据本身意义的控制，并在此情况下做出规范性概括（Larsen 2017b，2019a）。

约翰：不，等等。我们花了大量的时间来与学生交谈和倾听学生，关于他们对影响的理解、他们对在某课堂上成为学习者的认识。但如果你问的是元研究，那么是的，我们可以从学生对影响的看法开始。我们发现很少有研究会询问学生，这是一条鸿沟。

斯滕： 对，这正是我担心的。

约翰： 我非常支持倾听学生的声音，尽管我认为它变得有点夸张，尤其是有人认为只要学生说了，那他说什么都是对的。学生声音的表达需要鼓励，需要支持，需要教师能表现出他们在倾听和理解，还需要教师与学生一起训练和发展。尊重学生的声音和主体性包括教授学生具备元认知能力以了解如何使用各种学习策略，成为具备评估能力的学习者，了解如何给予、寻求、接受和理解反馈，以及了解下一步学习的最佳方向。这就要求学生在以上这些过程中逐渐发出声音并发展主体性，随着探究的深入收集证据，培养对学习的好奇心和乐趣，并不断取得成功。

斯滕： 但是，承认中小学生确实有自己的声音似乎是整件事的重要环节，它可以告诉我们学习过程是如何运作的、如何被"感知"的，还可以告诉我们"所学"是如何被铭记的，是如何"赋予"他们的生存以本体论意义的（Batchelor 2008）。

约翰： 哦，是的，我认为理解学生的话语很重要。教育的重点之一是给学生一个关于学习的、关于他们所学的知识和理解的词汇的叙事。对我来说，重要的问题是"我们如何构建一个学习的叙事？"。这也是你想问的吗？

斯滕： 我真的不知道，约翰。如你所知，我这个人并不热衷于学习概念本身（Larsen 2014a）。

约翰： 但我喜欢构建关于学习和理解的叙事。不过那不是我的出发点，因为文献并非如此。我想看看你如何对已知进行综合分析。文献中也有许多空白，其中一个就是关于学生的话语。没错，现在已经有研究人员在研究这个课题，但还很不成熟。

当然，其中有个限制，那就是我在"可见的学习"项目中没有观察课堂的互动或学生在做什么。不是因为这不重要，只是我没有做而已，但其他人可以做这方面的工作。而我想站在他们的肩膀上。我的整个论点是关于我们如何影响学习，我们怎么才能认识到有些教师很善于激发学习呢？

我不喜欢那种认为教师只是引导者或辅助者的观点，因为学生们需要专业地学习。他们需要进行刻意的干预。我们有很多优秀的教师在做这件事。我的兴趣是，"我们如何才能最好地看到我们对学生施加影响？"。正如我在书中说过几百次、几千次的那样，最大的差异来源是学生，不是教师。在学校里，我们许多人能够控制的最大的差异来源却是教师，我对这种差异性特别感兴趣。

斯滕：这可能也与你积累已有研究成果的整体方法有关。

110

约翰：是的，这是基于元研究的研究。有许多其他类型的优秀研究，可以来补充或比较，也可以用于建立大胆的理论——关于什么最能影响学生。

斯滕：从元研究概念出发，并以涉及 2.5 亿学生的数据——或者说你目前已经收集到的数量为基础，你声称已经覆盖了这个领域。

约翰：正如我在书中自我批评的那样——我的自嘲时刻，我称之为远距离分析，因为我离孩子们很远。尽管已经确定了 200 多个相当不错的研究范畴，但仍有那么多的影响有待确认，对它们之间相互作用的理解则更是看不到尽头。

斯滕：为什么"可见的学习"项目主要是为了评价和激励教师的努力，而不是以学生的生活和学习活动为中心？

约翰：不对，这里要注意。

斯滕：我感觉到学生有被物化的危险。学习主体在"可见的学习"研究中是否变成了客体？

约翰：不。"可见的学习"项目不同于"可见的学习"研究。如果你仔细看这个项目，你就会发现它绝对是以学生为中心的。它是一种三角互证测量，即教师关于学生成长的信息、学生对自己成长的预估，以及他们对各自所做事情的审思。所以说，项目非常关注学生，但《可见的学习》这本书是关于研究的综合分析。

斯滕：因此，你倾向于区分其他研究人员在做什么和收集什么，以及你和你的团队如何收集相关知识，以找到可能的相关关系。

约翰：当然，但我现在有 15 本以上的书基于最初的"可见的学习"研究——大多数旨在展示我们在课堂上与真实的学生和真实的教师共同完成的转变。我们与全球超过 10 万名教师合作，团队对如何在各种环境下与无数不同类型的学生合作有着深刻的理解。我和这个团队一起工作，从他们为实现这些想法所做的工作中获得数据。

斯滕：但我担心的是，你将小学生和中学生物化——这肯定是"可见的学习"的一部分，至少是你正在写的书的一部分，所以你称其为远距离学习或远距离计量学习，或远程关联逻辑构建，或其他任何名称。

约翰：嗯，没错。是的，你说得对。

斯滕：你也知道这点会招致批评吗？

约翰：当然。

斯滕：例如，来自现象学、批判理论、解释学和基于主体性与反思主体性重要性的理论（Larsen 2015b，2017c）的质疑？

约翰：当然。毫无疑问。我的论点是，如果你认为我写的东西就是一切，那么你就错了。我说得很具体，我在观察学业成就。我不是在观察情感、动机或者满足感，也不是在看身体健康。虽然这些事情也很重要。

斯滕：也不看思考、探索新知识的宝贵能力，或者是变得更智慧的意愿（Larsen 2018b）？

约翰：当然不看，这就是为什么我们完成了一个关于思考能力的元综合分析。

支持质性研究

斯滕：我想知道，即便你现在主要以量化数据为基础，你是否还会对质性研究有兴趣？

约翰：当然，我非常看重这种方法，在质性研究中常常会出现一些引人入胜的解释。

斯滕：太好了。这也可能是偏见，但你有个坏名声：你在丹麦的读者——据我所知，有研究人员、学生和教师——都有种典型的认识："哈蒂对质性研究不感兴趣，例如，不做人类学式的实地调查。他不倾听现象学的生活故事，他将人抽象为事物、客体和数据。"

约翰：我只有一个脑子、一双手。如果有其他人来写这种不一样的书，我会很乐意阅读的。我会读的。

斯滕：是的，但你认为这样能让你的知识积累起来吗？

112

约翰：当然。我最大的困惑与规范性问题有关。我们通常喜欢质性的故事，因为它们是书面的，但这不够好，尤其是当它们没有解释，没有引导至下一个最好的步骤，或没有建立模型。就像问诺贝尔奖获得者为什么会成为诺贝尔奖获得者。他们给出的理由可能是错的，他们也可能有许多不同的理由，如此就应该有义务解释一下。我知道这不是恰当的方法，但通过质性研究，参与者的故事等就变成了“数据”，从“数据”中就可以获得解释。是的，我更喜欢归纳法，但我仍然需要阅读和看到作者的故事。

斯滕：你可能是对的。每个人似乎都无法看透自己的人生道路。

约翰：我认为仅仅用“事情就是这样”来写故事没有什么价值。近十年来，文献综述的最大进展是质性元分析的出现。我最喜欢的作者之一玛丽·肯尼迪（Mary Kennedy）用这些方法做出了令人惊叹的深刻、迷人和有力的解释，这种方法也缓解了我在质性研究中经常看到的一个缺陷——如何站在巨人的肩膀上（Kennedy 2005）。太多的质性研究不知道如何利用先前的质性研究来提升自己的研究——他们总觉得先前研究的这个群体是如此独特，而我们必须重新开始。

斯滕：黑格尔也有这样一种观点，认为日落时的密涅瓦的猫头鹰非常聪明，因为它认为自己无所不知。但它不可能事先知道会发生什么。克尔凯郭尔（Søren Kierkegaard）则说，只有向后看才能理解生活；但要生活好，则必须向前看。

避免物化在教育研究中很重要吗？或者物化是无法避免的吗？

扩大量化教育研究规模的代价是中小学生个体的消失吗？

教育研究者要考虑哪些伦理问题？

仅仅知道很多是不够的，而更重要的是学会如何学习吗？

6 教师的作用是什么？

斯滕：我还是主张真正的教师应该扮演强势的角色，尽管你说我们太过专注于教师的作用，而非学习。

约翰：不，我没那么说，我说的是"教"。

斯滕：好吧，教。我的想法是，我们应该投入更多的精力去研究教师，使之具有很好的教学能力。

约翰：我同意这一点。

斯滕：我们有时也不得不批评强制性学习的理念，它将学习视为教育的焦点，以及解决所有问题的方法（Larsen 2014a）。

约翰：是的，使用诸如"我更关心学而不是教"这样的简单化表述时，我必须很谨慎。不过让我来问问你是不是这样：如果我去丹麦，总结学校里所有的专业学习课程，我敢打赌大部分都是关于如何教的，关于最佳的实践，以及听教师谈论他们如何教学。相反，我想强调的是"教"的影响。

斯滕：但你似乎也对格特·比斯塔写作和辩论的方式非常认同。他对教育的"学习化"提出了持续性的批评，这一点在我们的"对话"中已经多次提到过。你觉得他的批评有意义，或者有说服力吗？

约翰：是的，我非常喜欢格特·比斯塔的《教育的美丽风险》（Biesta 2013），以及他对"学习化"的反对。让我总结一下我所理解的他的观点，同时我也想知道你对此的看法。

比斯塔很坚定地认为，我们应痛惜教育观念的衰落，和取而代之的"学习"观念的兴起。注意，他认为新的学习语言有：以教促学、成人学习、终身学习、学生建构知识、创造学习机会、发展学习环境、学习时代、把学生称为学习者，以及后现代主义宣称的我们已经到了教育的终点，除了学习还能剩下什么？！他的批评是，这忽视了教育的意义，教育不是学生学习，而是学生从某人那里、出于一定原因的学习。教师的作用被削弱，教师本应该能够为教育情境带来一些新的东西，一些目前还不存在的东西。

115   他的主要观点是，"学习化"正在把教育变成一种交易，交易中的学习者是消费者，教师是满足消费者需求的提供者，这样教育就成为一种商品。它假设消费者知道自己的需求，知道他们想知道的是什么，而这是非常值得怀疑的。事实上，正如我所指出的，迈克尔·扬（Michael Young）认为，我们应该送孩子上学，正是为了让他们得到那些如果不上学就得不到的东西（Young & Muller 2013）。我还要再补充一点，送孩子们上学也是为了让他理解我们为什么教和学这个而不是那个。学校不仅仅是技术性的、有效的或充实的，不应把自己标榜成简洁、有吸引力又令人愉悦的产品。相反，比斯塔认为，与内容和目的有关的重要教育问题应该被视为社会及人际问题，而不是简单的个人偏好问题。他指出，教育包括向学生提出有难度的问题、导向令人苦恼的挑战，还包括冒险，以及随之而来的建立信任的需求，让学生能够直面他者和差异性，并让学生成为"独特的个体"。

我当然同意，并期望"认识你的影响力"能重新思考这些道德目的问题，深入探讨内容的选择及其价值，持续展开关于多种教育目的的讨论（包括尊重自己和他人）。比斯塔谨慎地说，学习是一个不错的概念，但被夸大了。如果只是口头上说说"学习"，那我没什么意见，但我想更深入地考证学习的多重含义，更清楚地了解各种（有效的和无效的）学习策略，并确保学习总是被置于要学习的内容之中。

我当然钦佩比斯塔的著作：清晰、明了、富有感染力，这就是为什么他目前仍然是最有影响力的学者之一。

斯滕：但是，如果教育的"学习化"是一个重要的问题，那么你怎样才能促进"学"而不是"教"呢?在你所有的著作和讲座中,你都更偏爱"学"。这一点我不理解。

约翰:比斯塔是那种远远领先于我们的人。20 年前,他可能写过关于过分关注"教"的文章。他是对的,如果我们把"钟摆"偏向"学习",我们会遇到不同的问题。所以,对我来说,就是要保持"教"和"学"的均衡。他的新书过于强烈地提醒我们不要让"钟摆"的摆幅太大,但我要提醒你,聚焦学习是有原因的——要强化学生的经验和成果。或许,用他的话来说,我夸大了"学习化"的概念,因此我想试着平衡。但目前,在教师教育课程中、在专业的学习中,我们是那么痴迷于如何"教"。我们使用学生的作品来演示教学是如何发挥作用的,来引发关于教学影响的辩论,以便更好地理解教学对学生意味着什么。我们不会去参加很多专业的学习会议,不会去了解教师身处教学之中时,或关注学生思考和加工过程时,是如何思考和做出决定的,也不会去了解教师是如何理解(或不理解)学习材料的。当我们分析某节课时,我们做内容分析,不会做认知任务分析,也不关注学生成功完成作业所需的思维和过程的本质。我们只讨论他们应该怎么做。

澳大利亚目前有一个关于学业进程的讨论,主题是如何让一组教师聚在一起决定我们的学生应该经历的进程。哦,天哪!你都找不到足够数量的能满足教师所说的进程的学生。相反,我们需要绘制出学生的实际进展情况,然后让这些不同的路径都导向相似的目的地。

你瞧反过来说怎么样:"我们怎么理解学生的进步?"事实上,学生的进步,往往取决于他们——以各种不同的方式——从哪里开始。我有一个类比。如果你从墨尔本开车去悉尼,大多数人都会沿着一号高速公路走;有些人会沿着海岸路走;有些人会走内陆路线;还有些人会从墨尔本的郊区出发,比如有的从威廉斯敦、穆尼池塘或北郊出发。有多种多样的方式可以达到相同的目的地,任何学习进程模式都必须考虑到

116

这一点。强加给每个孩子同一套进程模式简直是在犯罪。

斯滕：是的。那是你的观点。但如果教师在某种程度上更像是学习促进者，而不是强势的教师……

约翰：不，促进者是个可怕的词。

斯滕：你是对的。它绝不是个美妙的词。在你的工作中，尤其是在我们交换意见、面对面交流的过程中，我更加体会到你对模范教师的敬仰，教师要富有学识，并热爱学生。

约翰：也许我——或者说我们都认为，教师是改善学生生活的主体是一种浪漫主义的观念。

斯滕：也许这样的教师是一种理想，或者是某个你仰慕的人，你尊重她或他的技巧和知识，这样的教师有 30 多年的积累，博览群书，是艺术和历史的鉴赏家，在教学方面也很专业。在我看来，你的思维方式也认可这样的分工，即意味着要将教师作为专业人员来尊重。

约翰：绝对是这样。

斯滕：因此，当你开始谈论教与学之间的某种冲突时，我认为，在某种程度上，你是在冒险剥离教师之为教师的主要教学技能，教师不仅仅是帮助人们从一个顺从的"学习主体"那里学习。

约翰：我希望不是这样。教学行为旨在引导学生学习，但我更想关注的是学而不是教。当然，教学行为是存在的。我们需要将教师视为内容专家、榜样、同事、评价者等等。我来举两个例子。我们查看了5000 多小时的课堂实录。我想给正在写作中的文章添加案例，来说明教师何时以及如何教学生之前如何思考，现在如何思考，以及如何更好

117

地思考。2000 小时后，我们放弃了。我们找不到这种例子。

　　斯滕：但是我的想法是，如果你有个很好的哲学教师，比如说，这位哲学教师不是因为他本人有趣，而是因为他的阅读策略，或者他对经典著作的诠释，或者是他吸引你阅读哲学的方式受你喜爱。这位教师可以告诉你康德在哪里犯了错误，或者他在哪个阶段是如何被后人解读的，他可以说出休谟没有说出来的内容，或者笛卡尔做错了什么，康德是如何把理性的概念提升到一个新的领域的，……一位杰出的教师会引导你进行自主和大胆的解释，促使你打开视野。

　　约翰：是的，但是班上那个看不懂教师所作所为的学生应该怎么办呢？我想让学生们"听到"这位哲学教师是如何得出这些结论的，这位教师是如何推理、如何思考替代方案，以及如何批判的——这些就是学习的行为。我能看到你说话的样子，我印象深刻。有一些知名人士，你可以听到他们的思维，就像听到他们说话一样，能够在他们的课堂上当学生该有多幸福啊！

　　斯滕：我想，学生眼中的好教师，会看到某主题是否需要重复，或是需要额外的论证。

　　约翰：有时，专家是最糟糕的教师，会认为某些内容只是"常识"，他们忘记了自己是专家，已经过度学习了其中的许多步骤。

118

　　斯滕：你是对的。这可能是个问题。但如果教师只是低头看着书，将自己的教案从第一页读到最后一页，那么他不过就是电脑程序。但真实的人会有所偏离，会对不可预见的交流和沟通持开放态度。

　　约翰：绝对正确。科幻作家亚瑟·C. 克拉克（Arthur C. Clarke）曾经说过，如果一台电脑能够取代教师，那就开除这个教师。我注意到机器人技术和人工智能在教学方面取得的惊人进步。我曾看过一节由机器人讲授的课，学生们很喜欢，因为即使他们做错了，也几乎没有什么后果；学生们可以反复问同样的问题，而不会引起其他学生的侧目；他们可以反复尝试并经历失败，而不会有任何情绪化反馈——这些关系所反映的内容通常被认为是教学的本质所在，而具有讽刺意味的是，这个机器人班级的学生更喜欢机器人而不是教师，因为没有干扰！

此外，专家的过度学习是导致某些优秀的教师在教师教育中表现不佳的原因。

斯滕：你应该是对的。但它也可能与选拔程序、分数分层、评价过程以及其他的权力运作有关，它们都是真实的教学所涉及的，或多或少是自发展现的。

约翰：专家们常常声称要说出他们认为自己做了什么，而忽略了导致做出这样而不是那样的决定的思维过程。他们看不到知识和知识理解之间的区别，这对于新手来说往往是分开的，但对于专家来说却不是；专家低估了他们自己为成为专家所经历的刻意练习，却期望新教师能很快度过这一阶段。此外，专家通常不能从新手的角度看问题。我认为在受训成为新教师的第一年中，最艰难的挑战是通过你自己（教师）和你的学生的眼睛看课堂，而不是通过你自己曾经是学生的视角。这是一种技能，而且这种身份转换几乎从未被教授过，专家想当然地认为新手都知道。

几年前，玛丽·肯尼迪（Mary Kennedy）写过一篇文章，给我留下了深刻的印象，她强调："在教师教育的第一年，你不应该把新教师们送到学校去，除非你已教会他们用教师的眼光看课堂。"（Kennedy 2005）

如果教师具备从学生的视角看课堂的专业素养，那将会令人印象深刻，这简直就是一份礼物。我们做了一项研究——这是一项偶然进行的研究——1000 多名成年人(有些是父母,有些不是)被问及他们最好的教师是谁以及为什么。当开始写文章时,你就会发现一件很有意思的事。你应该做一个文献综述,对吧?关于成年人心目中最好的教师,我们能找到的最近一次研究是在 1941 年。

斯滕:好吧。

约翰:真是令人惊讶。在这 1000 多名成年人的回答中,有两点是被广泛提及的。最好的教师是那些能用自己的热情点燃学生热情的人,这正是你所谈论的,或者说最好的教师能够看到你自己都没有意识到的闪光点(Clinton et al. 2018)。这 1000 多名成年人中没有一个人谈论数学、历史或体育,一个都没有。现在,我们不是说内容不重要,因为你要通过内容才能达成以上两点(热情以及展示你所看到的学生的成功)。但是这种好教师的观念,即能够点燃激情和看到闪光点的能力,对我来说更像是教师的本质,而那些所谓的典型榜样——饱读诗书、行动力强、传授知识并不是好教师的本质。

解读格特·比斯塔的"学习化"与教学

斯滕:现在让我们试着深入挖掘格特·比斯塔的最新著作《重新发现教学》(Biesta 2017)。我们已经就这本重要的教育哲学著作交换了意见,这本书绝对不是你现在或是之前提及的那种教育的实证转向。他的全部观点是,教师应该抛弃"学习化"的程序和意识形态,而致力于创造让学生成为真正主体的可能性——也就是说,建立一座通向"成人性"和丰富的"主体性"的存在主义桥梁,他这样命名他所提出的替代方案。

约翰:遗憾的是,他不得不用一个糟糕的标签来贬低这个替代方案。但我想这就是他发明"学习化"的原因。

斯滕：比斯塔的观点是，教育机构的挑战和使命不是让学生达到某些标准，遵守某些规则、某些规定，比如学习目标或竞争行为，而是要让学生获得解放，成为一个人，同时使中小学生能够解释存有的事物。因此，个体的存在从来不是孤立地生活或被教导，而是始终作为与其他人发生联系的主体，在观点、文本和事件中确认自身的主体性，即教师必须打开中小学生的视野。

约翰：那么，关于为什么学历史而不是数学这一点，他的观点是什么？

斯滕：我猜比斯塔会和伽达默尔形成统一战线，说你"总是已经"嵌入了对历史的理解和解释中（Gadamer 1989/1960）。这意味着社会已经以一种特定的叙事方式包围了你。你从小就伴随着这样的叙事，如澳大利亚有一段令人自豪的丰富历史，你所处、所思、所"呼吸"的历史。

约翰：是的，我们当然需要质疑这样的历史，这就是教育的目的。

斯滕：但是，当我们已经陷入不同的叙事中时，我们不应该仅对它们有预先的理解和认识，还应该有质疑这些叙事的能力。教师的作用是帮助学生建立对符合常规解释的价值标准的全新解读，如此，中小学生也能够从中获得解放。也就是说，他们在开始了解或继承传统的同时，也要超越传统。这是伽达默尔和比斯塔共同的理想和抱负。

约翰：等等，你刚才说学校教育的作用是解放，这是在预言未来。6岁的孩子就是6岁的孩子。作为一个杜威主义者，我认为孩子所体验的就是当下。我相信比斯塔不会忽视这一点。我所重视的是每个6岁或

10 岁的孩子，他们就真实地生活在当下。这是对学生所处的当下的质疑，而不一定是他们的未来。同时还涉及"学习"如何体验，如何保持好奇心，如何投入更多的学习。这就是为什么我在"学习"上花了那么多的研究时间——这在比斯塔看来太多了。

西蒙·西内克（Simon Sinek）声称"正当理由"是存在的。这是一个尚不存在的未来的特定愿景，一个引人入胜的未来状态，让人们愿意做出牺牲，以帮助朝着这个愿景前进。我所认为的学校教育的正当理由是要创造一个学习环境，让孩子们愿意来学习，愿意投入学习，并享受学习的乐趣，孩子们在这样的学习环境中被邀请投入下一步的学习中。我们希望学校成为这样的地方，在这里孩子们得以学习宝贵的知识、自己和他人的传统、尊重自己和他人、参与法治，以及民主的基本前提；在这里孩子们愿意去探索、创造，保持好奇心，对观点进行联结或迁移——因为这些正是我们希望他们成年后探索和展示的特质。

我们不是为孩子们创造未来，他们正在创造着他们自己的未来。他们将批判、颠覆当前的思维，进而创造新的未来。我们的任务不是训练人，用技能装备学生，或者以任何方式要求他们适应事物本身。我们需要道德上的义愤、同情和勇气，为了使共同善更加可靠，并追随始终。要实现这些，最好的办法是创设信息可以自由流动，犯错可以毫无负担，提供和接受教学的方式能够让所有学生都感到安全的环境。学校教育的正当理由植根于我们对儿童享受童年的深切渴望，因为这是学习如何享受成年人和公民生活的最佳预测因素之一。

斯滕：我想那些年幼的学生已经知道他们总有一天会长大。所以，你总是活在当下，并指向一个未知的未来；同时，这个当下也受到过去历史的影响。所以当下（即"当代性"）实际上是一个非常复杂的关系，充满了张力。历史与当下之间的关系不是简单的年代学问题，有人可能会说，当下与历史的关系还没有结束，而与未来的关系已经开始。

我认为，在我们所处的传统时间逻辑中，从克尔凯郭尔和吉尔·德勒兹（Gilles Deleuze）这样的思想家那里获得灵感和学习是有可能的。他们都有这样的观点，那就是不要把你的生活看成是时间线上的一系列时刻，这些时刻总是会消失在你身后，而当下（或者说蕴藏机遇的此刻，在希腊语中被称为 Kairos）可以被拉伸，所以它本身才具有更广阔的视角和价值。这意味着我们拥有另一个比年代学更丰富的时间概念，也就是时间哲学（Kairology），作为正确时间的哲学，它的概念化有长达几千年的历史。

约翰：那它如何发挥作用？

斯滕：这个观点是为了建立和捍卫一个替代性的时间概念，原有的这个时间概念压迫性太强，变化无常，给大多数人一种"我们总是在失去那一刻"或"已经太晚了"的感觉。如果你有足够的能力去反思已经开始的未来和尚未结束的过去，同时也认识到并感觉到时间的延伸，那么就有可能改变教学的作用。

122

约翰：这很有道理。当我 30 岁时，我既有知识和经验，又有责任从更高的高度看待未来，只有在那时，这才能被称为一个伟大的主张。但如果我只有 7 岁，我的形式运算思维水平可能较低，可能无法预测未来，同时道德判断水平也很低（至少按照科尔伯格和吉利根的理论是如此；Kohlberg 1981；Gilligan 1982）。7 岁、17 岁的孩子和 30 岁的大人为自己和未来处理关于世界的信息的方式是完全不同的。我们需要注意的是，这些哲学家所设定的教育水平和经验往往超过许多学龄孩子适合的水平。因此，最重要的是教他们如何好好学习。

斯滕：你说得对，我们决不能忘记这点。我有一位同事叫克里斯汀·库舒尔特（Kristine Kousholt），她观察了那些即将参加国家考试的学生的课堂，她的研究由国家考试支持，其研究成果除了国家考试外，对 PISA 测试系统亦有所贡献（Kousholt 2016）。以寄宿制学校的二年级学生来说，他们可能已经七八岁了，他们必须参加考试，比如文学、数学之类的。学生们一开始认为他们可以游戏般地对待考试，他们看看四周，想要和同学讨论考试中的问题和任务。或者学生们开始讲话，不认为自己应该讲究时间策略和竞争性，他们只回答了十个问题中的一个，这可能是因为他们认为另外九个问题太愚蠢、太简单了。这些学生开始在考试中玩耍，因为他们的身体还没有被嵌入工具性行为，头脑中还没有内化考试逻辑。

与考试对他们的要求——建立更成人化的理性行为方式——相反，学生们开始玩语言，开始玩数学，开始和他们的朋友玩。学生们误解了"考试的逻辑"，没有像我们希望的那样表现出策略性的时间意识和个人竞争性。因此，国家考试系统正在分崩离析，考试的数据对考试管理者来说似乎用处不大甚至毫无用处。

约翰：根据维特根斯坦的说法，学生们还没有弄清楚考试运动的语言游戏。

斯滕：是的，他们简单直接地发明了一种共同语言游戏，但这绝对不是管理者想要他们玩的那种。我认为这也展现了一种冲突，即强加给学校的策略控制逻辑和学生的思维及行为方式之间的冲突。

约翰：不，不要这么说。这太荒唐了。

斯滕：为什么？库舒尔特进行了一项有趣的实证研究，随后又与小同学们讨论了他们的考试经验和行为。

约翰：不，你太跳跃了。我想问的是："那些教师对学生做了什么？"一些教师会教学生游戏，教那种从 PISA 的角度看是正确的游

123

戏。许多教师是这样做的（有时过于规范）。许多5—10岁的学生都非常顺从，他们喜欢与考试相关或无关的游戏。这种情况下，如果是我来观察，我会看课堂中教师与学生如何互动、如何允许他们参与游戏。

这跟跳跃和顺从没关系。这有点像在说："在这里，学生们在完成全国统考时压力很大。"天哪，教师怎么能允许这种情况发生？全国统考对这些学生来说风险很低。教师们显然过度表达了他们的忧虑。这不是大多数课堂的真实状况。不过，在发生这种状况的课堂中，我认为这更多的是对教师的反映，而不是对任何国家制度的反映。

斯滕：我同意你的观点，即使是在小时候，你也能够学习如何掌控考试，并有可能在游戏性和更具策略性的考试行为之间"安装"双重逻辑，它是一种辩证法。但是，学校对这些自我管理程序和期待进行强化是好事吗？

约翰：还有语言游戏中的双重逻辑，比如伯恩斯坦（Basil Bernstein）的编码转换，他认为我们经常需要从精密性语言编码转换到局限性语言编码（Bernstein 1971）。在精密性编码中，我们从相对广泛的备选项中进行选择；但在局限性编码中，备选项的数量通常受到严格限制。对于许多学生来说，他们需要做出这种转换——例如，从家庭到学校，从操场到教室，以及从与同龄人交谈到与教师交谈的转换。

斯滕：是的，即使很年幼的孩子，也能够"安装"编码转换。因为在日常生活中，你也在进行编码转换——例如，你是你母亲的儿子、你父亲的女儿等等。但问题是，在学生年幼时就强迫他们学会策略性、竞争性的角色转换是不是好事。

约翰：有件事让我担心。我和我的一些学生研究了编码转换，特别是对原住民学生进入普通学校学习开展研究。其中的一些学生表现很

124

好，但难以在我们的教育体系或社会中取得成功。比如有 5 岁的学生会说两三种语言，这令人印象深刻，但其中一些人不会获得成功。这到底是怎么回事?

我钦佩任何一个能说两种语言的人，不论是 5 岁还是在我们这个年龄。这样的 5 岁孩子，他们可以在家和学校之间进行编码转换。我们的体系不一定能在这些学生身上获得成功。

鲁利亚是苏联神经心理学家，许多年前我同他一起工作（Luria 1976）。他研究的主要概念之一是同步控制（simultaneous control）、连续控制（successive control）和执行控制（executive control）之间的区别。

斯滕：是的，重新唤醒和重新查阅教育和教育学经典总是好办法。

约翰：我们的论点是，有许多不同的思维方式。对幼儿来说，同步思维最初占主导地位，之前提到的那些原住民学生就很擅长。我们欣赏鲁利亚关于同步思维（从看到整体到分析细节），以及连续思维（看到部分并构建整体）的观念。我们的一个观点是，当孩子们在学校被教导阅读时，他们中的许多人是第一次开始以这样的方式思考，即从一个个部分开始，继而构建整体。也就是说，从同步思维转向连续思维。

因此，许多年幼学生本身所具有的技能在我们的教育体系中并不那么受重视。这无疑是错失良机。

现在，阅读教学的益处不仅在于使学生学会阅读技能，而且在于发展他们连续处理的技能。但是，如果他们不学习任何一种技能（阅读或连续），他们就会遭受双重打击，因为学校教育已经从学习阅读（learning to read）转向通过阅读学习（reading to learn）。也许我们应该推迟阅读的教学，先教连续处理的技能（尽管这种学习必须有一个境脉）。你去斯堪的纳维亚国家看看，包括你的祖国，那里的学生开始学习阅读的时间比英语国家晚，但那里的阅读问题要少得多，因为学生已经从其他与学校有关的任务中发展出了额外的连续处理技能。

我们的西方社会特别重视连续处理，尤其是从印刷媒体和阅读占据主导地位开始，如果你没有这些处理技能，你可能很难成功（特别是我们的学校教育体系是由阅读、写作和算术主导的）。学习语音技能是一项连续的任务，而整个语言更多的是建立在同步技能的基础上（了解故事，然后解码内涵）。我认为会阅读的学生可以完成整个语言体系的阅读，不会阅读的学生则不能通过语言来学习阅读。他们需要被教导连续思维的特殊技能（语音、音素等等——我的朋友玛丽·克莱 ［Marie Clay］ 称之为学习听力技能或阅读技能； Clay 2005）。

斯克里布纳和科尔（Scribner & Cole 1981）在利比里亚（我多年前曾在那里待过一段时间）做了一项非常有趣的研究。他们与瓦依人合作，瓦依人不重视连续思维。瓦依儿童离开他们的社会后才能够学会阅读，但当他们返回瓦依社会时，这项技能却不会受到重视，因为人们并不认为阅读有价值。连续技能对于在瓦依社会中生存和获得成功没有多大用处。

通过完成所有我们开发的测试，我发现自己是一个极端的连续思考者。我不太擅长同步思维。理所当然，我很擅长弹钢琴、烹饪，以及阅读地图。

许多年前，特别在我爬山和丛林漫步的时候，我曾嘲讽别人使用地图，因为我不愿意使用地图，认为自己对距离、地形和方向有"第六感"。我看着一座山，就能指出进山、上山和下山的路线，这可以用具有极强的连续思维来解释。有一次，我和一名同伴在丛林里迷路了四天，是绝对真正的迷路。第二天，我们看到有丛林大火朝我们这边来，那时我们意识到麻烦了。通过这件事我得到的教训是，天哪，最好学会使用地图！事实相当讽刺，因为我们就带着地图，但我们不知道自己在哪里、要去哪里。过了一会儿，我们都认为我们在一条叫作风溪的小溪边，确实有很多风沿着山谷吹来，但这些风扭曲反转，又吹回了来时的方向，这让我们完全失去了方向感。直到最后，我们才意识到这是一条多风的"小溪"（当然，考虑到河床蜿蜒曲折），这本可以给我们一个很好的线索，暗示我们还有什么事情发生：不是风，而是风的扭转可能曾给予提示。

这次冒险的核心影响是我彻底学会了如何看地图，关键时刻要指望它生存。现在我能看地图，而且我知道自己是怎么看的：以非常连续的方式。有些人可以看到地图全局，然后计算出细节。我做的恰恰相反，我研究轮廓线，再形成全貌。是的，如果我能同时进行连续思维和同步思维，那就太好了，这可能是伟大的钢琴家、画家、探险家的共同特征。

斯滕：你个人的丰富例子给我留下这样的印象：认知和社交技能、潜意识具象化和具象思想，还有你学会使用世界地图，等等，这些比阅读你的《可见的学习》更有助于了解你的思维方式——也不止是意图去批判，例如丹麦政治家、教育规划者和学校领导对你"信息"的误解。据说，创建循证、国家控制的学校体系（Larsen 2015d，2017a）这种原初的工具性想法完全来自你的科学工作（例如，见丹麦学校研究人员凯尔德·斯科夫曼 ［Keld Skovmand］ 的澄清和批判性分析；Skovmand 2016，2019a，2019b）。

约翰：是的，有时当他们从我的研究中摘出一些零碎的东西，或者选择某个特定的影响而忽略各种影响间的交叉影响时，我也会很纠结，因为这会导致系统性错误。我记得你们国家的一位部长宣布减少教师的合作时间，声称是建立在我的研究之上的"基于证据的决定"。我不得不站出来说，恰恰相反，来自影响的证据表明，教师工作在很大程度上取决于"补给时间"，即让教师们合作发展集体效能的时间。另外，你的一些同事声称我希望增加表层学习，而这与书中的说法相反。那么多的批评都针对数据，完全不顾我对这些数据的解释。这意味着我还有许

126

多工作要做，要确保有关证据的信息比数据本身具有优先性和批判性。

对连续思维的偏好，很好地诠释了为什么我喜欢我之前引用过的亚瑟·科斯特勒（Arthur Koestler）的观点，即创造力和深度思考能将两个或两个以上看似不相关的观点结合在一起（Koestler 1964）。这是连续思维和同步思维的纽带。我还发现很有趣的是，很少有人调查研究什么时候是教学生从观点积累（我们称之为表层识知）转向观点的联结（更深层的识知）的恰当时机。

我正在和一个博士生一起研究这个问题，他将顿悟时刻定义为观点联结的时机。他正在使用一种 20 世纪 60 年代的创造力测试模式来诱发这一时刻，然后将反应录下来，编码情绪反应，并采访学生。测试任务是找到一个单词来连接三个概念，例如飞（Fly）、剪（Clip）和墙（Wall）。这很吸引人，因为在学生们解出答案——纸（paper）的那个顿悟时刻， 你可以看到他们非常明显的情绪表现——嘴巴张开，眉毛上扬，眼睛睁大，脸颊抬起，下巴下落。

奇怪的是，还有一个最佳时机我们从来没有探问过，即何时停止更多的观点学习，转而以有意义的方式联结观点。我确信没有一个确切的"正确"时刻，但是依然需要通过更多的研究来确定表层和深层思考的合理比例。

学会克服障碍

斯滕：让我们谈谈"反思"这个主题。不知道这样说是否公平，你所提倡的观点是我们必须让教师更多地反思其自身的影响。可我认为，教师照样可以从反思以外的活动中学习。你可以从现实遭遇的障碍中学习，比如，你认为这是一座"容易"的山，结果那是一座"艰难"的山；或者是一小段文章，却令人万分费解。你也可以向你的同伴学习，甚至向你的学生们学习，学习他们如何克服障碍。

所以，我想提醒你——甚至可能是在批评整个"可见的学习"的逻辑——这往往过于唯心主义和后知后觉。"可见的学习"范式似乎主要发生在头脑中，存在于内在，进而促成一种循环。我想你至少还可以通过另外两种思维方式获得成功。其一是克服身体和心智上的障碍并从中受益的能力；其二是你在自己所处的社会互动中学习。这不仅对中小学生有意义，而且对作为"关键"人物的教师也有意义。这意味着你还必须关注学生之间的交流，实际上是关注整个社交情境中的交流模式——例如，检查学生对你展示的内容和提出的要求做何反应。

约翰：我同意。事实上，我写了很多关于从挑战中学习，从克服障碍中学习，以及社会环境的重要性的文章。

斯滕：对于研究（人员）来说，了解一名教师如何拥有和获得精密知识以及几种可资应用的教学技能也是很重要的。你可以讲课，可以组织小组活动，可以让某个学生来演讲，之后你可以让他们去校外做实地调查，然后让他们去访问其他人，而不是访问你或者其他学生，你还可以激励他们阅读经典。你可以用那么多的教学方法来履行教学职责。

约翰：我完全同意你的说法。

斯滕：事实上，所有这些都比对自我行为的反思要复杂得多。

约翰：但是，记住，"可见的学习"有两个关键理念：你通过学生的眼睛看你的教学，以及你教学生成为他们自己的教师。我将理解、思考、与学生互动置于优先地位。事实上，格雷厄姆·纳托尔（我们之前谈到过他）是个有趣且思想深刻的人。他在 20 世纪七八十年代花了不少时间走进教室进行研究。每天上午，他给每一个孩子戴上麦克风；下午他回到家，亲自抄写、分析学生们的讨论。他出版的书并不多，还是在他去世后出版的，名为《学生的隐秘生活》（Nuthall 2007）。

128

格雷厄姆的工作对我的启示是,如果只通过教师的眼睛看课堂,你的视野会非常狭窄。作为一个小孩,学生对课堂意味着什么有自己的认识。事实上,格雷厄姆的一条格言是,教师对发生在课堂上的大约80%的事情看不到也听不见——正如你所知道的,我觉得这非常重要,而且在我们的谈话中也反复强调了几次——学生在课堂上的相互交谈中隐藏着他们重要而关键的生活,这通常与课程无关。我们需要花更多的时间来了解学生在完成教师要求过程中的语言,也许需要更多地听一听学生的声音。不过我的意思是应当更多地教学生去谈论他们的学习,谈论他们做什么,尤其是他们不知道什么:如何寻求帮助、如何评估论点的可信度——特别是在当今世界,虚假新闻、错误信息和虚假说法充斥四周。因此,我们需要注意障碍,防止错误和无知,倾听学生如何处理我们教学中的信息。

斯滕:在丹麦的大学里,我们的在线评估项目越来越多。如果你听了某教授的一系列讲座,那么你就会被要求从 0 到 5 分评估你是否学到了什么,以及讲座是否符合课程描述和学习目标。我认为这是一种非常错误和狭隘的评估方式。

129　　**约翰:**我同意你的看法。一些关于教学的评估尤其如此。我们问学生在这门课上成为好的学习者意味着什么,而不是学生对教师的看法。如果你查阅那汗牛充栋的学生评估,你就会发现,尤其是在大学层面,评估都是关于教师和教学的,而很少与学习质量或教学对学习的影响有关。

斯滕:这有点像你对某产品的满意度,比如你的电脑什么的。我们倾向于将教学、教育和教化的复杂问题降低为消费者满意度的问题(Larsen 2016c)。

约翰：这就是宜家效应——我们喜欢它是因为我们建造了它。

斯滕：没错。其背后思想是——最原始的——你可以给 0 分到 5 分，然后好教师会希望年均有 4.5 分，那就是成功了。

约翰：我当然同意，学生对大学讲师的评估往往对特定的教学方式显露偏好，如偏爱结构化的课堂，关注知识的传授和考试，缺乏非结构化设计和深入思考，过于清晰的大纲和遵循知识序列的步骤。学生们想知道他们需要知道什么，这样他们就可以把这些反馈给教师。这么多学生都只有如此狭隘的需求，这才是令人担忧的问题，同时，过多的评估形式使得这种教学方式脱颖而出。

关于这一点，有个问题要问你。假设评估表是 5 分制的，如果你发现有 500 名学生对某讲师的平均评分只有 1 分，应该怎么办呢?

斯滕：这么低的评分肯定是有问题的。

约翰：我同意，如果高于某个分数，比如 3 分或 4 分，那大多数的学生评估也不能提供更多信息了，它只是说明你到场现身了。几年前，我对那些得 1 分和 2 分的学者很感兴趣。因为我不理解，怎么可能只拿到 1 分? 所以我跟进做了研究。这些教师缺勤，很粗鲁，也没有及时评价作业，他们令人讨厌，没有兴趣也不更新讲课内容，他们不给予反馈，……这样的教师是有，幸运的是，数量不多。

斯滕：不过，我的想法是，如果教师更多地建立与学生之间的可靠、积极的互动关系，同时学校管理层更多地依赖教师的专业自主判断，那么相比于目前的评级和测量社会，世界将看起来完全不同。

约翰：我站你这边，绝对的。

斯滕：那时你应当能从学生和教师身上学习到更多。

130

约翰：总之，这就是“可见的学习”第一部分的重点。

教师的重要作用

斯滕：在丹麦，当我们阅读你的著作时，我们认为你对很多问题都有答案，甚至可能有过多的答案。但是现在，从我们的谈话中，我明白了你的主要立场、主要观点，即帮助教师了解他们对学生的影响，以及让教师学会如何通过学生的眼睛看待教育状况、教学状况和学习状况，并在各个层面上进行反思和改进，努力成为完全自主的人。当然，这些都是我们共同的理念，但涉及教育哲学和政治社会参与时，在我看来，有更广泛的问题要处理。例如，我们如何建立一个更加公正的社会？我们如何改变社会中的不平衡和所有不同的矛盾？我们如何处理大数据和算法连接的技术？我们如何处理文化间的冲突？你能考虑一下这些开放性问题吗？从反思型的、自我批评的、依赖数据信息的教师身上，何以归纳出某些可以推而广之的东西，以应对其他社会角色及最宽泛意义上的教育哲学问题？

约翰：当然，当你考虑影响时，你就会产生这样一个问题：每个教育者（以及家长和学生）所说的影响是什么意思？我不想直接回答这个问题，但我想先于课堂和学校引出他们所说的影响是什么意思。关于如何去做我确实有自己的观点，而这些做法都是关于学生的现在。学校是我们社会中最文明的地方，学会尊重自己和尊重他人是学校教育经验中很重要的一部分，尤其是当我们很明显是学校中的团体时，这种尊重是非常重要的。

这是你关于文化问题的核心所在——我们创造文化，尽管我们就沉浸在文化中。教师在课堂上创造文化，一些学生接受，一些学生反抗，不论是哪种，我们都需要教会学生用更好的方式表达接纳或对抗。在这时，教师需要收集证据和数据，用来对他们的印象和判断进行验证——当然，这些佐证几乎不会是单纯的数据，而是要意识到学生是如何适应、强化文化的，学生在与他人合作方面的水平和技能，以及他们在多大程度上推崇自身的世界观并尊重自我。

如果你去问学生他们最希望课堂具有什么特点，那么答案就是公平。只要公平，他们就会容忍不均衡。当然我们也希望如此。但我们需要的不仅仅是公平，因为你可以非常公平地对待你要杀死的人。我们需要发展一种正义的公平。儿童往往对正义有偏激的看法（许多研究人员就正义发展的各个阶段进行了辩论）。所以我们需要的不止这些。不过对学生来说，他们确实有正义的概念（Arendt 1958；Rawls 1971；Habermas 1989，1991）。从"可见的学习"的主题出发，至少有两个要求，即通过学生的眼睛了解你的影响，以及学生成为他们自己的教师。也就是说，比起说话，教育者更需要卓越的倾听技能，他们需要在课堂上建立高度信任感，形成一种公平正义感。

斯滕：但我认为，如果你是一名教师，那么你就是社会大型分工的一部分。你有一定的特权，因为在这个抚养学生、使学生社会化的制度框架中，你是一个精巧的已知因素。对，这是一种特权，但你也或多或少有义务告诉别人——可能不是面对一个 5 岁的娃娃，但是要告诉你年幼的学生整个学校是如何组织的、教师在学校里发挥什么作用。这样你必须首先反思自己作为一名教师的角色，社会分工的角色，社会教养的角色，区分于父母控制、国家控制、个体教师控制的角色，及其历史发展，等等。你是否认为这也是其中的一部分：拓宽视野，不仅看到实际的影响，还要看到结构的、历史的发展如何影响教学制度，以及你自己在分工逻辑中的角色制度？这是不是太超前了？

约翰：几年前，我指导了一篇论文，学生们那时在研究批判性阅读的作用。现在，在维多利亚州的课程中，这个概念被禁止了，人们更加关注文学品质。在昆士兰州，教授批判性阅读是合法的。具有讽刺意味的是，维多利亚州有更多的批判性阅读教学，而昆士兰州几乎没有。所以当你问这个问题时，我在想，你越是强制要求，被禁止的内容就越是能被教授——也许需要让学生接触这些（当然是在一定范围内的，要禁绝关于色情、种族主义、暴力等内容）。

斯滕：好吧，我也会注意禁令的。现在，我将提出一个批评，或者至少是一个担忧：你的主要论点和你的工作的精髓本质上是一种双面关系，一种存在于教师和学生之间的关系。但我认为，如果为了强化这个逻辑，或者对它进行一些结构调整，抑或是为了考虑一些额外的因素，还有两件事情需要考虑。一是师生之间从来就不是纯粹的二元关系，二者之间总会围绕着某事或者通过所有学科相联。

约翰：以及权力。

斯滕：是的，还会有结构性的权力内含其中。比如说，马克思和福柯已经"教导"我们意识到这一点（Marx 1976/1867；Foucault 1980），而且我们之前已经讨论过你全面的描述。这意味着，当我想到教师的角色时，它至少是三个角色的集合。当然，它涉及学生的学习主体性。我们必须置身其中去思考，以正确的方式与人们讲话，倾听他们的意见，耐心对待一切。但是你必须知道你和某位具体的学生就某个具体主题的相处是非常重要的，它关于实质性的"事物"，比如数学、诗词、植物学、历史事件……，而且，它总是发生在权力结构中，以及结构、权力和知识之间的关系中，甚至结构有可能事先"告诉"你现在应该进行筛选，正常情况下会看到80%的学生通过考试，20%的学生未通过。在挑选、评判和评估学生的过程中，有一种结构逻辑。学生知道自己处于一个比教师个人评判更大的控制框架中，它的根据在于法律法规和标准的审查程序。有人描述过这一主题的历史传承，它可能已经延续了好几个时代了。所以我想问，你如何用你的思维逻辑来处理这三个方面？

　　我指的是，既包括实质性的、事实性的和实际的问题，即学科的含义，又包括结构权力视野、政治立法、劳动分工、技术、资本主义等等。所有这些"大问题"也会干涉课堂——不要忘了经合组织（OECD）广为流传的四维教育计划①（Fadel et al. 2015）、PISA体系，以及其他有力的政策文件。它们对课堂的影响和干涉越来越多。因此，我能说什么，学生和教师之间再也没有了纯粹的相处。因为总是有第三方强有力的主体在那里。

　　约翰：是的，这是混乱的，社会确实"干涉"了课。这就是为什么我们争论"教什么""什么具有价值"，以及"教学的成功"很重要。如果我们把这些也加入讨论中，那就更好了。

教师是关键性和决定性的"因素"

　　约翰：当《可见的学习》在新西兰问世时，我记得是2008年11月，新西兰的新闻媒体对它的出版进行了报道（Hattie 2009）。2009年1月初，正值仲夏，学校放假，家长们正在思虑送孩子回学校的问题。此外，新西兰的报纸也没有什么可写的，但仍然渴望有个能吸引人的标题。在这种情况下，我成了星期日报纸的头条新闻，接受了采访，有一次记者乘坐直升机到我的海滩小屋进行采访。然后，（刚被任命的）部长被要求发表评论，她说："我们需要倾听他说些什么。"你可以想象有多少人大显身手。我被控诉为指责教师、反工会、过度干预政府，一个博客甚至说我和部长有染。

　　不过你是对的。我曾非常谨慎地说，学校里最重要的因素是教师。但这种说法并不全面。我不会否认教师很重要这一事实，但学生之间的

---

　　①　聚焦知识、技能、品格和元学习构成的四维教育框架。

差异更为重要。然而当你深挖这种教师效应背后的因素时，它很大程度上又回到了教师的专业性上——无关于他们是谁，也无关于他们做了什么，而是他们如何思考和评估。这就是为什么我现在更多地参与到澳大利亚的政治舞台，目的是将教师的专业性置于优先位置。

斯滕：我们都读过格特·比斯塔的《重新发现教学》，而且毫无疑问都喜欢讨论它。他在书中的观点是，仅仅提到"因素"一词就是对教师的侮辱（Biesta 2017）。但我想你作为统计学家，使用"因素"一词并不一定意味着你像逛仓库或其他什么地方一样，在各种因素之间流连。但是否可以说，你应在政治性的教育讨论中谨慎使用统计学概念，因为它们已经被误解和曲解了？

约翰：是的，这纯粹是一种误解。我用"因素"来表示影响，而不是可操纵的数学变量。但比斯塔可能因为见到有人将效应量作为识别教师影响的方式而被蒙蔽了。

问题来了。政客们并不热衷于质性研究和各种或好或坏的争辩。大多时候，质性研究不会以其他质性研究为基础（尽管质性元分析的方法有了新进展），它们也很少有推广的效力（不过优秀的研究确实能够并且可以推广）。但是，如果一位教育经济学教授给我们的部长呈交一篇基于计量经济学的文章，就很容易被采信，因为它非黑即白，而不是质性的。这样的结论可能更简单直接、有较少的条件限制、无须铺垫背景。这太糟糕了。

斯滕：是的，他们实际上在谈论生产因素。

约翰：所以，高等教育经济学教授们是我的好朋友，我非常爱他们，但是……

斯滕：他们的任务简单。

约翰：不，他们的任务并不简单，但他们对任务负有更大的责任，他们要保证解释和语言的正确性，因为他们更有可能被倾听。

我对教育的担忧是，教师荒废了实际上所拥有的不可思议的力量。我知道在部长办公室，有一组人在阅读、分析给部长的信件并向部长汇报。部长会听这些人的。然而他很少听到教师的声音，我认为教师和校长有义务向部长汇报。

如你所知，是的，我有统计学的背景；是的，我学过统计语言；是的，我很擅长测量。我喜欢思考和使用测量语言（Knudsen 2017）。我写了五个版本的《可见的学习》，第一个版本超过 500 页，里面充斥着数字、数据和互动模式。我完成这个版本后，珍妮特看着它说："天哪，你在为谁写作？"所以我放弃了那个版本。第二个版本好一点，后面的版本越来越好。但我认为，在自己愿意出版之前写很多版本是正常的。十年后，我希望自己变得更清楚，或者说更加能够避免读者误解我的宏观故事。我认为许多评论家没有看到我近期撰写的或合著的 29 本关于解释、实施和强化"可见的学习"原始模型的书。

斯滕：好的。下一个问题是关于对效应的理解，我们在对话开始时也提到了这个问题。

约翰：格特·比斯塔说："对什么的效应？"我想我们已经回答了这个问题。他还说："为了谁？"当你问"'认识你的影响'是关于什么？为了什么？为了谁？要达到什么程度的成功？"时，我认同这些是基本问题。

最重要的是，对许多人来说，他们很快就从教师跳转到教学，经常使用"教育学"（pedagogy）这个时髦词。我很少用这个词。

斯滕：我知道。在丹麦经常使用"教育学"这个词。你为什么不爱用？

约翰：因为我觉得它是个符号式的单词，包含很多的解释。

斯滕：你可能是对的，但它也是一个非常有用的词。

约翰：在我对这个词的狭义解释中，教育学（pedagogy）是教师的工作，但它往往成为"教"（teaching）的替代。但它就是被这样解释的，我只是觉得这个符号包含太多东西，所以它还不够清楚。它也意味着"引导孩子"，意味着关于如何教孩子的理论，意味着教学应该受到挑战和质疑，在你的国家，教育者（pedagogue）是教育学的实践者，其更广泛的概念是，他在教孩子为生活做准备的知识，如社会技能和文化规范。因此，我更喜欢用"教"（teaching）。

斯滕：其中有一个区别，因为在德国和丹麦的大学里，直到现在，你还可以把教育学（pedagogy）作为一门学科来学习，而在说英语的国家里，这可能被称为教育（education）。但是这一概念的主要内涵来自德语 Pädagogik，它也意味着关于养育及教化过程的富于争议并急剧变化的历史观念与制度的规范性问题（normative question）。但当然，你是对的。教育学（pedagogy）也涉及教、教学法以及关于学习和社会化的不同观点。

在古希腊语中，paidagogos 意为一个奴隶，他带领学生（年轻的男孩）从家里到学校。词中的 agogos 指的是人群的引领者，pais 指孩子或男孩。

约翰：但话说回来，如果你在澳大利亚用这个词，那就是自命不凡。隐藏于"教育者"（pedagogue）这个行话的后面，有些在教学中很重要的角色都被排除在外了。

斯滕：我们知道每次要用英语写作时，都有翻译的问题。因为我们不允许用 P 开头的这个词。当你用英语写作的时候，你总是在谈教育、

136

教育、教育（education）……

正如我在前面的讨论中所说，"教育"概念还有另一个问题。在丹麦，四五十年前，当我还是个孩子的时候，教育是你完成学业后"拿走"的东西。你变成受过教育和训练的专业人员，如铁匠、木匠、教师、医生、经济学家等。那时的学校不是教育体系的一部分。教育的时长可能是 7 年、5 年或 3 年。你会经历从学徒到熟工再到大师这么一个过程，之后你的余生都在受教育的那个领域工作。学术界也是如此。

眨眼间，丹麦和其他许多国家的政治辞令发生了巨大的变化，特别是从 20 世纪 90 年代起，教育从出生时开始，一直持续到死亡。教育和终身学习贯串了从摇篮到坟墓的 0—100 岁。所以，现在教育相关词汇的意涵已经取代并控制了其他所有的概念（Larsen 2014a）。可能是因为"教育"这个词的内容似乎更加中性，更具描述性和开放性，没有承载那么多教化和"老式"教育学的思想和理念。我们失去了德国的传统和内容，被占主导地位的全球化盎格鲁—撒克逊逻辑（Anglo-Saxon logic）所吞噬和掩盖。事实上，研究和讨论这一景象非常有趣，有时也令人沮丧。

约翰：这确实很有趣。新西兰的教学历史也发生了变化。它从主要关注三个"r"（阅读［reading］、写作［writing］、算术［arithmetic］）转向更全面的儿童发展；它已经从僵化的自上而下转向更开放的地方性解释；它已经开始赋予学校更多的权力以使其能够因地制宜。但是，我们已经讨论了拉里·库班的振聋发聩的历史研究，他讲述了教师在过去 150 年中几乎没有改变（Cuban 1984）。如果有人从 200 年长眠中醒来，他可以走进教室，说："哦，那是教师在教学生；哦，这有课本或作业；哦，有调皮和温顺的学生；哦，这个教师行为举止很规范。"诸如此类。他当然很难知道电话、电脑或浴室是如何工作的，但不会不知道如何教学。

但你在信中说我忘了谈论教师的尊严和好奇心如何，这一点我不同意，我从头到尾都在谈。你说我的研究对教育学词汇的翻新没有贡献，我强烈反对这一点。旁的不说，我在试着创造一个与众不同的关于教育工作者专业性的叙事——哇！这是对他们的技能和专业精神的认可。

斯滕：好吧，但在我看来，教育学（pedagogy）的概念包含养育的规范性问题、对当前教育体系的分析、教化的反思，以及更广泛意义上的教育哲学。我不能说你在这些方面真的有所贡献。当然，在我们的交流中，我对你有了更多的了解和认同，我也尊重你的观点，就是你想告诉教师并教他们如何了解自己的效应——哦，不是真正的效应，而是他们自己所做的事的影响。因此，这种批判性的自我检查，对教师立场的自我批评，必须被视为你对教育，也许也是对教育学的主要贡献，我是这么认为的。但是，举例来说，你似乎对教育学中的基本问题没说什么，比如德国新古典教育家沃尔夫冈·克拉夫基（Wolfgang Klafki）提出的*双向开放*（double opening)的概念，即强调教育学涉及如何让学童走向世界，以及如何让世界走向学童（Klafki 2000）。

约翰：是的，我看得出他的双向意识是非常有价值的。是的，教师的作用是向学生开放各种类型的现实，同时学生需要通过这些现实保持对现实的开放性。这是双向的。这就要求学生发展自主性、批判性的立场，参与解决问题，但这对所有学生来说都是一个很高的要求。特别是他补充说，课程必须解决现代世界的核心问题，如和平、环境问题、社会造成的不平等、新技术的影响/跨文化教育。这些都是很高的要求，但原则上说，我认为这是教育的主要目的之一，也许对主题有不同意见，因为这需要将先前的技能融入当下的理解，令很多人望而生畏，但这会是15年教育留下的宝贵成果。

这与你对我工作的评论有关。在《盲点》一文中，你写道：“哈蒂看不到，也不想知道，某个学生的生活和思想不能被概括，也不能转化为作为理想时机的最佳实践。"（Larsen 2015a）虽然我从不使用"最佳实践"的概念，但我想让你告诉我更多关于这则批评的详情。

斯滕：好吧，我认为这里也有一个转化的问题，因为我们在丹麦有最佳实践的说法，在教育以外的领域同样如此。所以，当你在某种程度上成为教育规划者眼里的热门人物时，他们同时也在追求最佳实践的理念。所以他们把这两种逻辑结合起来了——教育实证逻辑和你的影响研究，结合起来付诸实施，形成了所谓的最佳实践逻辑，所以相关的失误、缺陷和错误当然不是单指你。

教学是否是干预，教师是否是资源？

斯滕：你是否认为教学是一种干预，它试图强化学校教育的投入／产出逻辑？学习是结果还是产品？你是否从战争、商业或是经济学中借用这些概念？

约翰：尽管学习的过程中有技巧存在，但学习依然是达到目的的一种机制或手段。教学是一种干预吗？不，它不仅仅是一种干预。从某种意义上说，这是一种有意改变行动轨迹的尝试，是一种干预。但是，教学的道德目的涉及教学内容和结果（影响）的价值、选择和捍卫，以及干预措施的伦理。是的，有投入（我们使用"技能意志"和"幸福"的概念），也有产出（同前），但"全面的孩子"的发展是目标。尽管如此，我还是对"全面的孩子"这个概念持谨慎态度，因为在发展"全面的孩子"的过程中其他人也会卷入，比如父母、家庭和其他许多人。

我认为投入和产出的概念没有太大的问题，只要产出的不仅仅是考试和学业成就就行。投入和产出之间的黑匣子是教学与教育问题的核心。

斯滕：所以，基本上，教学可以是一种干预，但不一定如此。

约翰：是的，教学不仅仅是一种干预。

斯滕：我们如何描述和理解教师的角色？教师可否作为一种资源、一个因素？或者说，认为教师是一种语言、思维方式，这种理解方式本身是否是对教师角色的冒犯和误解？

约翰：嗯，你说得对，这可能是冒犯。这部作品的核心特征之一就是强调教师的专业性，这很容易被看作责怪教师。事实上正相反，尊重教师（和学校领导）的影响，这是我著作的核心。

因为我们认可并尊重高成就教师和教师领导者，所以我对我们在澳大利亚的工作感到忧心。我不希望家长到学校来，要求他们的孩子上这些卓越教师的课程。我们必须确保所有的教师都是专业的，而卓越教师的不同之处在于有更多的同行支持，从而被视为卓越的奇迹，但绝不能说，如果你不是卓越教师，那么你在某种程度上就是有缺陷的。这太过了。但是，另一种说法认为所有教师都是一样的，这也不对，这会导致我们的公信力被摧毁。我们需要承认卓越，也认可专业性。不管我的飞行员是不是最杰出的，我希望他们都足够专业——这依然是一个很高的标准。不过我知道有些飞行员是优秀的，这也告诉我，所有人都可以提高，都可以成长为优秀的人。

斯滕：根据你的相关性观点，这不就意味着教师只是诸多统计学因素中的一个吗？

约翰：是的，他们是一个因素，但是，天哪！这是多么重要的因素！那么多的因素都与教师如何思考有关！

斯滕：说到学校班级，你说我们现在能够比较，例如桌子、电脑、教师，或每个学生的经济支持之间的关系，那么，我们是否也可以比较两位教师、不同班级规模等等——这样似乎是把每样东西和每个人放在同一个水平上……

约翰：从技术上讲，他们一样，都是影响力排行榜上的因素，但这不是重点。正如我自始至终所写的那样，因素之间的交叉、教师如何思考、他们的评价性思维、他们寻求证据和质疑其影响的能力，尤其是与其他人的合作，这些都更为核心。这也解释了许多因素的排序。

斯滕：这可能是我谈论并写了之前提及的文章《约翰·哈蒂证据信条的盲点》的原因之一——因为这种关联逻辑可以就某些事情给出某种解释，并能够便于进一步解读（Larsen 2015a）。

约翰：哦，是的。回到这一点，如果这就是你所理解的全部的话，那么这可能是我信条上的盲点。但是，盲点之所以存在，是因为你始终谈论的都是排行榜。

斯滕：是的，也许你原本就应该做些与排行榜不同的工作。因为你的读者认为排行榜中的都是些彼此不相关和自主的因素，而你的整个论点完全不是这样。

约翰：你说的那些人不是真正的读者——仅仅瞥一眼排行榜可不行。

斯滕：这也让我想起了我们在市场上的反映方式。例如，我们似乎把一辆定制自行车的不同特点作为独立的部分逐一排序，尽管没有严重的问题或者缺陷，但这种看待世界的方式还是不能直接迁移到教育上来。

约翰：是的，没错。我记得我在大学时学过"多态性"（polymorphous）这个词。如果有人来看我们的研究，说“我想去看看这所大学”，那么我们不可能真正到达这个地方、见到这个人，或者这个东西。它是综合体，是诸多观点的综合。同样，当我的同事对我说“但是大学不想让我做这个或那个”时，我的反应是：“我们自己不就是这所大学吗？”关于教师的影响，也是如此——这是一个综合体。像你的自行车，我们可以看到零件，尽管选用优质零件也挺重要，但它们是如何按比例组装并投入使用的，这才是奇迹。

教师是学习的促进者还是礼物？

斯滕：那么，说教师是学习的促进者（facilitator）可以吗？

约翰：我不喜欢那句话。促进者意味着低水平的因果关系。在大多数学习情境中，你不能也不应该是旁边的指导者或促进者。学习需要更多的主动、深思熟虑的参与，虽然也有闭口不言、退而旁观、放松管制的时候，但这是教师深思熟虑之后的决定。我们不能放弃我们对学生的影响，但请不要把它和说教、滔滔不绝、站在课堂前面指挥相混淆。我们不应该成为学习的促进者，而应该成为学习的激活者（activator）。

斯滕：“促进”仅仅是让事情发生或者提供服务。你是这么想的吗？

约翰：词典中“促进”的主要意思是“使之变得容易”。我希望学习是容易的，但事实上学习是困难的，它是一场斗争，它有起伏和断续，它包含错误和失误。我们的任务并非使学习变容易，而是让学习具有适当的挑战性。

斯滕：比促进更深刻？

约翰：远远超越促进。在那些成功教师的课堂中，他们有时看起来好像是促进者，但那些都是经过深思熟虑的。

斯滕：所以你不会用这个词？

约翰：不用。事实上，我写了一篇文章，既反对促进，也反对"旁边的指导"，因为我认为这两个词语贬低了许多教师的优秀。

斯滕：而另一个完全不同的词是把教学视为礼物。

约翰：不，现在你换了语言。我认为教师和教学有很大的区别。我更感兴趣的是教师们是如何思考的，他们是如何做出调整和每时每刻的决定的，他们是如何展开评价性思考的。是的，我对教学的方法感兴趣，但我更感兴趣的是每个人为什么以及如何决定选择这些方法。

斯滕：是的。

约翰：关于教学作为礼物，再多讲讲这个观念。

斯滕：教学不仅仅是一份礼物，这里包含许多内容可以去说、去期待、去探求。如果你问我，那么我会说教师本身不是圣诞礼物，但教学可以被看作礼物、任务、义务和需要。我可能更倾向于比斯塔的逻辑，他说，教学最好被理解为一个礼物——你在学校里、文化中，也许在整体的人际交往中都能看到它。 2003 年，法国哲学家保罗·利科在他 90 岁时写了一本新书，他将礼物描述为人类深刻的、结构性的、互动交流的线索（Ricoeur 1995b）。我们像送礼物一样给予对方，礼尚往来，（互相）拿回一些东西。因此，他可能已经把教师——而不仅仅是教师角色本身——看作一份礼物。

约翰：从这个意义上说是这样。我很认同这一点。

斯滕：你向学生们提出数学难题或者介绍历史事件，作为给他们的礼物？

约翰：我认为，当某学生能有这样的一位教师，他以积极的方式对孩子的生活施加影响——这就是礼物。

斯滕：那么，你可以将礼物包含在语言中吗？

约翰：从这个意义上看，是的。

斯滕：对，但这也是一项任务，对吗？

约翰：是义务，一种责任。

斯滕：一种必需？

约翰：是，教学是以上的所有东西。

斯滕：不过你不打算对它们进行排序，对吗？或者你也会排序？

约翰：对我来说，对义务、必需等进行排序是没有意义的。排序是最简单的（它有吸引力），但它不一定是最深刻的理解形式。

斯滕：哦，是的，你可能也看到了一种社会逻辑：如果没有学校，我们就不会有社会、牢固的关系、主体间的交流和义务，没有人类的互动。因此学校和学校教学也必须是一个社会存在的必要条件（conditio sine qua non）。

约翰：是的，但是要注意的是，正如你曾在丹麦所说，重要的是学习的进步，而不一定是在学校里进步。但学校对社会的存在确实至关重要。我注意到，当独裁者想要快速改变社会时，他们会先瞄准教师，同时他们力阻特定人群接受教育。

斯滕：比斯塔接着问了一个非常有趣的问题。我认为这和艺术、博物馆、歌剧院、剧院、音乐等等都有一点关系。他说："教师的作用是给学生他们不想要的东西，或者他们不知道他们能要或者想要的东西。"这意味着教师更像是在变戏法，而不是学习目标的促进者（Biesta 2017：27，92，94）。

此外，我总是在德语中找到宏大而温暖的灵感——向导（Fremdenführer，字面意思是"引导陌生人"）和托马斯·齐厄（Thomas Ziehe）对教育性引导陌生人的"召唤"的清晰分析（Ziehe 2004）。一名好教师能够引导陌生人（他还不认识的人……）看到和思考陌生的事情（尚未知道……）——顺便说一句，这个过程中还要应对和克服障碍。因此，他们所有人（包括教师和学生）在某种程度上成为自己的陌生人（经历了他们性格的不可预见的形成过程）。总之，"向导"是"教化"的好朋友。与之形成鲜明对比的是，"旁边的指导"只是向你展示已经存在的东西，并一遍又一遍地告诉对象重复的故事。

约翰：我喜欢这种引导陌生人的理念——它具有神秘感、开放性，是一种安全地进入思考和存在的新方式。

斯滕：太好了。

约翰：我经常听到这样的说法：这些体验应该是真实的、实践的、有用的，或者是我不太喜欢的一个词，"真正的"。我们需要的许多活动和技能都不符合这些标准。有许多不一定是真正的、真实的，或对工作或任何东西有长期的影响的。不过他们也会需要某些技能：比如学习音乐中的音阶，很多运动中的训练，时间计划以外的过度学习。我确实认为不应该让学生完全自主选择他们想做或不想做的事情——如果这样做了，那么结果可能是他们过多地玩视频游戏和与朋友聊天。我们不能剥夺学生做他们不知道的事情的可能性。我认为民主中发挥主要作用的

143

是选民，也就是说父母应该是做出有关课程决定的人。这种情况下，父母认为课程开发人员需要听取他们的意见，不过我知道这往往会以某些细枝末节的争论而告终，比如性教育课程中有多少性知识，教授情感和社会的哪些方面，等等。不管是对是错，我都认为这是一种义务。我认为，很明显，专业人士和教育工作者应该对最终结果的呈现有很大的影响。好消息是，很多时候课程会被忽视，或者有不同的地方性解读。是的，有些规定过于死板（澳大利亚的课程大纲约有 2500 页），有些则并不过分（新西兰的课程大纲为 39 页）。

教师讲的太多了吗？

约翰：我的一个主要主题是让教师们不要再讲那么多，该听听学生是如何处理信息的，听听学生现在知道什么和能做什么，听听学生对学习的目标和期待。

与此相关的是，我们注意到教师观察研究有增多的趋势——人们坐在教室后面，拿着勾选框清单，录制视频，然后花上几个小时对其进行编码。但几乎没有研究能够证明这种观察有助于提高教师对课堂事件的理解力，或改善教师对学生的影响。

所以，大约五年前，我和我的研究团队商量："我们能做些什么来帮助教师更好地看到他们的影响（教师看不到或听不到的那 80%，正如我们前面所说的），同时可以扩大影响的规模，从而真正对学生发挥作用？"

现在，珍妮特·克林顿（Janet Clinton）在墨尔本大学领导这个团队。教师可以使用我们开发的应用程序授课，课堂教学时，教师说的每句话都会出现在学生的平板电脑上，一般是在教师说完话后的三秒内出现（报告的准确率至少为 99%）。有些人认为这会分散学生的注意力，但教师很快发现了相反的结果——学生们的任务意识增强了，开始听教师的讲话，开始意识到教师对他们的期待是什么。

或许你也可以使用这个应用程序来记录你的课堂，上传信息后你就可以立即得到诊断结果。是的，它并不完美，因为它不记录学生。我们曾在科研伦理委员会的审查中遇到了麻烦，而解决问题的成本太高，但现在仅仅记录教师的声音就足以带来重大的改进。

在功能完整的实时转录版本中，如果编码的准确率达不到 99.5%，语音编码的负责人就不会收费。在课后，教师可以得到他们所说的每一句话的复本。另外，只要教师愿意，他们还可以让学生对学习和课堂进行评价。

这个应用程序还自动编码了 16 个属性，类似于丹尼尔森和马扎诺观察评级量表中的编码（Danielson 2012；Marzano 2018）。

它的目的之一是摆脱坐在教室后面的人。很多时候，教室后面的人主要关注的是教师而不是教师的影响，另外编码的信度是众所周知的难题，而且观察人员的存在会扰乱课堂。这并不奇怪，因为他们是用自己的视角、用自己的偏见来看待这堂课的，往往将其与自己会如何教这堂课进行比较。如此，可靠性无法保证、总结陈述空洞无物就毫不奇怪了。我们知道，一般需要在五节课中进行五次观察后，才能获得最低可靠性的质量保障。这实在是效率低下。因此，我们开发了这个应用程序来进行"观察"，它正在投入使用。现在，我们在英格兰进行了一项随机对照试验，对使用该应用程序的学校和不使用该应用程序的学校进行比较。

我们从所有的功效试验中得知，通过在五周内每周使用两个小时的应用程序，70%的教师提高了教学效果。只要拿到复本和诊断就够了。

"哦，天哪，我说了那么多！"

"哦，我说了这个吗？"

"哦，天哪，你看……"

哦！教师的长篇大论。他们知道自己说的很多，但很多人还是对自已说了那么多感到惊讶。我在德国发现了一项研究，教师被问及他们说话的时间在一堂课上的占比，教师普遍认为是 40%。事实并非如此，教师讲话占 89%。

斯滕：我明白，我也承认这个问题。但在我看来，过于健谈的教师可能不是学校唯一或主要的问题。

145

教师的作用是什么？

为什么教育思想家格特·比斯塔认为"学习化"是一个问题？

能想象一个没有教师和教学的社会吗？

大多数教师都太健谈了吗？教师应该学会"闭嘴"吗？

7 教育研究和教育政策是什么关系？

斯滕：当你从学习主体，即学生自身的视角来看时，你喜欢的是他们有各种不同的思考、理解和处理问题的方式。例如，如果某种方法没用，那么就不必再使用这种方法了。所以你梦想的是人们用各种各样的策略来学习，甚至让他们变得更聪明些。

约翰：是，很贴切。

斯滕：但矛盾的是，你的论证被政治力量利用或者滥用了。

约翰：是的，这一直是个问题。我在澳大利亚的政策领域工作，很大程度上，这被看作一个创造叙事的机会。和学校有关的叙事往往是关于投入（资金、结构、课程）或产出（问责制、考试、就业）的，这从某种意义上讲是合理的，但很少是关于"中间层"（专业性、教学对每个孩子的影响）的。因此，我在政策领域的目标是将专业性置于优先地位，并试图说服教育工作者尽可能自主把握对专业质量的控制。

斯滕：是的，我们不应该盲目地接受所谓的必需品。因为在 50 年后，或者仅仅 10 年后，当你回顾这段时期，会说："瞧，我们当时做的太有限了。"因为教育学家、教育学理论和实践工作者们真正擅长的是维持现状，或者忘记过去的复杂性。

约翰：没错。

斯滕：从思想狭隘或被局限在"黑人学校"（这是我们在 20 世纪 60 年代以前经常给旧专制主义学校贴的标签），到改革教育学校或解放主义学校，莫不如此。那时人们会说："这种解放根本不是解放，它是某某某之类的"，之后就开始了对后解放和传统学校的追求。有学校庆祝启蒙运动、后启蒙运动，甚至后后启蒙运动，也有现代学校、前现代学校或后现代学校。我们真的很擅长理想化或批判过去。

约翰：也许我们应该成为"后未来主义者"。我发明了一个新词。

斯滕：是的，但我想知道它意味着什么？仅仅发明一个新词也许是不够的。

幸福感测量与幸福指数

斯滕：我建议我们现在谈谈流行的幸福"产业"，它也声称自己依赖并促进着关于人类的真实研究数据。你对"弱"（fragile）数据（例如，快乐或幸福）的收集和量化有什么看法？我的观点是：如果我们快乐，那是一种主观的感觉。这很难在制度框架内进行分类或固化。

约翰：我对"测量"或收集这种属性的数据是没有疑义的。事实上，这种测量已经是独立的行业了——我对此的担忧与我对学业成就数据的担忧是一样的——但对它的解读呢？我们如何解释这些数据，从而更好地对学生产生积极的影响呢？学校和教育系统经常收集数据，但很少收集数据解释；学校和教育系统经常举行考试，但很少以此为据进行精准预测。我们先来讨论一下收集和量化这些弱数据的原因。

斯滕：现在，不同的政府有不同的执政逻辑，例如在丹麦，他们有这样的想法：我们可以强制要求每所学校每年都举行幸福感测试。在2013—2014年丹麦学校改革的三个模式之一是，你应该尽可能地学好学校科目（做自己的事情，获得较高的分数）；第二个是，你应该得到一个最好的机会，跳出劣势的阶层背景；第三个是幸福感（数据）应该逐年递增，无论是个人还是整个班级。因此，在某种程度上，政府让学校每年都要做的是，创造幸福和收集关于幸福感的数据。

约翰：是的，在澳大利亚也有很多关于幸福的讨论。

斯滕: 例如,目前在丹麦的学校系统中就设计了一整套的问题,如果你写下或说出相关信息,那么你可以得 5 分,但如果你说了别的信息,那就只能得 0 分。其中一个问题是"过去两周你和父母有过冲突吗?"试想一个 16—17 岁的孩子,回答有冲突是很自然的。比如"我想和我的朋友们出去喝酒"或者"我想和那个男孩单独出去通宵",这都可能导致与父母间的冲突,这也许是因为孩子们到了青春期和能够自主离家的年龄了。但事实上,如此回答只能得到幸福指数中的低分或负分。 因此,如果人们经历过正常的生存转型、紧张、危机,就会认为"是的,当然如此,那时的我会有冲突",但那些调查者会感到心慌和羞愧——因为这些数据并不理想,也不值得呈现给关键或有权力的第三方。

约翰: 不过大多数这样的测量都是糟糕的。

斯滕: 没有人喜欢幸福指数中的负分。

约翰: 所以说是糟糕的测量。

斯滕: 是的,我认为我们在学校系统中强制推行了积极心理学。现在,为了向家长或当地社区展示我们是最快乐的学校、最能创造幸福的学校等,生成有关幸福的数据已经成为学校的强制性招牌(Larsen 2019b; Meyer 2016)。

约翰: 不,你所提及的更多是测量问题。我对幸福感这一概念没有异议。可以看到,发展幸福感可以促进和提高学习。例如,如果它的意思是"我乐于用功学习","我觉得自己在班里受欢迎","这个班级很公平",那么这就是幸福的条件。

我对积极心理学的看法是,它是为了解决问题而存在的。这更像是一个政治问题。整个心理学运动——特别是在美国——正在转向临床心

150

177

理学，关注某些人认为的个体缺陷。是的，99%的人去心理学家那里是因为自身有问题，且他们不会自己好起来。他们去是因为他们想纠正一些东西，这是必需的。所以积极心理学来了，并声称："我们要接管所有的事情，我们会建立新的语言。"谁不想要快乐呢？谁不想提升幸福感呢？为什么学生不应该有幸福感呢？

但是，是关于什么的幸福呢？这个关于"是什么"的定义常常是缺失的。许多项目试着给学生笼统地提供关于幸福感的语言，却不教他们何时应用幸福感策略，也不教他们去认识"什么"是幸福感。幸福感有不同的定义，取决于研究的焦点是什么。

已经有许多与幸福感有关的测量。我也制作了一个关于幸福感的量表，这可真是个错误。已有的测量数据成千上万，但都没有揭示什么。那些测量很少基于合理的模型（我们的模型是基于阿德勒的幸福观；Hattie et al. 2004），而是倾向于笼统地询问个人的幸福感。它们也很难区分幸福的状态和幸福的特质。

我用"热忱"这个词，而不用"幸福"。我希望所有人（教师、学生）都能享受学习的热忱。我想让他们能乐于接受这样一个事实：他们可以犯错，他们也会学习。我想让他们体验顿悟时刻。我认为大多数的幸福感量表并不包括这些内容。我担心积极心理学和幸福感只是另一个无用的幌子。就像有的项目向家长做广告："别担心，我们在学校里也关心孩子们的幸福感。"

我没有从墨尔本大学团队的工作中看到我们做得好的证据。我参与了这些项目的各种评估，而且没有证据表明它们导致了什么不同。通过这些项目，学生可以增加幸福感，但是当他们回到常规课堂上后，效果就没有了。在阿德莱德市圣彼得学院有一个非常棒的项目，它从提升教师的幸福感开始，目的是确保所有班级对这些理念持欢迎的态度，以使其能被纳入整个学校提升幸福感的相关方法中。尽管这些研究人员和这所学校最有可能研究出如何在这些项目中构建幸福，但它的影响仍微乎其微。

斯滕：你想为这个幸福"产业"做点贡献吗？政治家和国家的领导者宣称幸福指数每年都在增长，因此在政治家看来，想要在教育制度上取得成功，就必须用定量数据来证明他们迄今为止用定性数据说明的问题。

约翰：我不担心幸福本身。我只是担心它变得如此普通。我觉得这已经成为一种品牌宣传了。

斯滕：我同意。它一直都是一种品牌宣传。

约翰：你去看看澳大利亚幸福感强的学校，会发现它们是非常富裕的学校。为什么较低社会经济地位学生的学校缺乏幸福感？虽然我们经常否认这一点，但我再一次重申，我认为再附加一个研究项目也不会有什么改变。

斯滕：你也可以看到，最富有的国家往往是最幸福的，例如，丹麦、瑞士、瑞典……

约翰：不丹呢？

斯滕：……还有挪威。不丹是个例外，尽管他们的人均国内生产总值很低，但他们的得分很高。

152

约翰：是的，但在不丹的例子中，你谈论的是一个不同的幸福感概念。

斯滕：是的，幸福总量遵循国家的社会经济竞争逻辑，但同时也遵循信任、安全、福利和个人自由的水平。

约翰：但要说清楚的是，我认为"可见的学习"的研究着眼于学业成就。像幸福感之类的东西与学校文化有着密切的联系，它确实可以对学习产生重大影响（当然，增强幸福感本身就是一个值得期待的结果）。以受教育年限比学业成绩更重要这一说法为例，这就是为什么我们应该定期在每一所学校审查这一问题："你们这所学校是学生愿意来的地方吗？"

强制性学习目标——提升政治地位的失败

斯滕：你的"可见的学习"范式为丹麦政府和教育政治领导者提供了设计和实施 2013—2014 年国家学校改革所需的科学合法性，并且成为其主要灵感来源之一。在我看来，你的范式不是被使用了，而是被滥用了，因为从中衍生出大约 3000 个强制性学习目标，即全国各地不同年龄段的不同学校科目都必须达到的目标。因此，"可见的学习"项目已经发生了根本性的转变，自上而下地被工具化了。

约翰：我同意。这是对学习意图和成功标准的严重误解，可以追溯到早年的行为目标和乏味的课程与学习。

斯滕：怎么会这样呢？你认为这是怎么发生的？

约翰：这正是我们需要将本次讨论的话题转向政策如何运作的时候。政策往往通过缺口或危机来证明首选解决方案的合理性，而后又往往强制所有人接受。对此我持相反的观点。我们应该对问题做更好的诊断、更好的需求分析，最重要的是，我们应该扩大我们已经取得的成功，而不是强制所有人执行一个方案——这有时会影响到许多人已经取得的成功。因为如果你强制执行一个方案，比如要求每个人都使用学习目标，每个人也都这样做了，那么你就忽视了专业的本质，即教师是如

153

何理解学习目标，并及时做出决定以影响学生学习的。如果教师能够对所有的学生都产生很大的影响，却没有使用学习意图，那么你为什么要改变这种教学方式？是的，使用学习意图可能会让教师进步，但不考虑影响而强制执行似乎不会是好的政策。

斯滕： 听到你开诚布公地、批判性地反思丹麦对你工作的政治化解读如何导致一个基于 3000 多个学习目标的课程体系，我感到非常有趣。

约翰： 当如此多的国家和地区正从特定的目标转向更全面的关于学习和受教育的概念时（例如，加拿大阿尔伯塔省的课程基于概念的理解），这就有意思了。我知道自己经常因为你们采纳这些目标而受到"指责"，但我从来没有主张过这样一种原子化的课程，即将广泛的识知缩小为数千个目标。我更希望看到课程内容、学习任务、评估与教学方法之间的建设性协调。在表层学习和深层学习之间取得平衡是至关重要的，要让学生感受到学习、识知和理解的乐趣，这往往不会从围绕具体学习目标的课程开始。学习是达到目的的（强大）手段，而唯一的目的是学习的技巧和兴奋感。

斯滕： 2017 年，支持 2013—2014 年学校改革的丹麦政党和现任丹麦教育部部长梅雷特·里萨格（Merete Riisager），在政界人士、研究人员和教师多年的批评和公开的意见交流之后，宣布这大约 3000 个目标不必被解读为强制性的，而只是"指导性"要求。尽管数据收集机构和教师报告文件仍然存在，但政治上的强制力似乎减弱了（Skovmand 2019a，2019b）。

但是，让我们试着换个角度，讨论一下它的内涵和启示，以及你如何"认识你的影响"。关于学习的影响，你认为康德的反身判断的概念是正确的吗？如果我们使用康德的自主反思的概念，那么我们所珍视的是一种来自启蒙运动的自我批判传统，即你必须反思你对自己的理性的使用，且不带有偏见或没有遭受来自另一个人的观点、政治和行政权力结构，以及经济利益的压力。

或者，卢曼的方法，即研究不同的观察逻辑（Luhmann 1998），更有可能帮助你？第一阶观察可以是看看教师和学生之间发生了什么——也就是说，他们是如何体验学校生活的。第二阶观察可以是教师如何用理论来支持实践。第三阶观察可能是政治经济"逻辑"如何干涉和干预学校。第四阶观察可以尝试描绘前三种观察形式中"活跃"的盲点，同时尝试加强对全貌的批判，这一过程不能脱离第一阶现象学观察中生动的学校主题，因为它们为你的四重观察研究奠定了基础。

以上简要介绍了康德和卢曼的研究。那么你是如何建立起与影响相关的论点的？

约翰：我认为这更像是一个卢曼式的方法，正如你刚才介绍的那样。

但我有一个问题，即反思在教育中是怎样被经常使用的？最近我在给我的孙女读《爱丽丝漫游奇境》的故事（Carroll 1871），这个故事有助于解决我的问题。爱丽丝没有在镜子前观察和评论自己的影像。她碰了碰镜子，跌了进去，看到了另一边的人是怎么看她的。在教育中，教师经常反思他们认为自己看到的东西，这往往会导致一种非常高水平的确认偏误。就像他们找到五个真正掌握了某节课观点的学生，然后从这五个学生推演出所有学生的状况。教师们找到不理解课堂的学生以及他们不理解的缘由，但这不是教师教学和行动的功能；教师仅看到和听到课堂的约20%（Nuthall 2007），然后从这20%概括出课堂上所发生的100%的事。教师们有可能是非常有选择性的，通常带有高度的确认偏误，忽略相反的证据，讲述普遍的故事和核心的故事，从少数人推及所有人，并提出包含特权的主张。通常，这种形式的反思会强化教师对其教学和影响的先验信念。

我希望教师们更多地进行演绎或溯因，即去问问："有什么证据可以证明我没有教会所有的学生，并令他们发生我预期的进步？"同时也质疑自己对进展的预期是否足够好，预期的完满是否就是真的完满，并考虑可能更有效率和效果的替代办法。通常，这需要其他人的批评和质疑，需要从学生那里寻求他们的学习经验，需要用教师自己判断以外的证据进行互证，还需要利用所有学生的课堂成果。

肯·泽克纳（Ken Zeichner）指出，一般来说，反思性教学的主张太多了，教师的行为不一定因为更深思熟虑、意图明确或具反思性就变得更好（Zeichner 1992）。约翰·杜威（John Dewey）说得很对，他认为反思需要与积极解决问题联系起来，即识别问题、思考解决方案、采取行动、分析问题解决的过程，如果问题没有解决，就回到第二步中（Dewey 1933）。这是寻找替代解决方案，调整证据，从而最大化对学生的影响的思路。

我强烈主张，反思需要关注对学生的影响，而不仅仅是教学方法的完备性。这一问题在教师观察计划中尤为普遍。丹尼尔森和马扎诺的教师观察计划都更关注教师的特点，只有不到五分之一的量表内容是关于教学影响的（Danielson 2011； Marzano 2018）。在许多录像研究和课评中都存在着关注教学和教学行为这一错误。

在我们的工作中，我们强调要有一种评价性的思维模式——事实上，我们还写了另一本书，提出这种思维模式是教师职业的本质。这种思维模式与评估影响证据时所进行的推理和采用的批判思维相关，它对意料之外的结果持开放态度，并允许进行调整以最大化产出的价值。它寻找可能导致错误结论的潜在偏见，寻求并理解他人的观点以做出价值判断。这些也是对自己的影响进行有力反思的基本技巧。

斯滕：谢谢你的澄清，约翰。在丹麦，近年来有激烈的争论发生在两种不同的教育学观点之间。批评者称标准"一刀切"的教育思维是"纯粹"教育学，而他们支持的是所谓的"不纯粹"教育学（Rømer et al. 2011，2014，2017）。这些批评人士的基本观点是，教育学总是"不纯粹的"，因为你永远不能把任何一个学科变得一模一样，原因在于不论是在如何教学和评价方面，还是在如何提前设计和实施任何学习系统的目标方面，你都没有先验的一般性线索。所有学科、所有学生、各级学生都适用统一的教育学，批评家们称这种观点为"纯粹"教育学。

丹麦的"不纯粹"教育学运动——在许多书籍和公开讲座中——指出，与"一刀切"的教育法（你可以这么说）适合所有人的观点相反，为了落实到具体每个内容、每个班级、每门学科，你必须根据具体的情境"逻辑"调整你所认为的教育学、教学法、学习目标等等。"不纯粹"教育法的倡导者当然是"纯粹的"反演绎主义者①，这一点不会让你感到惊讶。因此，从教师的角度来说，你应该把你的教育学和你的"干预"建立在事实性知识的基础上，即在某个特定的时间的某个特定的课堂上应该发生什么。

所以，你永远不可能有一套严格的工具放在你的"盒子"里或"篮子"里，而与课堂背景、历史情况、学科内容等无关。来自"不纯粹"教育学支持者的批评，比如说，你的思维方式、基于证据的逻辑、学习目标逻辑、整个考试和测验逻辑，在某种程度上是一种过于"纯粹"的教育学，因为他们或多或少地认为，这些"纯粹"教育学的支持者以为自己可以提供和实施一个适用于所有情境、个案和班级的标准解决方案。

因此，在这个意义上，在我看来，你也必须考虑到"不纯粹"教育

---

① 原文为"'pure' anti-deductivists"，但根据上下文，似应为"'pure' anti-inductivists"，即"'纯粹的'反归纳主义者"。——译者注

学所提出的观点，即我们作为教师和研究者也必须尊重不同的内容（学科、主题），获取和整合不同情境的知识，对不同的科目、不同的问题、不同的群体、不同的班级、不同年龄的学生持开放和欢迎的态度。

约翰：但你把它极端化了。我们有关于调整的技巧，大多数教师都十分擅长调整——有时调整干预措施是为了适应他们的先前教学方式，但很多时候是为了增强他们的教学对学生的影响，或者调整干预措施中的创新之处。有效的方法都不是非此即彼的。把我置于任何极端都令我不堪。我意识到，教师每时每刻所做出的决定才是成功的核心，即依赖教师如何思维（心智框架）、对评价思维的认识，以及如何看待从高影响教师的思维中显示出的专业性的本质。

我不喜欢过度预设，但我注意到有很多的教育系统过度预设课程，并使其占据主导地位；正如我们前面提到的，我们对教师的要求是识知的技能、探索的好奇心，以及让学生投入更多学习的意愿。如此说来，我是新西兰课程的拥护者，我注意到那里的课程大纲中每一门学科每一年只有 39 页内容。它赋予了学校决定课程内容的巨大责任，这样做是对的。对我来说，很少有国家会如此尊重专业性。相反极端的情况是，有人坐在后台决定："这就是你周四下午两点要做的事。"显然，有些国家仍然在这样做。你的两极化观点过于激烈，尽管我认同尊重专业性的重要意义——从外部反思，评估影响，对教什么和教到什么程度做出符合道德目的的决定，以及发展关键的评价性思维技能。

斯滕：例如，众所周知，瑞典的国家课程非常强势。

约翰：我注意到迈克尔·扬的论点，即我们送学生上学是为了让他们获得那些如果不上学就得不到的东西（Young & Muller 2013）。这就引出了一个问题，即什么内容是学生"得不到"的。就像你之前说的，我们的传统就是其中的一部分。但关于我们的传统究竟是什么依然存在很大的争议。当然，这个话题同样是他们不上学就不太可能碰到的核心内容之一。

斯滕：我喜欢扬的观点。

约翰：但这正是教师们有关课程这一主题需要讨论的。我有一个坚定的信念，那就是澳大利亚的高中学校系统的正常运作很大程度上取决于学科专家委员会的正常运作，后者对课程进行了许多讨论。我们应该使大主题、思维方法和学科内容在课程大纲中的比例等量齐观，因为当学科内容占比最多时，表层学习就显然会变成压倒性的。从来没有课程委员会从课程体系中删去什么内容。每一次课程体系的更新，都似乎伴随着内容的扩充。澳大利亚的课程大纲有 2500 多页！

研究与政治的关系

斯滕：但是研究和政治之间微妙的关系似乎暗示着你一直有双重计划，约翰。你的"可见的学习"的方法主要是希望教师变得更加专业；你通过书籍、课程和演讲与他们交流，使他们更好地反思自己的影响，反思自己作为教师的社会角色，以及反思课堂中的实际情况；同时，使教师能够倾听其他教师告诉他们什么，以及其他班级的经验能告诉他们什么。但同时你也想影响政策。

约翰：我的确如此。

斯滕：但是，当你进入这两个不同的领域，你必须知道并反思一个事实，即这两个领域遵循不同的符码逻辑（code logic），这是卢曼的用词。前者涉及诸如教得好还是不好，学生学了什么还是什么都没学的问题。这是教育的符码。

后者是你如何在政治决策中获得权力，这是一个完全不同的符码逻辑。那么，你认为这会造成你的人格分裂吗？作为研究者你使用一种语言（关于知识和真理），作为政治家你使用另一种语言（关于权力和影响）？有时候，伦理问题可能会"潜入"科学领域和政治领域，但你不能确定它是否发生。

约翰：我知道这是两种不同的话语体系。

斯滕：当你在澳大利亚郊区或偏远农村的学校里参加教师工会会议，或者与教师交谈时，你就更遵循标准教育符码，我猜你不会从政治和权力相关的角度质疑人们在做什么。那么，你有两种不同的语言吗？

约翰：是的，绝对有两种。

斯滕：那你是否有一种统一的语言——甚至就是你自己的元反思语言……？

约翰：嗯，我得自圆其说。我不能人格分裂。核心的理念是忠于我对证据的解释，即使它与当前的政治要求相冲突。

斯滕：你好像长了一条"分叉的舌头"。

约翰：哦，是的。我承认在与学者和与政治人士交谈时，我必须使用不同的语言。我们都有自己的行话。我知道在写作中，我很擅长用学术语言，但这种语言在与政治人士交谈时几乎毫无意义，在与教师交谈时往往也不是最好的选择，与家长交谈时同样如此。这就是为什么我将自己置于有这些技能的人中间，这样我们可以一起合作。那么，这就会让我成为精神分裂症患者吗？

斯滕：不，还不至于。

约翰：同样，在政治方面，我也接受了长期的培训，从我在西澳大利亚时（20世纪八九十年代）开始，我就学会了如何与政治家交谈。

159 我们经常把政治人士归为一个类别，但他们是不同的人。当你与他们打交道时，你必须学会的第一步就是将他们当作独特的个体去看待，去了解他们的想法、动机、愿景和计划。

这有点像我们学者为教师写作和与教师交谈的方式，通常的假设是教师没有坚实的教学理论，而我们往往对什么有用或者没用有明确的看法，我们从他们的实践中获得很多素材，并告诉他们下一步该怎么做。忽视这一点肯定会让教师们丧失兴趣，但同样重要的是，教师们可能也很少会因为我们说的话产生兴趣。政治人士也是如此。

我认为有趣的是，大多数政治人士通常都有做出改变的强烈动机，那么他们为什么还要做蠢事（Hattie 2015a）？我见过的政治家都很正派，都认为要改进教育体系，但他们往往在抓学校教育的表面，很少处理核心问题——尊重和强化专业性。

例如，昨天晚上，一位外国（实际上离丹麦很近）的新上任的部长给我打电话征求意见。他想更多地了解我的研究，想让我访问他的国家，并询问他应该首先做的、最重要的事情是什么。如今，我对预设任何事物都感到不安，特别是当我对那个国家的教育历史——长期和短期历史——知之甚少的时候。许多年前，在我20多岁去利比里亚时，我就知道，在不了解某国家历史背景的情况下，你不能发表任何关于这个国家的言论。是的，了解某个国家的专业知识是必要的，所以我可以谈论我的研究，但他们必须依据自己的情况做出调整。

我和执政者一起工作时学到的另一件事是，你要倾听他们谈论自己的需要和动机。如果你走进一位执政者的办公室，拿出你的解决方案，然后就走了，那么什么都不会发生。政治有一套符码和语言，你必须学习他们的语言才能影响他们。对于政治家来说，最关键的受众是他们的选民（而不是学者）。他们经常从如何吸引选民的角度来解读建议——这不是玩世不恭，因为它就是如此运作的。他们希望得到的不仅是最好的建议，更是如何赢得选民。当你与他们合作时，你需要帮助他们将教育理念转化为选民喜欢的语言——但越来越多的选民不再有孩子或孙子在学校——因此，不是面向父母，而是面向选民。

作为教育工作者，我们经常在不了解政治家的逻辑、担忧和语言的情况下与他们交谈。我看到很多政治家等着听接下来的需求和对资金的要求，但教育家往往不知道如何遵循指令、当前政策，以及部长对资金最佳来源的意见。所以，教育家们常常有一句口头禅：部长，我的学校很优秀，我有优秀的教师，你一定要来考察，但我们需要钱来建一座新的科学大楼、一个新的厕所。部长，我的学校有多少个种族和多少种语言，我们是独一无二的（其实，澳大利亚的大多数学校都有这些属性），等等。但现在这已成为常态。多年来，我和部长共事，我很少听到一位教育家要求投入更多的资源来发展专业性——他们几乎都是为了东西、建筑和更多的自主权。澳大利亚的校长们所拥有的自主权在西方国家中算是比较多的了，但他们很少与其他学校合作来发展综合的专业性，他们的口号似乎是"多给些钱，少管我们"。

学校教育领域的其他人也一样，如副部长或大学校长。正如许多部长所说，如果你跟一群副部长开会，他们会说些你不感兴趣的事情，你只要把10美元扔到地板上，他们就会为此争吵。他们只想要钱和自主权，而很少想帮助部长完成他或她的工作，那就是在全国产生影响，表明你在改变国家、帮助学生、促进经济、未来的发展和争取选民。

我的一条原则是，永远不要找部长要求一次性的解决方案（为了某个学校或某个大学）。除非该解决方案适用于1000多所学校，否则它不太可能影响政策。为了教育，我们可能需要从政治说客那里学习如何在政界辩论，我听过几乎每一位校长都说过："是的，我知道，但他可以为我破例。"我们有50多个团体都声称代表了澳大利亚各地的学校领导，但除了为他们的成员提供专业学习以外，我很难知道他们还代表了什么。他们持续与政客们对话，但政客们充满分歧的声音使得部长只想做出自己的选择。我无法想象卫生部部长在制定政策时不问问："我想知道医学专业机构怎么看待这项政策。"但我知道，教育部部长不会考虑教育政策团体的意见。他等待、观察，然后找到支持者。

我在政治舞台上遇到的较大的问题是，当询问家长他们想在学校投入什么时，得到的回答有时并不是学生最大利益。例如，澳大利亚广播公司（ABC）曾做过这样的实验，要求1000名以上的参与者为"可见的学习"影响因素清单投票，选出他们可能会投资的条目，最终的实验结果与我们的研究证据呈负相关。家长最想要的并不能代表学生的最大利益。

我现在在澳大利亚担任准政治职务，与来自各政治派别的30多位部长和总干事共事过。我坚持，我只会从我的专业教育研究领域中给出建议，我从来不对政治提建议。我会就我所知给出我的意见，如果我有不同意见，我就会告诉部长们，而且我很清楚，如果超出了我的专业领域，那么我便不会再提任何建议。最近有一位部长打电话问我一些事情。我说："恕我直言，部长，这不是我的专长。"他们很尊重我的态度。

此外，如果你失去了他们的信任，你就会像烫手山芋一样被扔掉。

在这个政治领域中，如果说我取得了一点点成就，那么我希望自己成为那个重新将专业性概念引入学校教育的人。"可见的学习"的研究证明，同时也是我的教师效能测量工作所揭示的，大多数教师和学校都在做着一项令人惊叹的工作，他们让学生在一年的投入下获得超过一年的增长。我们的任务是尊重这样的专业性，更重要的是，提高这种专业性。

我担心，当专业性不被重视时，经常会发生这样的情况：对资源的提供有诉求，但非专业的解决方案大量出现。我注意到，现在增加的工资大多被用于教师补助，用于受教育程度低的教师，以及用于将替补教师变为卓越教师。的确，教育需要的成本越来越大：为教育工作者创造机会,让他们共同工作、规划和评估他们的影响,同时让他们发展和改进已有的专业知识,并引导新人进入我们的行业。

斯滕:感谢你对教育政治和教育科学之间微妙关系的启发性描述。

我在读你的新书《可见的学习:十个心智框架》(Hattie & Zierer 2018)时,我感觉你已经意识到,你需要提供一个更具说服力的故事,用哲学的方式或者一种乌托邦式的充满希望的方式,像马丁·路德·金(Martin Luther King)的《我有一个梦想》那样的东西。

约翰:它一直在那里,斯滕。

斯滕:是的,有可能它一直在那里,但现在你觉得有冲动和需求把它明确地写出来,公之于众。

约翰:是的,你说得对。评论家们让我相信我在那本书中所写的东西还远远不够。正如你多次提及,很多人误解了《可见的学习》,认为这本关于元分析的研究书籍可以提供所有问题的答案,但事实并非如此。我曾尝试提出,但显然还不能够令人信服,学校教育比学业成就更重要,学生不会把贫穷留在学校外,那些影响教育的社会和道德目的问题也需要包括在内。

162

斯滕:你在写那些书的时候,我想说,你更像是统计学家和技术员,是吗?

约翰:是的。当然,我很专注。我是个从事测量的人,不是社会学家,我的确在写作书稿时带有教育心理学家视角。但如果有从其他角度对数据的另一种解读的话,我将首先对此表示欢迎和敬意。

斯滕:但现在你感觉……

约翰：那本书不是为大众写的，也不是为教师写的。天哪，那本书里全是数字和数据。那是我的第十本书，我从来没有想过它会吸引那么多的读者。

斯滕：……有给予另外解读的需要和冲动。

约翰：嗯，我想我能得到这个机会真是太幸运了，这是我们作为学者所能得到的奢侈机会。大多数学者，也包括我，可能在学界教书度过我们的一生，没有人会在意。人们实际上十分关心我所说的某些内容，所以我也有机会去说，这也是为什么有我们现在的谈话，为什么我又写了20本书，我四处演讲，也支持去实施这些想法——这是多么奇妙的感觉。

斯滕：另一件事是，如果你按照卢曼——我们鼓舞人心的理论评估师的想法去思考，他会说："嗯，说一所大学并不是说那里的人。它既无关人，也并非心智和心理的子系统。你既不能梳理它的头发也无法注视它的眼睛。"大学是交流的子系统。

约翰：哦，是的。大学包含比人更多的内容。大学是一个多形态的概念——它是个人的集合，而我们作为大学里的个人，要对我们这个家庭的集体影响负责。

斯滕：德国社会学家格奥尔格·齐美尔（Georg Simmel）是社会学的奠基人之一，就像奥古斯特·孔德（Auguste Comte）、埃米尔·涂尔干、马克斯·韦伯（Max Weber）和加布里埃尔·塔尔德（Gabriel Tarde）一样，如果你读过他在1908年写的《社会如何可能？》（*Wie ist Gesellschaft möglich?*）一文，那么你可能会受到启发说，尽管我们或多或少是强制性社会秩序的一部分，受制于强大的结构，但同时也存在着额外的社会行为。也就是说，我们并没有将我们全部的人格特性嵌入社

163

会交往结构之中（Simmel 1910/1908）。

约翰：但我们建立体系。正如你不断提醒我的那样，我们作为批评者和良知代表，不仅要针对我们的社会，也要针对我们自己所在的团体。

斯滕：我们"有"社会性交流系统，同时我们也"有"人们和人类，两者并不完全相同。它们不能完全被认为是社会交际的角色。因此，它们将永远是一种处于人类（存在主义的角度）和交流源（社会的角度）之间的非同一性。

约翰：好吧。就像梅赛德斯–奔驰那样，不仅仅是人的集合。

斯滕：是的，你可以这么说，但我的观点是，作为研究人员，也作为政治动物，我们在各种研究、政治和行动中转变着交流的角色。承认这一点很有趣，即我们始终致力于改变整个社会中事物的交流，而不仅仅是通过研究。

约翰：没错，我已经说过上百次了。我所做的只是讲述了一个故事。我有编造一个新数据吗？没有，因为我反思了别人的所作所为。这个故事就是我的贡献。

被强化的策略增殖

斯滕：我有一个担心。你作为教师应当了解自己的学习效果，作为学生又应当了解自己的学习成果，二者分别发生在你的教与学的过程中，这是持续性、强制性的学习逻辑的策略增殖。你对此投入的越多，越没有时间和精力投入主题和内容、深度阅读、大量学习和自由思考（Larsen 2016a）。

约翰：嗯，你可能是对的。但是影响问题的核心涉及主题和内容的选择，因此它们可并不少见。

斯滕：我的想法是，如果你对这种学习逻辑过于专注和痴迷，那么学生们会突然变得越来越感兴趣于……

164

约翰：不会，不会，不会。

斯滕：……感兴趣于学习策略和学习目标，而不是文学、数学和历史本身……

约翰：得了吧。正如我们关于学习策略的元研究所显示的，几乎没有什么策略能够脱离应用过程或具体内容。我们打破了开发通用型学习策略的神话，证明那毫无价值。没错，学生可以很好地使用某些策略，但它们几乎不能被迁移。以发展工作记忆为例——我们可以普遍地强化它，但将它迁移至其他领域的可能性几乎为零。有助于增强工作记忆的游戏只会让你更擅长工作记忆，仅止于此。

斯滕：教师、中学生和小学生回去听录音可能是个好办法。很多时候，当我对研究生进行指导时，他们会开启手机录音，因为他们想在会后以自己的节奏来听我说过的话。

约翰：我们会为他们提供这些，但这只有极小的价值。我们其实想影响教师在自评其影响力时所使用的解释视角。我们不希望教师有选择性地回忆某部分——他们自己施加影响的部分，我们希望教师还能看到他们没有影响到谁，在哪方面欠缺影响，并更多地考虑全体学生。

斯滕：也有可能那是一次非常密集的交流。也许我说了十个不同的观点，他们只记下其中三个，其余的就忘了。

约翰：是的，那七个被遗忘和"删除"的观点可能包含更多的信息。此外还有你思考的情境。

斯滕：是的，情境是最重要的。很多时候，我也会在他们的书面评估和论文中写下评语和问题，因为口头说的和笔下写的完全是两码事。我会批注"在这里加强你的论证"，"我建议你读另一本理论书来获得灵感"，"这是一个与你上文陈述相反的逻辑"，等等。因此，给出书面反馈的同时给予口头反馈是个非常好的做法。如果要让学生改进他们的论述和写作风格，那我会尽力让他们能够看到并知晓，在下次我们见面谈的时候。

约翰：我们目前正在进行随机对照研究。200 所学校使用可见的课堂技术，另外 200 所学校不使用。我们知道，影响力最低的 10%—15% 的教师因为使用这种方法的效果差，所以不喜欢使用这种方法。他们说："为什么我要听我对学生的训导？为什么要听他们的声音？ 9 岁的孩子对学习能了解多少？"但如果我们不处理这 10%—15% 的问题，我们就不能解决推广性的问题。

大多数教师都喜欢这种技术。不过他们的确也有担心，担心它会出于你所提到的各种原因而被滥用（比如在高利害问责中的滥用），我们也有这种担心。但我的观点是，回到我们之前讨论的重点，我确实认为教育系统有责任为教师提供资源，让他们看到自身的影响。

在我们早期的一些研究中，比如在英国进行的这方面的功效研究，我们进入一些学校并使用了这项技术，一些人几乎从不反思自己所说的话，但想知道自己是如何被学生听到的。

你目前还没有对此提出过批评，但已经有很多人都这样批评我的工作了："他责怪教师。教师们必须改正自我。要求教师们'改正自我'，这可是成本最低的干预。"我认为我所主张的恰恰是成本极高的干预。你必须找时间、找资源、聘请专家与教师合作，以完成"可见的学习”的教学部分，而这绝不是一个可有可无的部分。正如我在关于实施的书中所提及的，培养评价的思维模式、培养集体效能感、注重强化学习和内容、给出和听取反馈都是很困难的，而且，教师需要高度的信任才能进行这些讨论。

斯滕： 这就是为什么你批评丹麦教育部部长克里斯蒂娜·安托里尼（Christine Antorini）在 2013 年的作为，当时“新学校法”违背了教师们的意愿，甚至没有邀请教师们参加之前的政治协商。

约翰： 是的，的确如此。她完全没有抓住重点。你们国家的体系可以使教师每周都抽出时间，这是一个强大的资源，能够使“可见的学习”发挥作用。

斯滕： 但她和政府、大多数政党，还有那位半神仙似的财政部部长，以及主要的学校领导层当时都希望减少教师们已有的备课时间，同时迫切地实施学习目标，这成为丹麦学校新的强制性黄金标准。

166 **约翰：** 现在，我想把用于准备的时间全部拿走，因为我认为如果教师不在教室，那他该完成的任务绝不仅仅是备课和给成绩。教师也应该评价自己的影响，在这方面，他们无法只靠自己，他们还需要专业学习共同体，由那些知道如何优化此影响、知道如何建立信任，以及能避免任何问责的人管理。

斯滕： 我知道，这些学习共同体、专业团队精神倡议等等，是针对你在标准文献中所说的“个体教师”（the private practicing teacher）的部分批评。但我担心的是，我们往往会忘记甚至忽视这样的事实，也许我们所有人（成年人）在上学的时候都曾遇到过重要且优秀的教师并受到他们的启发，我猜他们可能碰巧是“个体的”、有经验的、自我成长的——当然也是受过教育的、专业的——教师。

约翰:是的,我写过我们回忆中的教师,优秀的教师都是随机出现的。

斯滕:那些日子可能再也回不来了。现在你是更大团队的一员了。

约翰:我不打算让这些最好的教师回到自己的房间、关上门、独自完成他们的工作。优秀的教师本身就是解决方案的一部分,他们的思考才是我们最想知道的。

斯滕:我还有一个问题。你为什么既支持和看重强大的以数据为基础的叙事,又看重特殊的和个人的叙事——例如,你不得不逃离新西兰和你普通的乡村家庭背景,然后成为你现在的样子。也就是说,尽管你是个注重演绎的人,你想整合定量的东西以支撑自己的演绎,但至少在涉及你自己的故事时,你也倾向于特殊化,甚至可能走向归纳,对吗?

约翰:是的,如果我一直待在故乡小城里,我想我会发疯的。因为那样的话,视界是封闭的,雄心是微不足道的,机会是极少的。我对归纳没有任何芥蒂,我喜欢与质性和归纳专家合作,因为他们能让我从不同的视角审视数据、课堂和证据。这样的归纳方法只不过不属于我的个人能力范畴。

斯滕:这意味着,为了强化你的叙述,你也要成为一名"个体研究者",在研究和谈话的过程中讲述个人生活背景的故事。

约翰:是的,聆听这些精彩的故事,阅读别人的经历,深入研究有关我们职业的文献,这真是一件美事!

斯滕:我的问题是,如果我们过分倾向于团队导向,那么我们也会让教师感到枯燥。也许他们每个人都应该有一个标准主题,他们不应该是个人化的,也不应该仅仅依据无法被概括的生活史。

167

约翰：不，不，我可以带你去丹麦的斯坎德堡学校或者墨尔本的学校，你可以看到那些踏上"可见的学习"之旅的教师，他们并不会那么个人化，不会枯燥无趣，不会只关注自己。这与你说的正好相反。

斯滕：因为什么？

约翰：因为他们没有投入专业学习的"战争故事心境"① 中。他们不会说："我的方法是这样的。我就是这么做的。"相反，他们的想法是：让我看看，我可以选择一些技巧和窍门添补到我的储备库中。当然，我尊重你不同于我的教学方式（只要你承认我也是独特的，不改变我）。在传递"可见的学习"这类专业学习的团队中，我们的规则之一是，你不能谈论你的课堂，因为这使你的战争故事合理化，使参与者通过自己的战争故事视角看世界的行为合理化。我们在教育方面的太多讨论都是用长期固有方式看这个世界。这些战争故事背后有一个有力的论据：当我谈论我的战争故事时，你不能发表观点，因为你并未身处其境；你不认识那些学生，也不知道发生了什么。你只能通过我来了解这个故事。这并不好。

斯滕：这是真的。但我认为我的担心与大学课程管理的整个逻辑相一致，即或多或少希望你做的是一种非主观性的、去情境化的且不基于深度经验的课程描述。实际的希望和主张是，每个其他同事都可以接手并按自己的方式运行，因为 ECTS 模块课程是匿名的和通用的，所以说它没有任何主观精神、历史性， 甚至连那个创造了这门课的人的生活史叙述也没有。

约翰：不，等等。我不确定这是个问题。记录直接指导、记录我做

---

① 战争故事（war-story），意即值得纪念的充满艰险的亲身经历，此处作者指教师个人的有意义教学事件。——译者注

的很多工作,这是记录教案。而人们用教案进行实践。但是,如果在学生面前,它看起来像教案,感觉像教案,闻起来像教案,那就是失败。这里有一个平衡点:不是全权委托,也不是自由放任,更不是随心所欲。不能仿佛对飞行员说:"随心所欲地驾驶飞机。"这是有规则的、有预先安排的。但当事情没有按教案发展时,你所做的决定才体现着优质教学的本质。所以我认为你对教案的作用有所夸大。我认为教案有点像构建心智地图,构建你可以偏离的模型。这也意味着你可以对资源进行修改、调整、评估,以强化产出。

举个例子,我已经跟踪研究了一位教师(与前文提到的不是同一个人)八年。大约五年前,他告诉我他放弃成为更好的教师。当然,我很震惊,不过他澄清了原因——他不想在传统的教室里成为更好的教师。他想和其他教师更紧密地合作,把更多的资源花在学生身上,所以他转到了开放计划课堂(有 3 名教师和 90 多名学生)。几年后,他说:"悄悄地讲,我在这里做的计划比我在传统班做的要少得多;我可以有自己的周末了。"那是因为在他的学校里,一年有三个学期,每位教师负责规划一个学期——也就是说,他不用规划另外两个学期。这确实意味着三位教师必须团结一致,相互信任,了解彼此对计划和教学的偏好。现在他可以用很多时间和学生们一起工作,因为他相信教案。

证据管理

约翰:关于"证据"的争论如此之多,却很少有人质疑这个概念。目前,在澳大利亚,关于是否建立教学证据研究所的争论非常激烈。我担心的是,我们的研究所会变成"有效教育策略资料中心",人们会被雇来从事学术研究,并将其转化为教师们的语言。但这并不是什么了不起的成就。

斯滕：这也是丹麦这个研究所的功能，它也是一个主要的知识政治机构，说明什么是研究，什么不是（Larsen 2015d）。

约翰：这不是一个很有效的方法。当你查阅证据时，例如英国教育捐赠基金（UK Education Endowment Fund）曾做了相关研究发现，它对课堂教学的质量没有影响。他们的一个随机对照试验是给教师提供书籍和资源（包括"可见的学习"的总结），那当然没什么变化。有时，我们低估了教师视角下"证据"的重要性和价值——这些"证据"来自他们多年的教学经验。那些"证据"也可以是有效的、具有批判性的或者错误的，而我们可以从中获益。这很难驾驭，而且往往来自那些只有孤立样本的故事，但它仍然是一个合理的证据形式。

斯滕：我觉得，也许我们也应该问问学生（Batchelor，2008）。

约翰：学生们也应该参与进来，他们当然有合理的证据形式和故事。的确如此。这就是为什么我要建立一个以证据为基础的研究所：证据有多种形式。最重要的证据形式是既允许教师质疑我的学术证据，也支持他们以质疑我的方式质疑自己的证据，就像我们也会质疑学生的证据一样。但很多时候，当你这么做时，教师不允许自己被质疑，因为他们会说："你并未身处其境。你不知道。我的学生就是这么说的。"

更重要的是，收集证据的日子一去不返；但基于证据的实施日复一日——这要难得多。重点应放在传播和动员上。

远不止评价

斯滕：但是关于评价性思维，我知道你对评价和专业化评价有着非常积极的看法。因此，这些相关的词语和程序似乎已经成为你所认为的启蒙、自我批判、了解你的影响力及其他相关内容的一部分。

约翰：因为"评价"概念本身关涉优点、价值和意义，所以我们会对它加以拓展，而不仅仅是影响程度、影响性质和效应大小。这同时也关系到影响的价值。对我来说，"评价"试图把判断、批判性思维和各种价值观的概念结合起来，而不仅仅是"你受到了影响，因此，你做得很好"。仅仅关注影响的这个方面可能是错误的。评价性思维包括以下相关推理：教师批判性推理，他们做出的关于"下一步该去哪里"的决定，检查意外的结果，更加有意去识别潜在的偏误，有能力了解自己的影响，讨论这种影响，并寻求其他不同的观点。你的主要论点是，重要的是教师如何思考，同样的道理也适用于学生如何思考他们的学习、进步和学业成绩。

斯滕：但是我担心的是存在这样一种危险：常规评价会让教师们淹没在没完没了的元–元–元思考中，终日反思学习和描述学校目标等等，这会导致语言异化，最终会耗费大量的时间和精力。如果你失去了成为一名真正教师所需的燃料，那么当面临势不可当的评价机器时，做教师的梦想就有被吞没的危险（Larsen 2004）。

约翰：那么，成为一名教师所需的燃料是什么呢？

斯滕：这或许存在于等式和数据之中，存在于奇妙、精确但时不时神秘莫测的数学世界中，存在于各种各样的实体之中，也存在于向其他人、学生和年轻人给予和分享那种奇妙感觉之时。

约翰：没错，对他人产生影响。

斯滕：或者，假设你是一名物理教师，你可以先让学生们放开眼界去了解宏大的物理方法，拓展他们的宇宙视野，讲解不同星系的历史，向学生介绍大爆炸理论、地球上的第一道生命痕迹，之后你可以开始展示我们是如何存在于这些行星、恒星和星系之中的……

170

约翰：你很有激情。

斯滕：……与大爆炸以来近 140 亿年的历史相比，人类只在这里待了很短时间。如果我们把宇宙大爆炸后的时间比作 24 小时，那么人类——"我们"很可能只在这里"存在"了 1 秒钟（最早的人类形态大约有 20 万年了）。前 23 小时 59 分 59 秒发生了什么？那是值得讨论的。也可以假设你是地质学家、生物学家、大猩猩（原始人类）的调查员，随便谁都可以。所以我认为很多教师有这样的梦想，我们应当回到这些主题和问题上，而不是浪费时间在学习目标和评价报告上。

约翰：当然。教师们想分享他们的激情。

斯滕：所以，你可以出于良好的意愿，讨论我们如何尽最大努力安排学习目标和学习过程。它或多或少看起来像是一种非常抽象的管理语言，这就是它的危险所在——例如，在"影响"这样的词中潜在的错误风险。

约翰：对，我也这么看。

斯滕：最后就变成为了计划而计划。

约翰：我同意。不过这也是为什么我要转向评价性思维，因为我想强调价值这一概念。错误的事情也可能会产生影响，所以必须要有一个关于为什么要这样做而不是那样做的评价环节。

斯滕："价值附加的思维"环节，它应该是使用价值的另一层概念。因为通常如果说你有"价值"，字面意思是你有经济意义上的价值，这是一个关于储蓄或积累的问题。但我认为，积极的价值，即价值的另一个意义层面，可以是你推翻了你的偏见，你敢于改变你的人生轨迹，以及你放弃支持文化保守主义或僵化的宗教价值观，这是在经济领域之外使用"价值"的另一语义学传统。

约翰：但这就是为什么优点、价值和意义观念是评价的核心。这使你不得不为这些事物辩护，你既可能说"我的工作是让学生知道这些东西"（灌输观念），也可能说"我的学生要知道这些东西，所以他们可以质疑。他们可以对此充满激情。他们也可以推翻它"。

斯滕：我认为我们可以设想并描述两种极端。要么灌输思想，自上而下决定一切；要么干脆不管，让学生任意而为。

约翰：对的。

斯滕：第二种极端情况下将会，比如说，更尊重柔性的力量，"找到你感兴趣的东西"。

约翰：这是对的，但兴趣也需要培养——有些人的兴趣非常狭隘、无意义。正如我前面提到的，我们往往在学习上取得一些成就后，才会变得"感兴趣"。

斯滕："我不在乎数学，你可以自己想当然。"当然，这两种极端都是多少有些荒谬的。

约翰：是的，如果我们可以兼采其长，当回答不必是任何一个极端的时候，不是很好吗？

斯滕：所以选择某个折中的方案，既有技艺高超且学识渊博的教师，又有良善的、不可预见的价值，当教室最后一排的孩子说出闻所未闻的解释的时候，那可真是奇妙的时刻！

> ### 数据驱动的教学无须解释？

斯滕：让我们回到你的领域。教育政治学中有一句话，教学是数据驱动的。这是一个误解，而你的观点是，教学是对搜集到的或可获取的数据的解释？

约翰：你这样说对，也不对。你听我说过很多次了，关键不是数据，而是对数据的解释。当然，如果基于稳健且信息量大的数据，那么解释就会更有说服力、更加合理，但重要的是基于这些证据的论点和主张。这就是为什么我对教师们在课堂上所做的每一时刻的决定着迷和感兴趣——为什么他们会对摆在他们面前的数据/证据做出这样而非那样的解释，以及他们如何检视他们解释的影响。原因一部分出于数据，一部分出于以往遇到相似数据时的经验，还有一部分出于以往的知识，其中很多是模式识别和相似情境的匹配，而所有这些都基于他们在课堂中教与学的模式。

斯滕：所以，基本上，这种与数据驱动的教学有关的语言不是你的专属词汇。

约翰：从来都不是。

斯滕：好的，就是这样。比斯塔同样声称，教师和学生总是置身于他所说的"教育的美丽风险"（*The Beautiful Risk of Education*， Biesta 2013）之中。

约翰：是啊，你知道的，我觉得这个书名很棒。

斯滕：这意味着师生之间的互动及其结果可能没有万全的保证。所以他总是谈论教育的风险。你认为这个词是否有意义、有价值呢？

173

约翰：风险不仅仅有这一层内涵。我对风险的缓解策略同样感兴趣，但它听起来没那么优美："教育风险的美丽缓解。"作为四所大学的前校长，我更多地看到了自己在风险缓解方面的作用，否则的话，你减少或消除了风险，那么学习的乐趣、成长和兴奋从何而来呢？

我们不能把学生引入危险之中，我们不能向他们灌输，我们不能对他们做这些事。但大多数学习都是一种风险——我所知道的可能是错误的，我可能需要重新审视自己的假设，我可能需要更加投入地学习，我可能需要寻找证据看看自己错在哪里以及如何错的。即使是在我建立的教育模式中，也有内在的风险。一个模式所揭示的应该比它自身所解释的多，这一认识就会自动引入风险，而风险是学习的最基础本质。

斯滕：完全认同。我们生活在一个竞争激烈的社会，这个社会实际上一直在变化，我们生活的规则也在变化，而这个社会却"爱上"了安全或对安全的期待，也因此拒绝了激进的实验，这是怎么回事？它无法承受风险，但同时，它却是险象环生、竞争激烈的社会。它沉迷于控制，近来却与意识形态牵扯不清。它所需要的安全无法得以满足。

约翰：我同意你的看法。

教育研究和教育政治的特征是什么？

如何利用教育科学使教育政治合理化？

"可见的学习"项目主要是为教师或政治家编写的吗？

教育政策将会越来越被数据所驱动，这会产生什么样的后果？

8 复兴德语概念 Bildung（品格构成、高深思想和教育理想）是否可能？

斯滕：有一个很重要的问题我们还没有涉及，不过我对此非常感兴趣。教育史中的"教化"（Bildung）一词内涵丰富且不可转译，而其中所蕴含更多的是未实现的积极含义。

约翰：教化，是呀。

斯滕：在美国、澳大利亚，或者说在英语版本中，它可能会被翻译成教育（education）、塑造（formation）或陶冶（edification），甚至会有人称其为文化。

约翰：还有品格（character）。

斯滕：品格的塑造（formation of character），也对，这也是一种理解和尝试。

让我介绍一下这个主题。当我们学习德语时，我们用 Ausbildung 一词来表示教育，因此，Bildung 是这个词的一部分。在丹麦，也有完全相同的情况。丹麦语中，教育是 uddannelse 一词，德语中的 Bildung 就等同于丹麦语中的 dannelse。所以，在这两种语言中，这两种欧陆语言中，教育这个词内在地具有教化的含义，这是一个值得注意并且很重要的部分。而在英国、美国和澳大利亚的语言体系和文化背景中都看不到这些。

所以，我们至少要回到 Bildung 一词的德国历史传统中。我想这是两个或三个叙事的综合。其中一个起源于基督教，圣经《创世记》1：22 中说，人是按照上帝的形象被创造的（拉丁语是 imago dei）。如此一来，人是被比他更强大的力量创造出来的，但同时也被给予了向那个理想形象靠近的能力，即使人不能也不应该试图成为上帝（anti superbia，反傲慢）。我们是在这种能够不断超越自我的逻辑中被创造出来的。这是第一个叙事。

　　另一方面，德国主要的资产阶级、自由资产阶级和启蒙哲学家——其中一些是浪漫主义者——开始将教化概念世俗化，并将其与实践的思维方式和行为方式相结合。他们中的一些人提出了颇具野心的目标任务，在你自己身上"认识"人，赋予你的品格正确的形式，并将其提升到最高的精神高度。比如你可以渴望并努力成为社会中的大人物，可以是大作家、大思想家，你可以把他们的成就引为镜鉴。由此你可以仰视某些东西：深邃的文化、高深的知识、高度的自决。所有这些原则现在都体现在你的镜像中，反映出你应该成为什么样的人。这是第二个叙事。

177　　第三个叙事关于是否要维持教化这一概念的争论。例如，在欧洲和美国，1968 年的左派运动强烈反对并力图"扼杀" Bildung，因为它被认为属于统治的资产阶级，后者关于良好行为、所有各种正常化逻辑的价值观，都依附于这一概念。因此，在某种程度上，他们试图摆脱 Bildung 的概念，把既定的传统、独特的品位和风格制度抛在脑后。

　　今天，至少在丹麦和德国，存在着一些复兴教化这一概念的力量。这并不是说我们应该成为上帝，也不是说我们应该在个人身上"认识"人性，同样也不意味着我们现在应该把上层社会文化价值观强加给下层社会，或者其他什么类似的，比如白人对黑人的优越感，如此等等。但是，我们或许可以开始考虑复兴教化这一概念，又或许可以对当前的"学习化"意识形态——比斯塔和我都持反对态度——进行实质性批判。

　　因此，现在我尝试提出三种解释，期待能够复兴这个具有多面性、争议性的教化概念。一种是说，它与我们的知识有关，意即思考和了解某事的能力。这里的教化包含识知和思维，你可以称之为思维的塑造、知识创造的塑造、知识的获得与积累。另一种解释是，每当你面对一所学校时，你都必须面对公民塑造的问题。中小学生必须参加公开辩论，成为积极的政治公民。这是政治技能或公民技能，以及你在社会和世界范围内的行为方式的塑造过程，这些都依附于公民逻辑的教化。第三种解释可能是品格的塑造。你如何成为一个有个性和自我意志的主体？你如何变得具有开放性和好奇心？你如何成为一个有尊严、有抱负、有希望、有力量、强大且谦逊的主体？在这里，我们关注的是与个人品格塑造相关的一切。

那么，你如何看待和解释这个关于教化概念的三重复兴逻辑呢？你如何理解教化这一概念在教育研究中某种程度上的不可译性？你是如何处理这个问题的？我想你从德国思想家的传统和讨论中对此也有所了解，比如赫尔德、洪堡、康德、黑格尔和其他许多思想家。你知道，他们是"教化"这一概念的起源。 1809 年，威廉·冯·洪堡在柏林创建的洪堡大学，就是以这种教化逻辑为基础的。 洪堡的口号是"通过科学达成教化"（Bildung durch Wissenschaft）。那么，你如何看待这一切？

178

约翰：我先问你几个问题。教化的逻辑是什么？特别是你所描绘的这三种不同的关于教化的解释，如何有助于理解或回答这一问题？

斯滕：我的想法是，每一位教师都有一种权利、特权，或许也有义务去呈现某些内容，如数学、文学，或者解释生命的生物系统等等，他们在某种程度上还有教化的任务。因此，我复兴教化逻辑的首要部分就是教师要呈现相关学科的"旧"知和新识。教师能够促使人们反思这些知识，深入知识内部去研究这个领域，以及领域的变化轨迹。比如说物理学，你必须了解牛顿物理学，还要学习量子物理学，正如尼尔斯·玻尔（Niels Bohr）和爱因斯坦所说的，你还必须了解物理学历史。如果你学的是经济学，你也必须了解自马尔萨斯（Thomas Robert Malthus）、斯密（Adam Smith）、李嘉图（David Ricardo）、马克思以来的经济学史。因此，现在的观点是，在识知和思考方面，教师都发挥着重要作用。

约翰：当教师就必须了解教师的历史吗？你必须了解你国家的历史才能成为一位教育家吗？很多人并没有做到这一点。

斯滕：我认为，就你讲授的学科而言，你至少要了解一部分相关历史。如果讲授的是两门学科，那么你就必须了解更多历史。我不知道在澳大利亚怎么样，但在丹麦确实如此。教师可能有一个或两个主要科目的教学任务，这种情况在过去比较普遍，但现在有所不同了。过去要求教师对学科中所有内容都有较为广泛的认识，现在教师一般至少有两门主科——例如，你可能是语文和数学教师，但你要了解物理、化学和生物等三门学科，又或者英语、德语和丹麦语。

约翰：用行话来说，总要有个规定（canon）。

斯滕：是的，在某种程度上是这样，但它不是固定不变、一劳永逸的，也肯定不是全国性的。如果你想在丹麦学校当教师，校长可能会问你："你主要担任哪门学科的教学，语文、数学、德语，还是英语？"哪门学科掌握的知识较多，你就可以在相应等级里得到更高分数。我想澳大利亚的情况也是如此。所以，我的想法是，当涉及教化问题时，教师的作用当然包括上述三个层面，以使学科相关的不同过程都能够得以发生。比如我们有生物课，这门学科也包含指向政治领域并和我们作为公民的生活塑造相关的教化过程。当然，生物学也与什么是真正的尊重自然有关，与我们如何利用自然资源有关，与我们不应该把自然拟人化有关，与我们如何应对来自经济增长范式的压力有关……

约翰：这让我回想起我 14 岁时在学校学习科学的日子，现在我不需要知道有丝分裂和渗透作用，以及所有这些事情。

斯滕：是不需要了，但从长达十年的整个学校生活的角度来看，你会逐渐了解渗透作用和生态系统。

约翰：但你说的这些都帮不了我，因为我认为你说的是这方面存在一套规定。

斯滕：不是国家文化的保守规定。

约翰：我不需要知道渗透作用，也可以获得品格，并且经历教化的其他三重特性。我需要的是足够的知识去尊重自然、社会和各种价值。这是我所争论的地方。

斯滕：是的，我的观点是现在学校也在邀致你进入处于危机的研究领域中。

约翰：是的，但学校通常会要求你这么做："你必须教数学。你必须教生物。"你如何反驳？

斯滕：不过与此同时，就像你说的，既有要求，也有邀致。所以，我的问题是，我们能邀致个体以组成人类吗？不是所有人从 5 岁或 8 岁开始就成为知识分子或学者，但一个学校至少有它可以呈现的传统，也许不是某项规定，而是更符合美国哲学家理查德·罗蒂的观点："学校应当呈现迄今被思考过、创造过、记录过的最好的东西。"

约翰：哦，这个观点有意思。那谁来决定什么是最好的？

斯滕：他还说："你还应该呈现人类做过的最糟糕的事情。"比如大型战争、残酷、奴役、种族灭绝、剥削、不平等（Rorty 1989，1999）。

约翰：比如大屠杀。

斯滕：是的，危害人类罪、轰炸平民、大屠杀、原子弹轰炸、集中营、国家恐怖主义、极权主义、恐怖袭击、极端的经济不平等……

180

约翰：那么，我再问你一个问题。你可能也知道。我小时候在新西兰的乡间小镇长大，那时没有电视，没有汽车，我们几乎没有离开过小镇，对外面的世界没有具体的概念——我知道在新西兰之外有一个世界，但它是虚构的、不真实。我记得那时在学校学习比利时，而且我曾是个比利时"专家"，但那时的比利时对我来说只是一张纸上的国家。事情就是这样。即使能够通过阅读获知，也没有现实意义。今天这样的情况不可能发生，因为到处都有社交媒体。世界的开放在多大程度上改变了丹麦人和德国人对教化的看法？

斯滕：它发生了巨大的变化。

约翰：再多介绍一些吧。

斯滕：总的来讲，教化的逻辑已经陷入危机，因为它比以往任何时候都更难维持或合理化某些成规，更难于将教化是什么和可能是什么落到实处。

约翰：对，你提出的三种解释呢？

斯滕：是的，从未如此困难。刚刚我向你提出了三个层面的概念解释。保持数学、生物学或文学知识的学科实体性质，也比以往任何时候都困难。

约翰：但是品格的概念改变了吗？

斯滕：从社会心理学背景或社会学的研究来看，可以说，品格的概念已经改变了，比如我们被"塑造"品格的方式、我们被训练的方式、成功的人格等等，都在改变。也许，以前我们被希望变得更礼貌、更守纪律，现在我们则注定要成为自控、懂策略的主体，不过我们也可以打破规则、影响现实。我们中的许多人必须接纳和支持创造性和创新性思维，从而挑战甚至打破惯例和规则。至少，这就是政治宣传的内容，这就是蔓延至全球的关于塑造新个性的观点和理念，这些要归结为新型认知资本主义和新型社会竞争逻辑。我们必须"实现"我们在市场上的人口潜力，以获得关注和成功。

2011 年，丹麦政治学家奥韦·卡伊·彼泽森（Ove Kaj Pedersen）写了一本书，名为《竞争状态》（*The Competition State*），从那以后，他就成为我国一位非常知名的公众人物（Pedersen 2011）。他描绘了当今占主导地位的机会主义人格。几十年前，公民受到纪律约束并服从于权威，有科学家指出，在 20 世纪上半叶，神经质和自我控制的人格还会为自己的性欲感到自责。 1998 年，法国社会学家阿兰·埃伦伯格（Alain Ehrenberg）撰写了《自我的疲劳——抑郁与社会》（*The Fatigue of Being Oneself：Depresston and Society*）一书，指出现代人往往变得更加抑郁而不是神经质，这源于必须成为隐形人和永远充满欲望和性活力的角色压力（Ehrenberg 1998）。所以，当然，在理想品格的塑造和我们如何在现代社会"被塑造"的问题上，上世纪的人对此的看法截然不同。

约翰：我知道你们的社会非常重视教化的概念。但是，正如你所解释的，这些关于品格塑造、对经验的开放性的观念，对我们这个社会来说也是很珍贵的，但它们并没有处于核心地位。我不想过分概括，尽管你提到了这些特性，但我们依然要追问道德目的，关于什么是品格、什么是塑造，我们所传递的"最好的"和"最糟糕的"是什么？我们要做什么？我想，我们在这一点上会有共识，即学校不应该是这些问题的唯一主要的仲裁者和决策者，也许它是不可或缺的一方，也不应该让学校为此负责。

斯滕：你说的有一部分是对的，我们国内的同事也认为，在他们研究所谓的"非正式学习"时，发现学习和当代教化无处不在，比如社交媒体、户外活动、青年文化团体、新部落（neo-tribes）等。

约翰：是的，我想问的是，现在谁负有较大的责任来确保教化对孩子的影响？

斯滕：非常好的问题，对这个问题的回答可能也意味着你要彻底解决我们正在编写的这本书的关键问题：教育的目的是什么？因为教育，一旦听到德语或丹麦语的这个词，就同时包含着这个问题和不可抗拒的教化传统。

约翰：同意，但你还要帮我区分一下什么是教育、什么是学校教育。它们不是同义词。

斯滕：对，不是同义词。

约翰：我知道这太机械化了，但是，相对于家庭和孩子生活的其他部分，学校里的教化在培养孩子方面的责任有多大？我有一种感觉，在你们的社会里，学校比我们社会中的学校负有更多的教化责任。

斯滕：至少作为自我评述的确如此，但我认为在现实世界中，这并没有什么不同。不过，重要的是要记住，词语的能指和所指是不同的。它们也带来或承载着历史。所以，我的想法是，我们每次谈论教育，就还要谈论教化，因为德语和丹麦语中，这两个是并存的，因而你也在谈论国家、教师和机构的责任等等。在澳大利亚、美国或英国可能都不是这样，因为你可能会倾向于提及文化或价值观，这些也是来自社会的其他部分的声音。例如，尊崇宗教和教会，尊重自然和可持续发展，赞美人类和人类多样性，等等。

约翰：从很多角度看，这不是事实，学校不应该做出这些决定。

斯滕：没错，当涉及信仰或不信仰宗教的权利时，这个问题原则上是个人问题，而不是学校或国家事务。但是，当谈到"更高"的原则时，它就是一项任务。例如，一所大学不仅要"生产"成绩好、技能好的学生，还要"制造"值得尊重的教化概念的复兴。其实质是一个有争议的话题。一些政府人士在用严厉的新公共管理逻辑过度管制教育领域多年之后，最近两年又开始谈论教化问题。这个体系是不是在经历了长时间的、毁灭性的宿醉之后又慢慢苏醒了？瑟恩·平德（Søen Pind）曾任研究部部长，他与现任教育部部长梅雷特·里萨格（Merete Riisager）截然不同，但都是保守自由主义者——这一矛盾在丹麦很能说明问题——他们都推崇教化。

他们并没有像前政府那样试图摆脱它，而是把教化作为一项国家任务来推动。事实上，这是非常矛盾的，因为在"旧"时代，五年或十年前，主要有两个少数派别在谈论教化，一个是来自左派的批评人士，想要一种实质性和批评性的议程；另一个派别则是极端保守的人，致力于保持传统的民族、历史、宗教价值观。

183

热忱、非中立的教化

约翰：让我再来说说热忱，因为我想把它和教化联系起来。如果你有热忱——我认为它具有交流性——那么你就能够看到并知道它是存在的。教师的价值观之一就是要用这种热忱去影响学生，这也与品格塑造有关，作为一个教育者，你怎样才能让学生感受到爱，并享受努力学习的乐趣？

斯滕：是的，不过事先知道并不容易。

约翰：但它确实发生了。有很多杰出的教师表现出这种热忱。他们可以在每一门学科中展示它。这是我试图在"可见的学习"中论证的一部分。我们面临的一个主要问题涉及实施的技巧，尤其是热忱的实施。也许你不会感到意外，我很赞赏迈克尔·巴伯（Michael Barber）的著作，他在英国专注于政策实施的研究，并构建了相应的交付学模型（deliverology model；Barber et al，2010）。这是一部有趣的作品（但或许也是个尴尬的标题）。目前对他的批评之一是，这个模型既能实现好的东西，也能实现坏的东西（这是一个很大的问题）。我对"可见的学习"的担忧是，如果你掌握着错误的内容，不管是什么样的错误，模型都会允许你实施这个错误。因此，掌控实施的过程至关重要。

斯滕：我同意。极权主义政权可能会借此滥用权力，控制人民。在美国也有反对启蒙运动的学校，并声称学生不应该知道达尔文、演化生物学、大爆炸等等——由于对《圣经》的刻板解读，他们认为人类的历史不超过 6000 年。

约翰：我的一些学生在美国北卡罗来纳州长大。他们了解了"北方侵略战争"，知道有个"不诚实的亚伯"。这些内容出现在他们的课程和书籍中，而且同盟军士兵会去学校重演"南方胜利"。

斯滕：听起来很愚蠢。对你们的学生来说，这一定是既陌生又艰难的经历。对你们所有人来说，这都是一次发人深省的经历。

约翰：但后来我又回到另一个概念。我预感这和教化有关：对经验的开放性（openness to experience）。当你查阅关于经验的开放性对教师的影响的研究时，你会发现它具有的积极意义只有一点点，接近于零。这让我担心。因为我认为对经验的开放性是一个非常关键和重要的概念，我想让学生们接受不同的观点和解释。

斯滕：当然，但请注意，我们的谈话中出现了又一个翻译问题，因为在丹麦语和德语中，有两个词代表"经验"。一个词意为即时体验，比如我体验一部电影，或者我体验一只飞过的鸟（德语是 Erlebnis，丹麦语是 oplevelse）。而另一个词的含义更为深刻，即对体验的详细、彻底和反思性的解释（德语是 Erfahrung，丹麦语是 erfaring），因此它不是直接的、即时的或"自动的"体验。

约翰： 说说看。

斯滕： 通过德语和丹麦语的双重语言游戏，我们可以谈论一种深刻意义上的经验批判教学法（Erfahrungspädagogik，erfaringspædagogik），正如许多长胡子马克思主义者、左派人士、社会自由主义者和读过约翰·杜威的人在 20 世纪六七十年代所做的那样。当然，学生们也在以反思的方式在校内和校外积累经验。如果你有过一个真正深刻的体验（Erfahrung，erfaring），你就知道如何联系不同的体验（Erlebnisse，oplevelser），如何在它们之间切换，如何反思它们的可靠性，以及它们将以何种状态和程度影响你的生活。当经验一提升到经验二后，可以说它已铭刻在你的生命中，成为你品格的一部分。因此，教化——被视为品格的塑造——也包含着强烈的、不可替代的、深刻的、反省的经验。

约翰： 但是，接着说，我们是否应该教学生敞开心扉接受其他的解释、其他的经验，甚至超越已有的开放性?

斯滕： 是的，这很重要。这也与我所热爱的东西有关——正如我在咱们的对话中反复"承认"的——波普尔证伪原则，还有德国哲学家、社会学家尤尔根·哈贝马斯（Jürgen Habermas）所声称的那样，原则上，每一个话语、每一个交际表达、每一个言语行为都可能是错误的，也就是说，它可能是谬误。这种观点被称为**谬误论**（fallibilism，Habermas 1991，1989）。 我认为这种谬误式的方法（fallibilistic approach）会影响教师的立场。例如，我们现在所知道的大爆炸理论、人类历史、"缺失的一环"等等，可能只是我们现在所知道的，或许明天它们就会发生巨大的变化。此外，如果你敢于或被允许打开视听，你就

185

可以选择接触和解释新的知识。例如，现在我们知道人类物种大约有 4% 的尼安德特人基因，而四五十年前我们还不知道。

约翰：是的，这是对经验的开放性，我认为这对学校教育的目的至关重要。我们必须准备好忘记我们被告知的有证据支持的事情。我们有可能错了。

斯滕：是的，但同样重要的是要强调，并不是所有在学校学到的东西都值得怀疑，应该被忘记。你还必须优化你所知道的，并尝试用论据和生活经验（德语 Erfahrungen，丹麦语 erfaringer）来支撑它。你必须学会将解构、建构和重建结合起来，同时对不可预见的事件和“新事物”持开放态度。

约翰：这种说法更像是在说：“你眼下的工作是质疑、改进、提高，或取代我们自认为知道的东西。”这对 10 岁的孩子来说是个很难的要求。

斯滕：你是对的。但是当人们还是学生的时候，他们也在考查和测试什么是可能的，什么是公认的真理。每当他们和朋友们玩耍，或做一件事，或和他们交谈时，他们都在测试他们所建构的这座“塔”是否能运行，或这些“隔间”之间是否有正确的关系。

约翰：如果你接受 E. D. 赫希（E. D. Hirsch）的观点，我们就不应该这么做（Hirsch 2010）。他列出了他所认为的核心知识，也是所有学生都应该学习的基本知识。他认为存在关于珍贵知识的标准，也许我们不应该教学生去质疑标准。好好学就是了！

斯滕：这是美国方式的一部分。首先，你必须以一种非常扎实、传统和有纪律的方式把学生“提升”到事物中去，然后你就可以来学着质疑了。我认为两者同时进行是可能的。

约翰：这很有趣。当你问一个 3 岁的孩子……， 3 岁小孩最常问的问题是什么？"为什么？"

斯滕：是的，是"为什么？"，年幼的学生经常对宇宙和他们自己的存在提出深刻的问题。他们想知道和理解所有的一切。

约翰：一个 8 岁的孩子最常问什么？"是什么？"从为什么（产生意义和建构心智理论的本质）到是什么（赋予事实、标准和知识特权），变得不对劲了。好奇心呢，去哪了？

当你十几岁的时候，你会说："为什么不呢？"

斯滕：当你 25 岁的时候，你会说："我们怎么赚钱，怎么成功？"

知识还是救星吗？

约翰：当学生开始在学校学习时，从学生的角度来看，关于成功的主导性话语是"聪明的学生知道很多"。聪明就是知道许多知识、学习快、听教师的话、按时完成、确保工作有序（且时间长）。知道许多知识本身并不困难，但我担心的是要知道多少以及什么才是必须要知道的。然而其间存在一种张力："我需要知道很多，我需要把观点联系起来，从而领会、理解，然后就这个主题把新观点与新世界观联系起来。"讽刺的是，尽管我们谈论了很多，但最终那些拥有大量知识的人，相比那些知识量较少的人，更有可能在践行我们正在谈论的事情。那些最擅长"知道许多知识"的人在我们的考试（将知道许多知识置于优先地位）中表现得更好，在获得高薪工作和受到同龄人尊重方面更具有优势。尽管我们重视各种能力、21 世纪技能、教化、求知欲、好奇心、建构新观点、品格发展，可是知识依然被视为不朽的救星。

斯滕：我的观点是，你以自我批判的方式"消化"和"装载"的知识越多，你就越有可能知道，或者至少尊重你不知道的东西。这是苏格拉底的逻辑，事实上也是如此。你越能看到知识的脆弱性，你就越能获得自主性和开放性。

约翰：好。请你再深入讨论一番，这是一项艰巨的任务。

斯滕：同时，我们也谈到了学校教育的消极辩证法。因为，学校教育的意识形态宣称，我们主要是为了获得个人安全和人生成功而积累知识。

约翰：是的，就像建造银行。

斯滕：是啊，看起来是像座银行。但我们已知的是，如果你是一个真正的知识爱好者，你就会知道它转瞬即逝，而当人们彼此分享已知时，所有人都会因此变得更富有（Gorz 2010； Hardt & Negri 2009； Larsen 2012）。金钱世界所遵循的是不同的逻辑，如果把一块钱给别人，你就没有了。

约翰：好，我问你一个刁钻的问题。我们假设，因为这样说有争议，学生在学校的学业成绩呈正态分布。好了，对那些低于平均水平的学生来说，假如我们以知识的多寡来定义他们的学业成就的话，他们将会难以获取知识，难以达到理解，难以获得你要发展的品格，难以做出我们谈论的那种"谬误"。我们这样做难道不是在抛弃他们吗？

斯滕：我同意这样做有问题，因为当你认识的新事物会挑战你个人的背景时，是非常艰难的。举个例子，比如你阅读各种关于马克思主义的有趣文章以及他对剥削的批判，但你父亲却是个热爱公司的工人。再比如，如果你来自农村，而你读到那些城市知识分子在开农村落后之类

187

的玩笑等等。每当学生接触到这样的事情，他们都会非常痛苦，因为他们不得不回到父母或老朋友身边，告诉他们："我认为你所相信的一切都是假的。"或者更圆滑一点："可以换个角度看，用另一种方式做。"这听起来可能有些刺耳，但似乎经常是这样的——不仅在校学生如此——通过"发明"一种不愿失去以前天真的态度，对新的可怕的知识做出反应。

约翰：是的，我看得出来。我还注意到，在"受过教育"的人中，知识与理解、知识与技能、"知道许多知识"与 21 世纪技能之间的边界更为模糊，而且他们常常认为学校教育需要将"知道许多"置于优先地位， 这就是他们认为自己"受过教育"的原因。当我们在这个等式中加入品格、道德和文化时，我们就陷入了一个真正的困境。

斯滕：确实有这样的人。但也有人生活在这种混合权力逻辑结构中，即处于学校"体系"（基于知识、论据）和家庭"体系"（基于"永恒"传统和既定权威）之间的紧张关系中。

约翰：是的。

斯滕：这可能会导致这些学生在学习新东西时更加抗拒，因为他们必须捍卫自身的根基。当他们回家的时候，他们需要花很多时间来处理冲突和模糊，这样一来，他们也就被封闭了，他们会说："我不想听这个。我不想知道。我不想改变……"

约翰：这是他们自己的决定，而不是教育者的。

斯滕：你可能会说，对他们来说，失去"根"太危险、太有挑战性了。当然，你是对的，但我们还必须面对另一个问题：对于一个来自普通阶级背景的 8 岁孩子来说，同时进行 3 种、 4 种，甚至 6 种不同语言的游戏可能太难了。

约翰： 那些学生和其他人一样值得我们谈论。

斯滕： 是的，当然。

约翰： 怎么说呢……？

斯滕： 我非常尊敬那里的教师，他们尽最大努力把人们从所谓的贫困背景"提升"到高度发达的领域，人们在其中学习物理、数学、文学或历史，他们将永远受益。因为在人的本体论上，重要的是我们在这个世界上的存在总是处于成长的过程中，这对每个人来说都是一个开放的、永恒的可能性和权利。我们的任务都是研究谜团——也许我们也敢于成为自己的谜团，正如克尔凯郭尔（Kierkegaard 1959/1843）在《非此即彼》（*Either-or*）中所写的。

约翰： 但是想象一下，如果我来自一个家人不关心这些思想的家庭，家里人都活得很好，他们是二代失业者，他们说："我们活得很好。我们有啤酒，我们有自己的兴趣和讨论，我们有自己的乐趣和足球，……我们看不到学校教育的价值。"例如，我知道在一些农村地区，那些父母是对的，因为那里本来就没有工作机会，所以让孩子上学有什么意义？此外，如果他们想让学生上高中，那么他们就必须离开所在地，这增加了他们背井离乡的可能性——为什么要重视这种教育形式呢？想象一下，我来自一个有这种观点的家庭。

除此之外，我不是雪藏的利刃，我没那么聪明，我认为自己在这片叫作"学校"的赛场上取得成功的机会微乎其微。在这种情况下，教育和学校教育的责任是什么？教育者的目标是否会因这些父母及其文化和社群的不同而不同？我的意思是，这些学生中的一些人没有聪明到能具备那种反思能力和成功潜力，同时困难可能超出他们的控制范围。教育他们的目的是什么？

斯滕：但是，约翰，我的第二种和第三种教化逻辑在这里也很有用，因为那些永远存在的社会抗议也来自贫困群体。为了能够参与政治和社会生活，教化是必不可少的，它意味着你将自己视为一个积极和批判性思考的公民。你也可以把工会的历史，他们请愿及谈判的权利，以及成立社团的权利解释为共同和集体的视角下的教化。

约翰：我说的不是贫困群体，但你说得对。我们还需要小心，因为较低的社会经济地位可能仅仅代表前人的成就，这可能会造成一个恶性循环——来自社会经济地位较低家庭的学生被视为较低成就者，但当你从数据中排除影响学业成就的社会经济地位要素时，你会发现社会经济地位因素远没有许多人声称的那么强大。

斯滕：现在，墨西哥就有个如火如荼的抗议运动，他们被称为萨帕塔主义者（Zapatist），为政治自治和革命而战。他们住在远离大城镇的山区和农村地区，正在组织自治的村庄。

约翰：斯克里布纳和科尔也写了一本很好的书，关于利比里亚的学生，他们离开自己的瓦依文化所在地去上学，学习阅读和写作——当他们回来时，他们对瓦依文化几乎没有增添任何价值，他们成功的机会也很小，因为这些技能不受重视（Scribner & Cole 1981）。

我们需要非常谨慎地思考将特定形式的"识知"置于优先地位，因为它可能没那么有价值，它可能会在我们未来的社会中降级，那么多来自社会经济地位较低家庭的学生在持续改变着我们的社会。

190

拓展与内化的辩证法

约翰：我使用了这样一个模型：从有一个观点，到有多个观点，再到关联各观点，最后拓展观点。这个模型的基础是比格斯和科利斯的SOLO 模型（Biggs & Collis 1982）。

我知道大多数人都知道布卢姆的模型，但我们回顾了这一模型的研究，发现大约有 20 项研究曾经追问过布卢姆模型的有效性，而且所有的研究都表明其有效性不足。正如我之前提到的，在 2000 年，他们推出了第二版模型，增加了认知复杂性作为另一个关键维度，但大多数布卢姆的使用者似乎忽视了这一点，他们更喜欢最初的模型，尽管作者们在近 20 年中对模型做出了很多修改。 SOLO 模型将认知复杂性置于优先地位，且易于理解和使用，对分析认知任务有很大帮助，尤其在备课、判断进度以及知道何处为最佳行动方向等方面。

而且，使用这样的模型意味着我们正将宝贵的知识置于优先地位。因为我的论点是，除非你拥有了知识和观点，否则你不可能对其进行关联和拓展。学习总是关于某个事物的。不过其中也有学习的策略。二者有点相辅相成，因为更多的时候，高于平均水平的学生有多种学习策略，并且当一种策略不起作用时，他们知道如何使用另一种策略；低于平均水平的学生通常没有多种策略，当一种策略不起作用时，他们还在继续使用之前失败的策略。我读到比斯塔这样说：学习的语言可能是破坏性的和消极的。而我说的是："我们需要对学习的过程有更深的理解，当你使用 SOLO 模型时，它强调了知识和观点的学习，同时也强调了理解、批判、关联和拓展有价值。"

斯滕：不同于你和比斯塔的观点，我的信条和哲学方法是，每当你学到了什么，你就会把它化作你的"在世存在"（being-in-the-world）——它结合了海德格尔的存在主义本体论概念（例如，存在于世界和存在于语言中）和梅洛-庞蒂的反二元论概念（例如，我们身体对世界的感知和我们的身体存在将我们固定于世界中并给予我们这个世界）。

约翰：哦，没错。但是，有一个问题叫"遗忘"。我认为遗忘的过程有时比学习更有趣。

斯滕：不仅仅在你的"内在"心理认知结构中。每一次你将值得内化的东西化作自身，你就拓展了你的身心。这意味着关于世界你现在掌握得更多，获得了更广泛的范围和自由。把握更多生活所给予你的。因此，在内化和延展之间存在着一种双重运动，它是最……

约翰：但你为什么将它称为学习？

斯滕：……它是最重要的，我称之为，具体化的、嵌入的、制定的知识……

约翰：这是学习的结果。有点像爱因斯坦所说的教育是一个人忘记了在学校所学的一切之后剩下的东西？

斯滕：我还称之为内化与拓展的辩证法，这是受到托马斯·福斯（Thomas Fuchs）及其著作《大脑生态学》（*Ecology of the Brain*, 2017）的强烈启发，他是德国身体现象学家、哲学家和精神病学家，同时还有《有制定权的主体间性：参与性意义创造和相互融合》（*Enactive Intersubjectivity：Participatory Sense-Making and Mutual Incorporation*, 2009）的影响，这是他与德国心灵哲学家和认知科学家汉内·德·杰格尔（Hanne de Jaegher）卓有成效的著作。如果你愿意，你可以把我试图拯救和更新的这个被广泛滥用、含混不清、语义空洞的概念称为"学习"。当然，你也要反思一下记住（记忆）和遗忘（忘却）之间的复杂关系，但我建议我们把这场辩论延后到另一个时间、另一个地方。

约翰：但教师的基本责任不就是关心你如何去做，这不就是我所说的学习吗？

斯滕：我理解你的论点，但当我阅读比斯塔时，我有一个想法，那就是他想批判性地关注这样一个事实：多年来，我们一直指责教师不能只是教师，而希望他们成为学习的促进者。可以说，社会共识剥夺了他们打开世界、点燃"召唤"的机会。

约翰：哦，我同意。我根本就不喜欢促进者这个概念。我们确实需要回到这些认识中，教师点燃火把，激发学生学习、求知和理解的激情，并促使他们有动力想要回到课堂上继续追求宝贵的知识。

斯滕：教师曾被认为是监督员、向导或教练，或者只是时不时过来检查正在进行的学习。

约翰：我知道你不是比斯塔，但我想问他一个问题：当一位教师成功地教给你东西后，你会赞扬他吗？

斯滕：杰出的教师能够为你打开一个新的世界，例如通过文本。有些文本可能很难理解，而教师的工作就是对此提出有趣和启发性的观点……

约翰：但是你会因为教师能教它而赞扬他吗？

斯滕：……并邀请你畅游在语言、风格和丰富的辩论之美中。例如，如果你读阿多诺，或者你读恩斯特·布洛赫，或者你读……

约翰：确实如此。

斯滕：……罗兰·巴特（Roland Barthes）、吉尔·德勒兹（Gilles Deleuze）、詹姆斯·乔伊斯（James Joyce）、塞缪尔·贝克特（Samuel Beckett）……

约翰：但是你能将一切归功于教师吗？认为一切都是因为好的教学

方法？

斯滕：教师不能被视为成功开启语言和世界之门的唯一缘由。可以用一个三角形说明这个过程：教师的努力、文本的内容，以及学生对文本和教师语言的理解及解读。

约翰：我的观点是，我们很难承认这是教师的功劳，而且他们不会把对学生的改变归功于自己（比如你刚才举的例子）。我想赞扬教师，因为我认为，总的来说，他们的成功值得表扬。比斯塔的论述从那些受人责怪的"半空杯子"开始。现在，我要赞扬教师们在推动改变方面取得的成功，他们在对改变的辩护方面有明确的看法，而且具有热忱和能力。

斯滕：我认为，比斯塔和我一样，我们都来自欧洲大陆，在这里，我们都经历了学习的赞歌和意识形态如何成为"控制机器"的重要组成部分。

193

约翰：对，我理解这一点。

斯滕：而在这个南半球的国家，从你的经验和观察立场上来说可能是非常不同的。

约翰：但他不是这样写的，他写的是"学习化"。他时常谈论这个。他是个重要人物，很有说服力，也是个帅气的作家。人们读过他的作品之后会说，就像他说的："把重点放在学习上是一种邪恶和不洁的行为。"我认为他非常不幸地误解了"学习"这个词。我对学习目标没有异议，但它们应该是针对特定课堂的，而不是被置于国家层面上，你们国家的一些人似乎习惯于这样做。我想要的更多，我还重视教学策略等等。具有讽刺意味的是，我仍然认为这个过程的最终目的之一是教学生成为他们自己的教师——这样他们就能够在不知道自己该做什么的时候知道做什么，他们可以就什么是有价值和宝贵的知识进行辩论，并且可以获得资源和帮手来加强他们的学习和理解。

斯滕：我可以从某地某小学了解其学习目标（例如，在一定年龄和班级水平上获得数学和阅读技能），但是当涉及大学时，你应该可以自由选择学习科目……

约翰：是的，在某种程度上……

斯滕：……沿着你自己的道路走向智慧、知识和教化。

约翰：……学习总是关于某个事物的。

斯滕：比斯塔认为，我们不应该让学生有权构建自己的反思判断力。这就是我现在批评他的原因，因为根据启蒙传统，我认为应该双管齐下（Larsen 2017a）。一方面，你应该尊重你所没有的卓越知识和那些拥有这些知识的人，当然，要仰视他们、尊敬他们、向他们学习；另一方面，你应该训练、实践和学习运用你的反思判断力和你的理性（根据康德的观点，是 reflexive Urteilskraft 和 Vernunft），并提升你的解释能力（像弗里德里希·尼采、汉斯–格奥尔格·伽达默尔和保罗·利科这样的思想家）。启蒙不变的真理是：摆脱因理性缺位所造成的自我放纵和自我禁锢，将所有宝贵能力内化于自身。

约翰：是的，没错。这就是教化。

我们能“摆脱”教化的概念吗？

斯滕：与比斯塔相反，我认为这两种方法都非常重要。首先，你必须服从更高的秩序，并为更高级的知识而奋斗。之后，慢慢地，你在自己的解读尝试中悄然转变，变得具有优越感，甚至变得自大。我认为，这两者之间的辩证法，对于一个交替往返于服从和转变的人来说，是不可或缺的。我现在期待着比斯塔对我之前发给他的评论给予回复，因为让我有点不安的是，他的作品中没有包含教化的观点。他显然不需要它，他似乎在说："教化是德国旧资产阶级的陈旧观念。我们不能再使用这个概念了。我们只能用'教'这个概念。"根据比斯塔的看法，没有教化，没有学习，只有教师角色被保留了下来。

我认为这一立场可能会导致"传统化"，不过他的观点并不是说教师掌握了要灌输给人类或学生的固态知识，而是说教师可以打开通向外在事物的大门。这让我想到一种半宗教性的、伊曼纽尔·列维纳斯式的逻辑。列维纳斯是立陶宛裔犹太人，是个在巴黎生活和写作的哲学家。他的家人都没有在第二次世界大战中幸存。列维纳斯基本上是这样说的："当一个纳粹分子想在集中营里杀死你或折磨你时，他可能会对你做出你所能想象到的最坏的事情，但你的眼睛会抗议。人类永远不可能被迫完全沉默，也不可能被剥夺道德感和正义感。"因此，所有的伦理都是从眼睛的无声交谈开始的。

因此，这种认为伦理学和外在性都有一种超验逻辑的观点，已成为比斯塔教育观的一部分。他认为，如果教师在教育中起着主导作用，那么这就是打开了与外界自由交流的大门。所以我们有机会接触到我们所知世界的超验力量，也许还有外界的力量。

约翰：超验的，是的。弗莱雷也试图以此为基础（Freire 1970/1968）。

斯滕：这是半宗教的观念。在某种程度上，这是被亵渎的宗教。

约翰：告诉我更多关于"studenting"这个奇怪的概念，他还用了什么词，那个……？

195

斯滕：……"pupilling"（Biesta 2017：23）。

约翰："Pupilling"？

斯滕：但这些词和新词——通过把"ing"后缀于某"事物"，使名词成为形象的动名词——实际上并不是他自己的发明。他引用了其他思想家的话。与其说你作为众多学习者中的一个学习者在"学习"（learning），不如说你应该坚持你作为学生的角色。因此，为了建立另一种学习方法，我们可以强调动态的存在（being）就是成为（becoming），故而可以大声宣称："我在学习（pupilling），我在学习（studenting）。"

约翰：他提出的一条批判是，如果学习仅仅是认知，而不包括情感、社交、生理、动机等等，那么学习就太狭隘了。我同意他的观点。当然，事实也是如此。但是，要是发明一个新词，比如"studenting"或"pupilling"，它也不过是一个更全面的学习概念的替代品。他所做的就是发明另一个"学习"（learning）。

斯滕：也许吧，但是我很担心"学习"这个概念，比如在丹麦，它已经远离你所强调的"学习总是关于学习的对象"，而更多的是为了学习而学习。

约翰：我同意。我不喜欢这些21世纪技能（Griffin & Care 2014）之类的。我很担心，因为有些国家正在把21世纪技能作为一门新的课程来设置。是的，有证据表明，学习如何解决问题、成为批判性思考者、习得学习技能等等，可以通过上这些主题的课程来提高——但向识知领域的迁移接近于零。我们需要将这些融入学科中，这就需要很好的教学。太多的针对学习的学习是空洞的，但它可以变得有趣和引人入胜。

斯滕：有些课程完全没有实质内容。这也反映了这个不稳定的资本主义社会，你必须在其中保持灵活。为了更灵活，你必须做好准备（Larsen 2014b）。我想我要求的更多。

约翰：不，它避免了关于"是什么"的争论，比斯塔也是。

斯滕：那关于"为什么"呢？

约翰：……因为他讲的是超验的概念，是关于所有一切，你说的是透过眼睛看。我可以教你用不同的眼睛看问题。

196

斯滕：我同意你的看法，比斯塔对"是什么"和"为什么"的问题有意见。因为他不想"弄乱"教化的概念。他似乎认为，那些教化的父亲，和少部分母亲，主要是为了维护资产阶级特权的精英观念。

约翰：但从历史上看，的确如此，不是吗？

斯滕：当然，是的。但我希望教化可以被拯救、复兴，并转化为一个关键概念（Larsen 2016a）。

约翰：但是，让一套道德哲学成为你的教学理念中所固有的组成部分，这有什么错呢？随之而来的争议是"它们是正确的道德哲学吗？"如果它们是纳粹哲学，那么这在他们的教育体系中就非常成功，但它们是站不住脚的。如果它们更像杜威的话，就不会如此了，而是很民主的。

我们如何翻译德语的教化概念？

今天的教育机构有可能复兴教化吗？

教化是为每个人，还是只为已经享有特权的人？

如何才能将教化理解为一种内化和拓展我们在世存在的方式？

9 如何区分教育中的"如何" "是什么"和"为什么"?

斯滕： 你最近的一本书是你与德国教育研究者克劳斯·齐雷尔
（Klaus Zierer）合著的《可见的学习：十个心智框架》，你在书中谈到
了教育中的"为什么""是什么"和"如何"（Hattie & Zierer 2018，
Larsen 2018a）。我发现这既有趣又有意义，因为在你之前的书中并没有
涉及如此深刻的问题（我写了其中三本书的书评：Larsen 2013b，
2014c，2016b）。此外，在由国际学生编撰的选集《什么是教育》中，
我还提交了一篇题为《什么是教育？——一篇批判性文章》的哲学论文
（Larsen 2017c）。

所以说，我很乐意参与这样的辩论，而且我认可你们的观点，即这
不仅是我们"如何"做的问题，也是教育领域发生了"什么"的问题，
或许还有我们"为什么"需要教育的问题。所以，请你思考一下这三个
不同却重要的词："如何做""是什么""为什么"。我想你会认为描述
"如何"要更容易些，相比于提出基本的"什么"或"为什么"的答案
并为之辩护来说。

约翰： 是的。

斯滕： 你可以描述正在发生的事情，尽管这可能需要一些时间——
收集观点、政策文件、数据，实证分析、元分析。不过"什么"是个较
为激进的问题，而"为什么"则是一个非常、非常、非常尖锐的问题，
正如尼采所写："一个人知道自己为什么而活，就可以处理如何生活的
问题。"（Nietzsche 2009/1889）

约翰： 这一点可以从孩子的身上看出来。

斯滕： 是的，但是你对这些问题的回答是什么：为什么有教育，什
么是教育，教育该如何实施？它们三者之间有什么关系？是不是有些是
实践问题，有些是经验问题，有些是哲学问题，有些是存在主义问题？

约翰：我觉得你仅凭经验回答不了"为什么"这个问题。

斯滕：我完全同意。

约翰：我是个学习者。我处于一个人人羡慕的职位上，我靠阅读他人的作品、做出阐释和构建联系获得报酬。当我思考"可见的学习"时，有一件事让我着迷，那就是你再次发现了其他持相似观点的作者——例如，保罗·弗莱雷，我们的谈话中已经多次提到他。你知道，我读过他的书《被压迫者教育学》（*Pedagogy of the Oppressed*）（Freire 1970/1968）。从多重意义上说，如果有充分的数字和统计数据，他或许写得出《可见的学习》。

马德琳·亨特（Madeline Hunter）也可能写出这本书（Hunter 1982）。我读她写的东西时就说过："除了没有数字以外，都是一样的。"但可能这就是这个词的意思——我们的研究（re-search）就是再一次（re-）探究（-search）。

我们的社会不断强调并鼓励批评，从"另一面"或"外部"看待自己和社会，尊重评价性思维。那么，我们如何才能找到能够激发这些技能和判断力的内容，从而让学生做出评价性的评论，并吸引他们回到学校这个学习场所呢？

我非常喜欢威廉·珀基（William Purkey）的邀致学校模式（Purkey & Novak 1996）。很多年前，我们在北卡罗来纳州共事时的办公室挨得很近。我第一次见到他时，他就告诉我他的邀致学习。我想："嗯，是的，北卡罗来纳州有这样的学校是可能的，但在我曾工作过的澳大利亚的学校就不是这样的。"但我错了。珀基主张用一种独特方式来思考学科内容，斯滕，我想邀请你学习历史、数学，或者成为咖啡师。所以作为教师我有义务向你发出邀请。学校必须成为最能吸引学生并让他们流连忘返的地方。

我不喜欢说："这对你今后的人生很有价值。"因为我知道数学教师这么说，历史教师也这么说。但是，如果我请数学教师帮 10 岁的孩子做历史作业，他们会说："我不懂那些东西。"这样他们就违背了学习历史或数学是人生必需的假设。上周我举了一个例子，我认为太阳绕着地球转。世界不会因为我的这个错误观念而停止，我也不是非要知道正确答案才能成为我自己领域的研究者。但我们经常告诉学生，为了将来的成功，他们需要了解所有的内容。我们夸大了这些说法，而学生并不相信。

当我们谈及教育目的这一概念时，意味着我们作为教育者在向学生发出邀请，让他们参与到我们对内容和理解的热忱中。我希望学生们不论是上学还是放学，都对学习保持热忱。如果学习的某事物既有价值，又具有社会需求，那不是很好吗？但是，对内容和任务的选择不能仅凭眼前的价值或目的就被证明是合理的。我们要求学生做很多现在和未来都看不到价值的事情。举个例子，假如我是个音乐家，我一直都花很长时间练习音阶，但我从来没有去过哪场钢琴演奏会是演奏音阶的。虽然这是我需要的技能，但它对最终结果没有价值。当我教学生板球或其他运动时，我们都要进行训练。比赛中看不到这些训练动作，但你需要这些训练来过度学习基本的技能，之后才能拓展其他（音乐或体育）能力。

斯滕：是的，为了获得最终的自我解放，你仍然需要基本的学科知识。

约翰：说的没错。

斯滕：在我看来，学习和知道什么正在被学习都是很重要的，这是"学会"（learned）的实质内容（主题、来龙去脉、有意义的问题和论点、丰富的知识储备）。为了学习而学习——"学会学习"——没有内容是不行的。在所谓的学习型社会中，我们不应该忘记这种与"是什么"紧密联系的自有目的维度。

约翰： 确实不可以。

斯滕： 在丹麦有一种争论，讨论你的"可见的学习"的方法是否最终会成为一种教育虚无主义，因为有些人正在把你的方法解读成这个论点：与学习、获知有意义的内容相比，"学会学习"更胜一筹。

约翰： 是的，"可见的学习"项目更多的是关于"如何"学习，但它也追问了"为什么"和"是什么"的问题。我一开始就说了这一点，但后来被人们遗忘了。老实说，我从没想过这本书会被如此多的人阅读和批评——太多的评论家希望这本书有不同的侧重点，希望他们偏爱的理论和信念在书中得到承认，当然，他们也希望更多地了解"为什么"和"是什么"。从这本书开始，我就试图解决这些问题。

我看到一些评论，认为这本书"内容中立"。但这并不意味着教育者是中立的。

斯滕： 约翰，这是很精准的回应。对于教师来说，重要的是要邀致学生开拓一个更广阔的视野，激发和保持他们的热忱，让他们更深入地接触实际问题。它要求教师和学生运用他们各自的解释性、技巧性和趣味性的方法来处理棘手的"事情"。

约翰： 我的解决办法是，你，斯滕作为教师，你对什么是邀致，以及你对内容的安排有自己的看法。我也有不同的看法。作为教室里的成年人，我们应该互相批评，这一点很重要，因为学生不应该被教师对内容的独特看法所限制。

斯滕： 当然，我们需要在教育和教育学方面进行更深刻的论辩，并试图丰富和优化公共领域。这也是丹麦中小学和大学缺乏的东西。

约翰：我明白。

斯滕：我将学术工作称为"巴尔干化"（Balkanization）。"塞尔维亚"现象学家几乎没有什么政权。除了他们之外，还有"克罗地亚"实证主义者，他们旁边还有"穆斯林"社会建构主义者，然后是"联合国"系统理论的拥护者，他们都有自己的议程和自己的"教会"，其中包括虔诚的同事和学生社群。问题是他们不再彼此交谈，也不再在封闭的筒仓里读彼此的书，我觉得这真的很令人沮丧。

约翰：嗯，是，也不是。当然，在我早期的职业生涯中，我教过测量学、统计学、研究和设计。我的大多数同事都没有参与其中，也不太关心我选择教什么，但这并不意味着我被"巴尔干化"了，因为我的支持者是我的测量和研究同行，我在乎他们。我想与时俱进，我不想被他们批评为内容过时、不正确，或者没有反映当前的争论。

现在，似乎任何人都能教研究、设计和统计学。我看到有人在教授这些学科，却没有注意到这个领域的研究者所说的话，因为有人坐在我们所在的行政化大学里说："这是学生需要知道的，以及需要做的。"它更多的是交易，而不是对研究设计和测量本质的批判。

斯滕：第二次世界大战后，德国经历了重建。 1933—1945 年，在经历了 12 年的自毁式纳粹政权统治后，整个国家都必须重新建立。大学制度也必须重塑。

约翰：是的。

斯滕：例如，在培养工程师的柏林工业大学（Technische Università），当时的大学管理层被以英美为主的战争胜利方告知，要建立哲学教授职位，其主要职责与伦理和道德领域相关。对于未来的德国工程师来说，他们必须能够使自己成为技术工程、建筑、数学测量和统

202

计方面的大师；同时，他们还必须对自己的道德责任、更广泛的社会观点等等有深刻的认识。

有了物流和运输技术，你就可以大规模运送男人、女人和孩子到奥斯威辛集中营，并让运输效率达到最高。为了降低成本，纳粹没收了他们的贵重物品，卖掉他们牙齿上的黄金、头发等等。因此，为了防止世界诞生更多只会计算和增强运输逻辑的阿道夫·艾希曼（Adolf Eich-manns），我的想法是，基本的伦理道德判断必须被纳入教育计划中，以防止任何可能的技术和工具推理的滥用。

约翰：的确。教育是一项道德事业，它是我们如何应用效能、研究设计和测量来影响教育问题的价值和义务。

斯滕：今天的教师也对课堂上发生的事情负有责任，这意味着教师必须关注的不仅仅是测试、有效性或最佳实践程序。

约翰：我可以在这里考察一番。让我们走进大学体系中的伦理。你知道的，我相信在丹麦，在澳大利亚，以及在许多西方国家，我们都必须通过道德委员会或机构审查程序。很长时间后我意识到，大学伦理程序不是为了保护个人而设立的，而是为了保护大学而设立的。我觉得其中有很多让我担心的地方。

我的观点是，要从学校层面上对此进行道德目的辩论。因为如果从体制层面进行辩论的话，它将会自我保护，体制不会说"为什么要做这件事而不是那件事？"，而是说"你要做这件事而不是那件事"。斯滕，你批评的是一个自上而下的体系，你略过了那些学校层面决策者的责任和机会，他们每天都在做决定，并就我们所讨论的内容进行辩论。

不仅是"如何"，还有"为什么"

斯滕：我想，我们所涉及的关于政治领域中教化的辩论，可以被看作对教育中新自由主义管理的"无意义"和空洞的形而上学的一种反应。执政者们可能已经感觉到某种变本加厉的匮乏。也许这是错的，但我看到了一个类似的例子。你似乎也觉得有必要在你所有的统计数据和所有著作的基础上再讲一个新的故事。这是不是因为你觉得自己讲述的太少了？

约翰：我说的不少了，我说了很多。

斯滕：但你没有说过或写过关于教育目的的内容。

约翰：是的。我说了许多关于"如何"的内容，但我没说太多的"为什么"。

斯滕：所以，你还想再谈谈"为什么"和"是什么"？

约翰：对。

斯滕：所以，我认为，现在在丹麦执政多年的政治家们也面临这样的问题，他们认为必须首先对教育进行成本效益分析，努力使教育的不同部分更具成本效益，并逐步加强对各领域的治理。但现在，语义学概念上的教化意义在回归。不过，我们最好还是小心点，因为错误的内容也会偷偷潜入教化的概念中，这是德国哲学家恩斯特·布洛赫的金玉良言。我们越容易遗忘词语的力量，错误的东西就越容易潜入积极的话语中。当下也可能发生这样的情况。

约翰：是的。在你和你的同事对我的工作的评论中，认为"可见的学习"不应该出现在丹麦，因为它无法涉及教化的问题。我对此持否定观点，因为并没有证据证明教化是否存在。我经常说，"可见的学习"相关工作更多的是关于"如何"，而不是关于"为什么"，但这并不否认"为什么"的重要性。此外，在丹麦的教育体系中实施"可见的学习"是可行的，因为它确实已经在丹麦的教育体系中实施并发挥了作用。也就是说，有许多学校已对这一模式做出解读并付诸实践。与此同时，教化这一概念也没有被忽视、改变或破坏。

斯滕：但你是如何解读教化问题的？是不是以教师的责任为名，继续进行无休止的关于教化的三重逻辑的争论？在我与你关于教化的对谈中，曾涉及这三重逻辑，它们是对识知的尊重、公民的养成、自主品格的塑造。

204

约翰：完全正确，这就是为什么我说要"认识你的影响"，它包括对道德目的的追问。

斯滕："认识你的影响"理念或你的研究领域是对德语和丹麦语意义上的教化逻辑的一种贡献，你是这样认为的？或者有什么不同？

约翰：在南加利福尼亚的索马里同样存在这个问题，问题并没有得到解决。不论学校在哪里，有怎样的文化，其核心理念在于它们自己所理解的影响的内涵。这有点类似于，你已经形成了某个机制，但你还必须要问自己希望这个机制能产生什么影响。根据你的观点，我认为对于何为社会影响这一问题，教师这个职业应当更有发言权。但是，许多地方并没有将教师的影响力视为教师职业的专业性，所以默认应当由政治家来做这件事。

这就好比在现代大学中，允许高级管理人员代表大学进行谈判、发言，但资深教授才应该是代表大学未来的人。我们已经默许管理者这样做，而他们也扮演起了这个角色，据说是代表整个教授群体。我们需要收回大学品格的所有权。中小学校也是如此，但教育工作者已经承受了过重的负担，而我们没有给他们时间和机会这样做。在这种情况下，管理者的接管似乎顺理成章。我希望，现在就这些核心的教化主张展开激烈的讨论还不算太晚。似乎关于课程改革的争论已经是我们目前能得到的最好结果，但它太局限了。

斯滕：我有这样的想法，如果你试图建立一个坚定的当代教化概念立场，就意味着对社会整体发展的质疑和批判。例如，我会宣称，如果你想"培育"和"涵养"教化品格，即品格的塑造，那么为了实现这个理想或希望，你必须批评现在在丹麦奥胡斯大学里，学生不可能通过口试完成硕士论文答辩，而且，学生们被迫在短短的4—5个月内完成硕士论文。这套系统希望"节省时间"和削减开支，但风险是对硕士论文质量的损害，而且限制了学生耐心地按自己的节奏思考和工作的自由。所以当我问"教化——以最富足的方式进行品格的塑造——实现的可能性和条件如何？"，答案可能是，在这些严格的规章制度下，教育体系实际上面临着危险，即对大学实现教化过程的条件和可能性的破坏和消减。这也是为什么我强调捍卫复兴的教化概念非常重要，它可以与一种复兴的批判概念融合为一体。批判（critique）实际上是从希腊语动词krinein 中派生出来的，意思是区分的能力。希腊语中的名词 krisis 意味着临界点或转折点。就像发烧可能有一个转折点，要么死掉，要么获救。因此，通过对 krinein 和 krisis 本意的解读，我们知道所谓批判既是一种能够区分的能力，也是一种对事物的认识以及改变事物的意愿（Larsen 2014d，2018b）。

通过这两条路径，你有可能捍卫中小学和大学作为社会和制度的邀致，让学生成为明智、积极和自由思考的人（见 Flexner 1939）。

约翰：我对你所说的没有异议，但是关于"教化"的概念如何帮助

205

回答关于"是什么"的问题，我还有一个补充的解读。在宽泛的意义上，"可见的学习"是关于"如何"，教化也许是关于"为什么"，但"是什么"的问题仍然有待解决。当然这是很粗略的区分，但我确实看到你们必须对这三个问题——"如何""为什么"和"是什么"进行有益的辩论。随着社会赋予教育工作者如此多的责任，要解决所有的社会弊病，还有如此大的压力，要进入 PISA 的"前五名"，要让学生的童年快进，使他们成为世界公民——这些争论变得越来越重要。我还注意到，教育工作者在承担这些额外责任方面已做得相当好，虽然完成这些工作通常没有带来工资增长，没有来自社会的额外认可，而仅仅在某个时刻顺理成章地完成了。也许这是个好时机来探寻更多关于学校教育目的的问题。

我记得在 20 世纪 80 年代，澳大利亚有一场关于教育目的的辩论，每所学校、每个社群都被邀请参加，大多数人的认识是，学校是民众的机构，家长希望学校建立关系——尊重自己的，也尊重他人的主张。有人提到了高学业成就，但远未达到最高目标。同样，21 世纪初的新西兰也曾就学校的目的有过一场大辩论，但失败了，因为未能抓住具有立法和行政权的核心参与者的想法。不管怎样，我相信选民们的基本责任就是进行这样的辩论——尽管这让我很担心，因为辩论会很快转向工具主义，而忽视儿童需要经历童年，需要被保护享有童年乐趣的权利，而且辩论会演变成关于未来工作的争论（或者为什么我们不能预测未来的工作，从而过分强调所谓的 21 世纪技能）。关于如何开展关于教化的辩论，我们可以从你那里借鉴很多。

206

教育的本体论与认识论

斯滕：谢谢。我在两篇文章中，一篇是已经提到的《什么是教育？——一篇批判性文章》（Larsen 2017c），另外一篇是《关于批判实践的批判——论本体论与认识论之不可调和》（Larsen 2018b），认为不仅教育本体论与教育认识论不同，而且本体论与认识论不能也永远不应该调和。

教育认识论可以是收集统计数据，进行元分析，进行访谈和积累实证经济数据、相关法律和法规以及历史文献等档案知识和事实知识。教育本体论却有不同的进程。我们已经在这一进程中，我们在改变自己，和他人互动，与我们生活的世界交流。所以说你是对的。如果我们有一个教化计划，一套固定程序，那我们将不再提出问题，我们只是给出所谓"恰当"的回答。但这可不是我的观点。

约翰： 是的，我能明白你对教育的认识论和本体论之间区别的认识，当然，我认为"可见的学习"更多地涉及前者而不是后者。

斯滕： 我的观点是，我们应该深入教育本体论这一领域，并将其与某种自我批判的尝试相结合，以塑造或表达关于教化的东西。要把教育本体论、批判和教化都结合到一起。这也许能更好地为中小学和大学辩护，而不仅仅是"认识你的影响"。这是我的看法和观点。

约翰： 我对此感到很欣慰，尽管我认为是影响问题引出了关于本体论的讨论。所以，如果你重写其中的某一篇文章，请告诉我，你如何看待我所给出的这个"一刀切"的解决方案（procrustean solution）（Larsen 2015a， 2017b）。

斯滕： 可以。这整个理念来自一则古希腊故事：拦路大盗普罗克鲁斯特（Procrustes）拦住过路行人并将其锁在床上，身高者被砍掉腿，身矮者被拉伸以适应床的大小。普罗克鲁斯特的床蕴含的逻辑是，复杂的现实被暴力裁决，以适应既定的框架（Adorno 2005/1951）。

约翰： 是的，你所说的在因素分析中也是一个大概念。我们使用因

207

素缩减法和转换法来找到适合"床"的最佳选项——最优因素解。

斯滕：你的"最适合'床'的人"似乎是一个平均化的人。但我的论点是，教育本体论原则上不存在"一刀切"的问题，因为它的目的不是这张床。但是，如果我们转向教育认识论，它似乎不得不被捆绑在痛苦的普罗克鲁斯特的床上。

所以，当我批判你的作品时，从我阅读它的那一刻起，我就在想，你去做这个元分析，你说"好，我得到了1.40"，或者正如你曾经说过的，那800项元分析"有2.5亿个学生的数据……"，我可以看到，你已经砍掉了这么多的长腿，拉长了那么多的短腿，以便将多样和异质的数据压入一个宏大的、量化的和强硬的数据逻辑中（Larsen 2011）。

约翰：不。但现在你能看到我的意图了，也许我当初没有很好地写出来，没有总结一套主张来构建模型。我试图构建一张最舒适的床来放置数据。我很保守。我认为模型应该阐述的不仅仅是解释，因为你会很容易误解它们。因此，我提出了可见的学习者、热忱的教师、"认识你的影响"的主张，强调要阐明成功是什么样子，并讨论学习的策略。有时我收到来自评论者的邮件，指出"并没有关于'认识你的影响'的元分析"。当然不可能有。这是一个元分析的元故事，是我关于那些高于平均水平的影响和那些低于平均水平的影响之间有什么区别的解释。这就是我提出的故事或模型，但我也可能是错的。你说它不仅可能是错的，而且是有局限的，我接受你的批评。

1989年，我关于这些观点的第一篇文章被拒稿，理由很充分。编辑的返信是："我们很欣赏这篇文章，也欣赏你在做的事，但你只有数据，没有故事。"而里面的确有非常值得说的事情。这提醒了我。几年后，有人对我说了一样的话："你把反馈放在最前面，但你从不描述你所说的反馈是什么意思。"为回答这个问题，我进行了长达20年的冒险。

所以有件事让我很奇怪。在我写元分析综合的头 30 多年里，没有人批判过这个模型。现如今你和其他人批评这个方法，还有一些网页在纠正细节，这没有什么错，完全合理。但这一模型没有被证伪，也没有被其他模型取代。到目前为止，你们在这里讨论的不是证伪模型，而是在质疑它的局限性。

斯滕：也许，你可能是对的。但我也很想知道，你探寻教育中"是什么"和"为什么"的新方法是否会以某种方式迫使你更接近关于教化的讨论，也就是那个在欧洲大陆已经持续了 200 多年的教化讨论？

约翰：是的，这会迫使我更接近关于教化的讨论，但对教化问题的回答并没有改变或否定模型中"如何"的部分。

斯滕：不过，举例来说，你的思维方式是否包含一种镜像反思逻辑？自从 250 年前"教化"这个概念诞生以来，我们已经见证了这一完美理念所经历的重大变化和转变。现在，"教化"（请记住，在德语中的前缀"Bild"等于英语中的"image"）常常被固化，迫使你仰望完美，在此过程中，你塑造自己，并表现出最具竞争力的方式。例如，做一个有礼貌的学生、熟记课程、尊重权威（包括你的父母）。镜像里有一些非常严格的观点和理念，你必须按照旧时代的方式塑造自己。今天，这让我预计到了风险，我在丹麦多次讲到这样的情境：现在这个镜子变成了一块白板，而不是关于固化的过去。失去实体和理念、没有思想、失去方向……你看着镜子时，你最可能问的是："这里有什么可以给我？"这意味着你被要求、被迫看到一个具有前瞻性的、策略性的自我，但没有学科的实质内容。镜子已经变得空荡荡，你必须重塑自我，让自己变得灵活、有竞争力，而且最重要的是能够自我领导和具有策略性（Larsen 2015c，2016a）。

约翰：我在镜子里看到了很多东西，但要注意不把这种镜像强加给别人——正如你所说的那样，帮助学生看到镜像反思逻辑，建立他们自己的逻辑，并理解它与社会所要求的逻辑之间的兼容性。批判它、重建它，并在可能的情况下对它加以改进，这样其他人也可以参与构建他们的逻辑。

斯滕：其中有危险。

约翰：当然，是的。

209　斯滕：想象一个教育体系，居然没有历史，没有深刻的经验和价值观讨论，没有关于"为什么"和"是什么"的思想，只有"如何"和工具性的东西……

约翰：是的。"可见的学习"更多的是关于"如何"，但这并不意味着"是什么"不重要。

斯滕：……那么镜子就只是一块白板，如果你只是凝视着自己，提出问题："里面有什么可以给我？"然后你"回答"："里面没有什么是给我的，那我为什么要面对它呢？何必烦恼，何必在意……"

约翰：我同意你的看法。这就是为什么尊重自己和尊重他人成为我的核心思想。如果我想以某种方式影响我的儿子，那就是我想让他们学会回报社会。

斯滕：这是个问题。

约翰：在许多方面，这又回到了你和其他人的评论，即政客利用我的作品。他们有一套信念和假设，特别是关于教化和内容，他们用我来证明他们的信仰体系。

斯滕：所以我的想法是，现在你似乎已经开始在这面教化的镜子里放置或投射想法和事物，至少对教师来说是这样。例如，"认识你的影响"，以及从学生的角度看你的教学和课堂上发生的事情。

约翰：我想让教师们教学生成为自己的老师。

斯滕：是的，还有支持自主思考和批评。你似乎在镜子里内置了很多东西：理念和梦想，甚至康德所说的规范性思想（regulative ideas）。我还能瞥见希望的反事实原理，它就要……

约翰：你完全正确。我不是哲学家，所以我很需要你。

斯滕：……越来越接近教化了。

约翰：对，是的。

斯滕：正如我所说，每当我们在使用德语的"教育"（Ausbildung）或丹麦语的"教育"（uddannelse）时，我们都会立刻想到它们共同的后缀：Bildung（dannelse）。

约翰：然而眼下的情况是，新自由主义概念产生以来，西方世界的批判主义使教育在某些方面已经变得更加机械化，例如，如何管理我们的学校，如何培养学生适应未来的经济。我们现在不太可能去讨论教化。

斯滕：是的，你说得对。此外，我认为大多数教育政策文件都会让人觉得很无聊。一方面，每个人和每件事都必须具有成本效益；另一方面，教育职责已经变成劳动力市场导向。我们应该像文件要求的那样，在大学产出和劳动力市场的需求之间进行正确的匹配。

约翰：我并不反对这些现象。但和你一样，我想要更多。我反对狭

210

隘的功利主义观点，尤其当它变得过于强势的时候。不过，我内心有一个想法——新自由主义者已经赢了。与他们对抗似乎没有什么意义，而是要把目的放在拓宽他们的视野上。

尽管新自由主义取得了成功，但耐人寻味的是，他们在预测方面却无望。例如，我们在澳大利亚没有服务于教育的劳动力数据政策，不过澳大利亚教师和学校领导者协会（AITSL，我担任主席的组织）目前负责制定该政策。

斯滕：你认为预测和设计未来是可能的吗？以我的父亲为例，他是一位非常成功的海军工程师（设计和建造钢制石油集装货轮）。如果教育系统从 20 世纪五六十年代至今都一直建立在这种逻辑之上，那将是相当愚蠢的，因为从 2018 年开始，丹麦几乎没有造船工程师这一工作职位了。

约翰：是的，不过这不是一个好的预测——你可以从现在出发，问我们怎样才能更多地把握现在，你必须非常熟练和敏捷地预测变化。我之前举过例子，许多场所迫切需要沟通者、合作者和团队成员，但教育系统似乎仍然没有意识到这一点。我再举一个例子。去年，在我们国家的一个州，有 350 名学生从教师教育专业毕业，成为创意艺术教师。但只有 2 个工作岗位。我们明知道这一领域的工作岗位会非常少，甚至比对地理教师的需求更少，但我们仍然把他们"挤"了出去——这对那些投入了四年贷款、资金、汗水和期望的学生来说是不公平的，而我们本应该知道这一点并提前告诉他们。

斯滕：在宏观层面，这也与资本主义的逻辑和国家的动荡有关。就业机会不是为特定群体准备的。如果劳动力不值得利用，也就不会提供工作机会给他们。你被迫变得市场化。

211

约翰：不，只是不需要这类教师。有许多想得到工作的教师已经具备了资格和素质。我想说的是，政府正在投入巨额资金去做一件没有回报的事情。现在，我从许多执政者那里听到了另一个观点：即使学生找不到工作，也要让他们接受教师教育，因为他们会成为更好的父母，而这些无法通过法律、艺术或科学的学习获得。他们相信，经过教师培训的人会成为一名更好的家长。

斯滕：这是个论点吗？

约翰：哦，是的。此类观点非常普遍，这是在为生产过剩辩护。在你我的国家，我们必须面对一个严重的问题，即相对于就业市场而言的过度教育。这也是大学里的严重问题。当你我获得博士学位时，就会期望在大学里找到工作。事实上，有人发明了一个指数来统计不同学科中符合学术工作职位要求的申请人数。例如，大学里的每一个工作岗位都大概有 80 名博士生可以胜任。

斯滕：是的，我知道。这是一场残酷的竞争。但政府也可以时不时地尝试投资于新的就业岗位，促进新的社会活动。

我们过度教育了吗？

约翰：不过，让我来谈谈问题的另一面。这是我要问你的问题，又回到了教化：我们是否会过度教育？

斯滕：我们是否会过度教育？就我对教育本体论的思考来说，我的回答是否定的，因为你永远不会对某"事物"（某学科、某话题、某技艺）知道得过多。

约翰：那么，这些有潜力的创意艺术专业的学生投入他们生命中的五年，是为了什么呢？

斯滕：嗯，你可以比你的同学聪明一点，或者你可以成为一个更好的思想家。

约翰：这里面有阴谋，即如果他们完成博士阶段学习，那么一切都会向他们敞开大门。这是隐含的共识：接受越多的学校教育，你就会有越多的机会。

斯滕：当然，在今天看来，这是谎言。

约翰：谢谢认可。所以你认为存在过度教育？

斯滕：我认为问题不在于教育是否过度。真正的问题在于，我们现在已经建立了某种博士生产逻辑。

约翰：过度教育的逻辑。

斯滕：人们知道的比他们以前知道的更多，这怎么可能是坏事呢？

约翰：我现在进退两难。那些凭学位才能从事的工作并不需要我们在攻读学位时所学习的技能。我们现在要求学历，而又不太关心该学位的课程是什么。我们鼓励学生继续求学，以缓解失业。我们有充分理由相信许多人处于过度教育的状态。

斯滕：他们获得了更多的科学知识，甚至做了一些研究，这也不赖。培养自主思考和反思、批判、区分和验证的能力，这些怎么可能会不好呢？

约翰：我知道，不过这又回到了教育目的的问题上，就像我的同事帕特·亚历山大（Pat Alexander）所说的那样，学校教育的责任并不是培养卓越人才（Alexander 2004）。素养、能力或胜任力是学校可以对标的较低标准。我要问的问题是，在我们的教育体系中，我们应该做的事情难道没有边界吗？当然，我可以看到这样一种观点：除非是负面信息，否则你永远都不会嫌知道的多。过度教育的例子有很多，有些人质疑是否需要在学校教育上投入太多，从而导致教育过度。

布莱恩·卡普兰（Bryan Caplan）认为，获得学位是一种信号——学生渴望得到信号，因为劳动力市场会为此买单——而证书的获得并不意味着技能的习得（Caplan 2018）。他的观点很极端，他认为大多数超出基本读写和算术能力的教育都是在浪费时间和金钱，因此政府应该大幅削减对教育的补贴，并积极劝阻这种追求。大多数学校教育都是为了将劳动力和救济金人群区分开，制造几乎没有价值的学习，特别是大多数高中或大学所教授的科目都没有必要——学生争取的是学位，而不是相应学位的内容。卡普兰提出这样的问题：你会选择获得博士学位（证书）而无须花费四年的时间，还是选择学习四年而没有获得学位？大多数毕业生都希望前者——正如雇主所要求的那样——学位是信号，内容的本质几乎是无关紧要的。

我们在高中或大学所学的大部分东西会在五年之内被忘记。超过50%的成年人在基本的数学问题上不能达到"中级"或"熟练"水平（举例来说，计算按照产品目录订购特定办公用品的总成本，属于这个水平的任务）；三分之一的自然科学专业毕业生不知道原子比电子大；当教师取消一节课时，很多学生都很高兴。

正如我提到的，我的另一个研究领域是监狱里服刑的青少年。多年来，我们在这方面做了很多工作，包括研究独处、孤单、失范和反社会行为的概念。研究显示，青少年成为罪犯的过程，和音乐学生、运动员、英才学生学习的过程是类似的。他们渴望越来越多的挑战，希望在同伴面前提高自己的声誉。不过，他们挑战的焦点恰恰不被社会所认可。大多数青少年在挑战中茁壮成长。正如你所指出的，关键是他们挑

213

战的焦点是否符合社会期待。

斯滕：我知道也有社会学研究表明了这一点。越轨行为模式是研究的重要内容。

约翰：关键是，在 17 岁，青少年犯罪率显著下降。大多数解释无法说明这种大幅下降的原因。而我们的模型可以解释这种下降趋势：主要原因在于对异性的吸引力成为新的挑战焦点。不过这是另一个故事了。

我想问的是：什么是理想的教育水平？我们过度教育了吗？但你也在问这种教育的本质是什么，而青少年犯罪的案例凸显了社会对于教育聚焦点的期望。社会可接受或不可接受的话题和信仰都是教育焦点的一部分。

斯滕：但你也可以用一种更积极的方式来看待整件事。 1948 年到 1951 年我父母上高中的时候，他们可能是当时人口中仅有的 1%—5% 的在接受高等级学校教育的人。到了 70 年代中期，我上高中的时候，这个比例要高于 25%，现在大约 70%—80% 的丹麦年轻人上了高中（其他人上的是偏向技术与职业性质的学校）。

约翰：在澳大利亚也是如此。

斯滕：这不是坏事。

约翰：我知道。它改变了大学的本质。

斯滕：过去的二三十年间，比历史上任何时候都多的人拥有了接受高等教育的机会。社会已经使人们有可能——而且是强制性地——获得知识和科学，并训练他们的思考、写作和反思能力。

约翰：现在这是一件好事，我们需要小心，不要总是说所有的年轻人都被过度教育了。

斯滕：这是一件好事，不过对那些没有上过大学的家庭来说，他们的第一代大学生很难破解学习的密码。但我同意你的看法，这也与你之前所说的邀致逻辑有关。因为在每次的指导时间里，学生都会坐在那里，他们先展示自己的论文，我们再一起讨论论文，让他们明确正确的论证方式和撰写要求——我们也会讨论他们的人生抱负和梦想。这些都与大学课程背道而驰，因为它们没有针对就业。我认为这就是我与学生打交道时真正喜欢的地方，即参与他们努力形成自己的品格和学术风格的过程。

他们不会成为你的朋友，但他们会在你面前成为真正的人。一年、两年、三年、四年后，他们时不时回来或写信给你，说："我们在那些日子里争论的事情对我来说很重要。现在我写了这个。读读我的新论文、我的新书。"或者说："我现在有了一份工作，用到我在大学时代学的思想和技能。"作为一名教师，你也有责任塑造下一代的学术人。

约翰：正如我前面提到的，特别是当你去问成年人他们认为最好的教师是什么样时，他们提起的就是你所谈论的这些事情。教师会点燃你，让你投入他们的热忱中，或者教师在你身上看到了一些你可能没有看到的东西。

斯滕：是的，因为如果你把学生看作一个客体、一个因素，或者别的什么，那么它显然是不符合标准的，而且很明显，缺乏相互尊重和道德。

约翰：我在《可见的学习》中开了一个小玩笑，不过还没有人看到：优秀教师的共同特点之一是热忱，但你无法测量它，这是不是很有

215

趣？我的小玩笑是，你不能用标准化的测试来衡量它，但是，天哪，你能看到它，你能感觉到它。热忱，我认为是一个非常、非常核心的概念。

区分教育的“如何”“是什么”和“为什么”有什么好处？

为什么约翰·哈蒂最近开始研究教育的“是什么”和“为什么”？

区分教育的认识论和本体论重要吗？

我们过度教育了吗？如果我们过度教育了，这是一个问题吗？

10 教育有目的吗？

斯滕：我们已经偶尔涉及接下来要谈论的这些主题，不过现在我想先提出两个宏观的问题，它们对教育哲学来说是不可回避的。我们可以仔细思考一下。第一个问题是：**教育的目的是什么？**第二个问题是：**为什么人类需要教育？**

首先，这个深刻的问题：教育的目的是什么？你是否认为教育的目的是以最终目标为导向的，即教育有一个终极目标，对内在或外在事物的一种必然的未来指向性？如果你这样认为，那么教育的功能是不是某个开端、某个基础、某个必要条件？我先提出这些问题，再来设想相应的情景，怎么样？或者说，教育目的是否定得太高，比如教育的终极目标，或更大范围的复数形式的各种教育目标？目的问题会不会因视角转换而有不同，故而要从教师、小学生、中学生、政治家、学校领导、管理者的视角来解答？又或者，是否存在一个总目的，尽管视角各异，但我们还必须倾听或尊重它？是否要追求普遍性、形而上学、本体论……？所以有很多问题，至少也有三四个问题。但首先，你似乎认为教育不是"生来"就有终点的。那是一个（最初的）起点吗？当我们提出这些关键问题时，你是否有自己的立场，甚至已经明确了一个目的？

约翰：我想用略微不同的方式来回答。我想用杜威主义（Deweyian）的社会观来回答这个问题，即我们要尊重、发展什么样的社会。如你所知，有多种答案。我还相信，通过构建具有公正性、邀致性、民主性的课堂环境，我们可以让学生沉浸在一个我们想让他们复制和建造的世界中。这需要张力、不平衡性和批判的视角，这也是我们希望他们珍惜和建立的属性。他们是未来，他们将创造未来，因此我们需要建立对自我的尊重和对他人的尊重，最重要的是，我们需要培养技能、素养和能力，这是我们和他们认为人类存在于世界所必需的。当然，这个世界在变，与我在学校时所展望的世界截然不同。现在世界变得更"平"了，学生们生活在这个充满差异的世界里，然而他们依旧难以打破那些曾经对我们来说几乎是不可改变的民族隔阂。人们试图在科技世界（我们中的许多人都轻蔑这个世界，无法理解他们对这个世界的喜爱）和一个信息过于丰富的世界——一个我们只能梦想的世界（当我还是个孩子的时候，富足的标志之一就是家里有一本百科全书！）找到立足点。

同时，我明白了一个简单的观念，我想要一个这样的社会——哦，天哪，格特·比斯塔会讨厌这个——一个学习型社会。在这样一个社会里，你学到了许多思想，也可以允许你对这些思想和任何既定规范提出批判。这又回到了你在我们的谈话中提及的关于教化的核心部分，即培养对自己和他人的尊重、培养自我的文化。在我看来，这是学习型社会概念的核心。参观课堂的乐趣之一，是看到 5 岁的孩子沉浸在他们的学习社会中，或是看到一群 15 岁的年轻人沉浸在他们的学习社会中。当问及他们在这个班上作为学习者意味着什么时，我们希望他们能谈谈如何刻苦学习、如何热爱学校、想要学到更多的东西。他们愿意深入课堂学习的表层知识及概念的背后，获得反思、批判、创造的能力，至于它是公民课、音乐课还是数学课则并不要紧。

斯滕：所以你的基本回答再次表现出，正如我听你介绍的，社会学取向。这取决于我们如何互动，尊重某些规则……

约翰：是的，学习的游戏规则——尤其是，只有这样才能很好地推进、批判和改进文明社会的规则。

斯滕：……某些涉及社会互动的规则。这既不是一个历史的答案，也不是一个哲学的答案。

约翰：如果它是历史的——我不想将其具体化。我希望学生们尽可能地过学生的生活，而不是让他们为 10—15 年后的未来做好准备。教育是关于现在的。我认为，今天的 5 岁孩子就该过 5 岁孩子的生活，学会快乐、好问、好奇，建构宝贵的知识以变得更加快乐、好问和好奇。他们是未来，尤其是他们会创造未来。

斯滕：这也意味着，你对第二个问题的回答可能是：教育的目的必须是多元的。

约翰：是的，绝对如此。

斯滕：这是否意味着社会中不同的利益和权力结构塑造了不断变化的历史性教育目的及其表述?

约翰：是的，绝对如此。

斯滕：所以在你看来，并不存在过高的、愿景式的教育目的，也不存在一种强制性的、固定的教育逻辑?

约翰：不存在，但有一个核心，那就是对自己和他人的尊重。纳粹就没有这样的哲学，他们只尊重特定对象。我很担心美国在这种特定对象设计上的走向。有意思的是，我发现在当前世界背景下讨论自由贸易时，各国都希望实现自由贸易（我们大多数人都希望如此），而我们对人的做法却恰恰相反。

斯滕：尽管商品、资本、金钱、影片和标志都被允许自由流动，但人尚且无法自由去往任何想去的地方（Safranski 2003）。全球化社会是一个显见的悖论。

约翰：我认为这不是一个有价值的社会。我不是民族主义者，我不会为某个国家扛大旗，这是很多封闭社会的象征。我是个世界人（没错，这很奢侈，而许多人拒绝如此）。我认为仇外心理与我们在这里所说的完全背道而驰。

斯滕：那么，在某种程度上，教育的目的可能是实现和"培养"世界公民？

约翰：肯定如此。我们要像发展世界一样保护世界。我从不低估集体的聪明才智和创造力，他们重新解构问题、发明解决方案，不仅推动社会发展，而且改变社会发展方向（例如，汽车解决了许多由马和手推车引起的速度问题，智能手机解决了旧电话系统的许多问题，以此类推）。所有的这些发明者都曾上过学，学会了学习，增长了宝贵的知识，这样他们就可以质疑、创造并深入各自的内容领域。

斯滕：目光敏锐的伊曼努尔·康德在他 1795 年发表的哲学论文《永久和平》（*Perpetual Peace*）（Kant 2007/1795）中，写到了关于世界公民和世界主义国家的内容。他把世界主义国家描述为一个"伟大的政治体"，在这个政治体中，每个成员国都从属于统一的权力并从根据统一意志的法律做出的决定中获得安全和权利。这个世界主义国家的任务是维护和落实世界各国公民的安全和权利。尽管康德早在几百年前就提出了这样一个设想，即世界主义国家可以将那些处于竞争和不友好关系的民族国家之间的徒劳无益的紧张关系提升到缓和的水平，但这一设想至今尚未实现。

221　约翰：对。

斯滕：这种世界观，可以理解为你的教育目的吗？

约翰：是的，是复数形式的目的。

斯滕：但是，在我看来，这里至少还有一点张力，或称为双重逻辑。因为一方面是说，现在社会的互动规律是什么，也就是，在如今这般景况之下我们如何与他人互动。另一方面是说，我们可以成为政治人物（世界公民，德语：Weltbürgern），这是个梦想、希望，或者依照某种规律对可能发生的事情的预言……

约翰：哦，但我们的学生已经发明了新的社会互动形式，将继续生长在这个世界上——这对我们来说有点不舒服、难以理解，因为我们喜欢自己创造的世界。

斯滕：……学生会成为世界公民而非民族主义者，那是一种政治愿景或梦想……

约翰：是的。

斯滕：……但还没有实现，原因就在于恩斯特·布洛赫那令人难忘的坚定看法，即对我们未来实现此时尚未实现的可能性的希望（Bloch 1986/1954—1959）。

约翰：苏格兰议会大厦的墙上有一句绝妙的名言："工作，就像生活在一个更美好国家的创业时期一样。"是的，我们必须让孩子们不仅拥有解决问题的技能，不仅拥有有助于解决问题的知识，而且拥有创造新问题的技能。

在社会诊断和未来希望之间

斯滕：令我惊讶的是，你是一名受过培训的统计学家，而你又倾向于支持、尊重和应用一种社会学逻辑，坚持认为我们必须应对和处理当前这个社会领域的所有问题和任务。与此同时，你似乎并不关注更长的历史线索，不关注我们在过去是否有所失，或是否可以在反思中有所得。我的第三个观点是，你有一个坚定的、充满热忱的愿景，它既能成为当下更好的希望，也能导向更好的未来。这样描述你的信条恰当吗？

222

约翰：是的，改变和改进可以从一个人开始，从一个小团体开始，也可以从学校开始。迈克尔·富兰（Michael Fullan）认为，它主要是从内部开始的（Fullan 2015）。我认为你们拥有创造未来希望所必需的个人技能。有许多与"自我"相关的技能，例如自信，把自己看作变革的推动者，意识到自己拥有和获得的能力，有效解决冲突的技能，取得集体成功的意愿，以及最重要的，展示社会共情的技能。还有很多与"我们"相关的技能，例如相信自己所在的团队能够组织和执行行动，相信团队能够成功，以及拥有共同的学习目标。学校往往过于注重"自我"，而忽视了关键的"我们"的技能——因为这些技能是在社会中充实地生活的本质。

斯滕：当谈到社会的激烈政治变革时，我们可以举两个例子。第一个例子是古巴。1959 年，90 名游击队员偷走了一艘名为格拉玛的摩托艇，将它驶入哈瓦那，然后他们改变了世界。90 名忠诚的游击队员足以让旧政权垮台。第二个例子是，1917 年，苏联有一支非常小的先锋队，他们冲进了冬宫，推翻了沙皇和他的权力机关，改变了他们的社会。但现在，世界似乎不太可能以这种方式改变。

说到激烈的社会变革，我们也许可以谈谈马克·扎克伯格（Mark Zuckerberg）和史蒂夫·乔布斯（Steve Jobs），他们是当今时代虚拟的格拉玛摩托艇上无形的游击队员 2.0 版，他们也是列宁主义先锋，戏剧性地改变了世界，但他们把自己和自己的商业帝国放在首位。

约翰：我敢肯定，当历史学家回首这段历史时，马克·扎克伯格和史蒂夫·乔布斯在团结世界方面的政治影响力，无论是好是坏，可能比政治舞台上任何一个人都要更大。不考虑别的，这里的"我们"也不仅仅是与我们相似的人。

斯滕：这是否也与教育的目的有关，你教人们——或者你可以说人们必须学习——如何反思现代化或全球化沟通的权力结构?

约翰: 是的, 因为增强的全球联系把这种权力带到了此时此地——对孩子们的影响往往比对我更早。如果我写自传, 会包括奇妙的随机性、生活世界的纯真, 以及偏远小镇。现在我们不仅有了法律, 还创造了在平坦世界里生活的规则。

我当过很多年的板球教练, 主要面向 17—20 岁的孩子。其中一个男孩成了航空工程师, 我说这会让他到达世界上很多地方。哦, 其实并没有。他说:"我们坐在机场的地下室, 监视每架正在飞行的飞机。"你都不知道飞行途中会发生什么, 而他的职责就是解决问题、检修飞机——我的观点是, 今天的年轻人不仅认真地驾驶飞机, 也认真地建造飞机。

为什么人类需要教育?

斯滕: 现在让我们回到几千年来争论不休的第二个大问题: 人类为什么需要教育? 你可以找到这个问题的不同答案, 如果你追溯到奥古斯丁的《论教师》(*De Magistro*, Augustin 1876), 甚至更早, 追溯到柏拉图和他的对话集《克拉底鲁篇》(*Cratylus*, Plato 1989)的话。在启蒙哲学和新人文主义中, 已经有许多人给出了这个问题的答案。康德写道: 人是唯一需要教育的生物(Kant 1971/1803)。

哲学人类学家声称人类需要教育, 因为我们不能依赖我们的自然本能, 所以我们必须从第一天性走向第二天性。例如, 根据黑格尔关于人和社会精神发展的概念和历史哲学观点(Hegel 1979/1807), 让天性得到培养。

你如何看待和评价这些哲学主张和逻辑? 我们作为教育者和教育科学家是否需要哲学人类学? 回答这样一个问题是否值得: 为什么人类需

要教育？你能给出这些问题的答案吗？或者，对于一位经验丰富又学有专长的科学家来说，这些问题实在离题千里、太想当然了？

约翰：好吧，我通常会补充说我不是哲学家，但我对卢梭的《爱弥儿》（*Émile*）非常着迷：对教育目的的争论能够塑造个体或公民（要承认爱弥儿是男性）。他希望爱弥儿在大自然的环境中成长，并在青少年时期学习情感（Rousseau 1979/1762）。在今天的世界里，这似乎是可望而不可即的，类似于夏山学校，尽管已经有一些这方面的很好的例子（约翰·马斯登［John Marsden］是墨尔本一所学校的校长，与一般的学校相比，这所学校更倾向于采取这种方法）。

我是迈克尔·扬的超级粉丝，我读了这位社会学家的很多著作（Young & Muller 2013）。他认为，我们需要教育，来学习那些如果不去上学就学不到的东西。我认为这是我听到的最好的理由来证明我们在学校所教授部分话题的合理性——塑造个体和让个体融入社会。如果没有教育或学校教育，我们就无从知道我们不知道的东西。

我刚刚读了一本关于一个美国女孩的书，她在北达科他州一个种族歧视非常严重的地方长大，在那里她从来没有上过学，但她最终获得了博士学位（Westover 2018）。这本书就是在讲述她如何做到。她学有所成，但是有太多的学生是在贫困的环境中长大的，他们不知道可能性、选择和机会。学校教育的一个主要目的是提供这些可能性和不同的世界观。

斯滕：反现代社会最极端的例子一定是阿米什人。他们今天还在马背上生活。

约翰：是的，但即便是他们，也被世人所知。他们有自己的生活观，努力排斥其他相异的观点。不过有的人甚至不让学生接触这个世界，比如北达科他州那位女性所经历的事。现在看起来这是个极端的例子，但它表明了学校的重要性。这也与你之前提到理查德·罗蒂时的观点一致，让人们接触到不同的思维方式，知道其他人如何以不同的方式思考。

我当然不认为学校的作用是让你为生活做好准备，因为它否认了你还是个孩子的事实。我对待自己的学生就是这样的，我想让他们享受自己6岁、10岁、15岁的生活。

斯滕： 是啊，你不应该把现在牺牲在未来的祭坛上。

约翰： 不能如此。

斯滕： 以前就是这么做的。教师会说："好吧，这很难，而且毫无意义，但你会变得更睿智。"

约翰： 哦，你每天都能在学校里听到这样的话。

斯滕： "你死后会得到天上的馅饼。"

但是，约翰，在你的"可见的学习"项目背后，是否蕴涵着深刻的哲学人类学?

225

约翰： 是的。我认为，我们这些要求学生在学校度过15年人生的人有着巨大的责任。如果我们要求他们留在学校，那么我们就有义务对他们产生积极的影响。当然，我们不得不质疑这种影响是什么。总不能是靠运气遇到一位优秀的教师，这应该是设计好的。我确实认为，我们有道德义务来追问教师和学校的效益和影响，很大程度上这就是我们在学校开展"可见的学习"项目的哲学基础。这就引出了一个问题，一个关于教育的价值和是否值得去受教育的终极问题。因为我强调影响的概念，所以必须探讨在儿童天性中我们所重视和希望发展的内容的本质，而最重要的影响问题之一就是让儿童学会在这个世界上生活。

斯滕：但这仅仅涉及"如何"的问题，即教师如何才能产生更大的影响。我们如何更好地解释学习的数据，这也可以被认为是一个关于"是什么"和"为什么"的问题，前面我们已经强调和讨论过。

学校教育的目的是否与生俱来？

约翰：我为政治工作而失眠的时间比为日常工作而失眠更多，因为政治工作的风险太高了。作为一个学者，我可以写一本书，我可以受到批评。事实上，被批评是一种奢侈，因为，如你所知，99%的文章甚至没有被引用过，甚至没有被原作者引用过。因此，我将自己被批评看作一件奢侈的事。但是，在政治领域，风险很高，因为你是在和真实的人打交道。澳大利亚教师和学校领导者协会是由联邦政府建立的，尽管大多数教育工作者认为他们自己才是主人——这一协会的网站月点击量是30多万，同时它还负责执行政府政策。这像是一份精妙的礼物，既能满足众多教育工作者的需求，又能与九个州、地区和联邦政府合作。

斯滕：是的，而且能获得不少资金。我们现在换个话题吧。另一件事是，如果我们把这本书——我们共同的书——称为《教育的目的》，那么更深层次的问题是，是否教师的作用主要是邀请人们进入一个具有预设目的的机构。

226

约翰：是的，这是其中一部分作用。

斯滕：你认为学校的目的是否与生俱来？它有自己的意志或逻辑吗？学校体系的目的是否与生俱来？或者，学校的目的是随着学生和教师不断变化的解释而变化的吗？

约翰：好吧，想想我们现在的学校体系是如何在19世纪诞生的，一部分当然是经济的原因，另一部分是建立劳动制度的原因。现在仍然如此。它是为雇主提供培训的场所，但在过去的100年里，我们为学校教育目的赋予了更多内容。学校孕育了我们的民主，无疑是这片土地上最文明的机构。

我经常听说，未来的学校将与今天的学校大不相同——学生在家里用功，不再有在校时间，甚至学校不再被当作一个地方。但在我们的社会里，父母双方通常是全职工作者，但必须有人陪着年幼的孩子。是的，这并不是说学校是保姆，因为学校要做的包含更多，不仅仅是保姆，但其中也确实包括这个角色。

斯滕：那么学校在某种程度上是补充性的。当然，我也认同，最早对学校的认识之一是培养普通的劳动力、更熟练的劳动者，能够读、写、算等等。这也是整个国家的任务。你应该成为自己国家的一部分，学习本国的历史，学会成为一个真正的公民。也许能够走出农村，学习国家规范语言，并且有可能从身心两方面突破自我的地域性限制。

约翰：不过，我确定在那个时代还有一个假设并不明确，但对我们这些教育工作者来说会造成难以置信的压力。这个假设是，通过将学校教育规定为义务教育，我们认为一般而言，教育工作者可以比父母做得更好，我深有同感。

斯滕：同时，至少在丹麦的学校体系中，不过澳大利亚这里也有，允许开办自由学校，在那里人们可以……

约翰：……做教育实验。是的，我们在澳大利亚也这样做……

斯滕：……还有家长，他们可以组织自己的学校。有天主教学校，也有夏山学校、华德福学校、体育和艺术学校等。

约翰：天主教学校和公立学校看起来并没有什么差别。事实上，很

227

难说我国的任何一间教室是天主教会的、州立的还是独立的（除了独立学校花更多的钱在建筑和设施上——但教学是相似的）。

斯滕：在丹麦，这些学校看起来也很相似，不过问题是，即使国家或官方的教育"逻辑"宣称国家可以比私立学校和目光短浅的家长做得更好，有些事仍然是合理合法的，如家长组织办学，以及从国家获得一定的经济资助来运营学校。

约翰：你说得对，我们需要考虑两件事。首先，你可以看看拉里·库班的作品，他是一位美国教育史学家，他研究的是教师在过去 200 年中的变化（Cuban 1984）。他的观点是，85% 的人以同样的方式教学，10% 的人以类似的方式更有效地教学，200 年前也是如此。大约 10% 是不同的，而余下的 5% 是截然不同的。所以每次我环顾拉里曾环顾的世界，看看那些参与了教学实验的人，85%、10%、5% 的比例关系似乎可以成立。我们在澳大利亚各地都看到了这一现象——广受关注的是那些不同的 15%，但这并没有改变学校教育的主流。

在我国有一所机场附近的学校，它由一位著名的青少年作家约翰·马斯登开办。它非常不一样，令人叹为观止（Marsden 2019）。它非常像夏山学校。这所学校所拥有的可能是世界上最大的校园：位于澳大利亚墨尔本以北，占地 1100 多英亩①，而它也充分利用了这一优势。每个人都亲密无间，广泛采用同伴教学，是一个真正的学习者共同体。不过它需要一个有天赋的、全心投入的领导者，因为在这种风气的环境下执教要困难得多。这不太可能成为常态。

其次，在过去 20 年里，澳大利亚各地都太过于支持家长自主选择学校。这导致了一场关于学校差异的无益辩论，将 x 学校和 y 学校在理念和品牌上的不同放大，同时激化了州立学校和独立学校之间的竞争。

---

① 1 英亩约等于 4046.86 平方米。——译者注

一个州政府将许多公立学校重新改造为"独立的公立学校",学校把大量的钱花在了做广告上,好学校的标准被简单化为招生人数众多,因此造成了窃取邻近学校生源的现象。在墨尔本,超过60%的学生都放弃了本地学校而进入自己选择的学校。

没有证据表明澳大利亚学校之间的差异有那么大。但可悲的是,这种差别还在增加,这也导致了某些州立学校的剩余效应,因为独立学校（"真正的"选择）总是更加吃香。如果你控制了输入变量,如（学生的）先前成就,似乎没有证据表明州立、天主教或独立学校在成就或进步上会有很大不同。

父母必须要选择的信息很少。在政府网站上有关于平均成绩的信息,但没有考虑先前的成绩或家庭的社会经济资源。网站确实也报告了少量关于学生进步的信息,不过对于家长来说,这比平均分数更难找到,而平均分数是更好的房价衡量指标。我并不是在暗示家长的选择是不理性的,他们选择的那些学校,里面通常有家长希望能与自己的孩子成为朋友的学生。

但这种对选择权的过度追求导致更多的钱被花在了错误的事情上——我称之为分裂政治,而不是人们所期待的合作行动政治。我以此为题写了两篇论文（Hattie 2015a,2015b）。

斯滕:好的。这里似乎存在着两种极端的立场,对国家的看法和概念非常不同。一种说法是,国家还需要对社会化、教养、文化传统、经典学科等方面做出宏伟构想;另一种说法是,国家必须减少自身的影响,应该让市场和消费者（家长、纳税人）来做决定。

约翰:我不支持后者。我希望当地的学校是最适合邻里社区的,而毗邻社区的学校对那里的邻居来说也是如此。但我的这种想法在今天看来有些天真了,尽管学校之间的差异并不像许多人相信或鼓吹的那么大。

228

家长也可以决定在家上学，在澳大利亚大约有 3 万名学生以父母为老师。有许多研究表明，这些学生的学业成就相当高。但家庭学校的学生通常表现水平大约在第 85 百分位。家庭学校只是和普通教师教得一样好。当然，对我来说，我的孩子应该比我更好，需要学会与他人互动，并获得正规学校所提供的各种经验。

让我沮丧的是，这些围绕择校的辩论事实上只会让人分心。我们不应该如此沉迷于有关学校性质、学生分组、班级规模、建筑等结构性问题。它分散了每个学生都理应获得的对卓越和专业知识的关注和投入。我们的信条是学生需要好教师，这是通过设计而来的，而不是靠运气获得的。

229

依据偏好来建立不同类型的学校——特许学校、信托学校、学园学校等等。对这些倡导者，我想告诉他们——在建立这些新型实体的六个月内——你正在经营一所“学校”！

斯滕：是啊，而且办学校也有一定的规矩。

约翰：我们已经掌握了基本的办学方式，这已经不是什么秘密了。这些办学方式可能有偏差，也有差异，不过当你去世界上任何一所学校时，一走进去就会立刻理解它们，无论这些学校可能有多么不同的制度和领导结构。

斯滕：澳大利亚的学校有校服，而丹麦的中小学生不穿校服。

约翰：校服，哦，天哪，它们对学生的学习没有影响，所以我不在乎你有没有校服。只需做个决定就行了。任何沉迷于这些事情的体系都会陷于错误之中。不幸的是，有太多的错误执念了。话又说回到政客们的身上，因为他们有时就喜欢如此。比尔·克林顿要求学生穿校服，我们为此进行了一场辩论。这是一场多么具有破坏性的辩论，因为它无关于学习和学校教育的道德目的，显然这两者更重要。

教育的目的——再次讨论

约翰：斯滕，我建议我们继续在宽泛意义上讨论教育的目的。到目前为止，我想说的是，我们之前一直在优先讨论那些能够实现我们所谈论的教育理想和抱负的人。但别忘了，还有一群学生，他们在挣扎，因为他们的智力能力可能没有那么高，他们更可能面临失败。我们可以争辩说，我们一定会尽可能教育他们。但这还不够。教化对这些学生有什么意义？仅仅是我们尽力做、强加于他们，并且怀抱希望吗？但我认为这些还是太局限了。

斯滕：当然，我们不可能对人强制执行教化，首先是因为教化同样需要你的"selbstgebildet"意愿，对这个德语词粗浅的翻译就是"自我塑造"。但是，如果一些中小学生厌倦了与教育体系的过密接触，那么他们就有理由或者说可以自由放弃教育。你不能也不应该强迫人们做任何事。正规教育和终身教育不可能对每个人都具有强制性，而应是一个"长期"的邀请和选择。谁知道呢，也许在获得了其他深刻的、形成性的经验之后，人们又会回到教育机构。

约翰：辍学没有问题吗？

斯滕：绝对不行，人们在10—12岁时辍学是非常糟糕的，但幸运的是，在20世纪60年代、70年代和80年代，丹麦的教育体系提供了灵活的逻辑，因此学生可以再次回到学校体系中，例如，在34岁甚至50岁时参加高中考试，或者可以在20年后回来参加九年级考试，回到学校继续开始另一个阶段的学习。我认为，社会应该为人们提供各种各样的方式，使他们变得更睿智、更聪明，但你肯定不能——也不应该——把这些强加给人们。也许你是对的，我们不能说一切都是后天培养的，也存在先天的条件。人是先天-后天模式混合的复杂生物。相较于其他人，有些人很难连接起他们的"教育"突触，而建立起他们的"智力"神经可塑性甚至是技艺就更难了。但所有这些都与你所接受的背景刺激有关。正如你在我们之前的谈话中所说，不同家庭的 3 岁孩子所拥有的词汇量可能有很大差异。同样情况还表现在你是否可以自由发挥和构建自己的角色。如果你是反省性人格，那么你会害怕父亲回家的责打，害怕失去母亲的爱，等等。不论是从社会、心理还是经济层面上看环境，如果不具备基本的安全性，就不会培养智力。如果你限制人们的营养，奴役他们或给他们下毒，就会摧毁他们的智力。有很多方法可以破坏人脑的可塑性（Fuchs 2018； Larsen 2013a）。所以，关于这一点你是对的，我们必须利用各种各样的系统和步骤来帮助人们在现有的生理和社会条件下成长，让学生和成年人学会做事，变得更睿智，用你的话说，就是学会学习。

约翰：教育的目的不仅仅是我们之前讨论过的那些积极的属性，而且是确保那些消极属性不会占主导地位。

斯滕：当然，还包括学校教育体系应该提供的基本技能。

231 **约翰**：对此，我是坚定的支持者。许多人主张追求卓越，但我认为，要从最基本的、不容置疑的问题开始，即所有学生都有权从教育体系中获益。

斯滕：我认为，关于人们应该能够做什么的主张或想法，在过去的几十年里显著增加。

约翰：在过去 20 年里，儿童中接受学校教育人数的增加是世界历史上前所未有的。尽管有太多的恶性不平等现象，以及太多要改善的方面，但还是有很多值得教育工作者欣喜的成就。是的，数量是基本的，也是基础。

斯滕：在过去，训练人们服从"听话"这样的命令也许就足够了：诸如"把你的名字写在合同上！""把你的手指按在这里！"瞧，现在可不再是这样了。幸运的是，在世界各地的许多教育机构中，我们似乎变得更睿智了。

约翰：是的，我们需要打基础，我们国家通常从 8 岁左右开始，否则学生会落后。一位年轻的德国学生马克斯·普福斯特（Max Pfost），出国来和我一起待了六个月，我们对阅读中的马太效应进行了元分析（Pfost et al. 2014）。他的主要论点是，如果学生在 8 岁时阅读质量能够达到最低水平（比如说 PISA 的 I 级），那么他们可以在学校的许多领域持续成长和发展；如果他们在这个年龄没有达到最低标准，那他们就很难赶上。这就是马太效应，即富有的人越来越富有，贫乏的人始终贫乏。

起初，马克斯的论点是马太效应与你所用语言的复杂性有关。我们研究了德语、芬兰语、汉语，结果发现根本不是这样。马太效应发生在所有这些语言中。

斯滕：在我们附近有一所学校，那里的学生有脑损伤或严重的身体障碍，他们……

约翰：我不是说那类学生。那是另一回事，我们可以过一会儿再说。有很多孩子 5 岁就开始上学，每个教师都知道这些学生在 8 岁前就已经陷入学习困难。他们都是有名有姓的真实孩子，但他们 8 岁时的技能仍然低于可接受水平。为什么？我们为什么不为这些学生做点什么？如果马太效应真的如我们所描述的那样，那么从孩子们开始上学的那一天起，我们就在辜负他们了。

斯滕：在丹麦，有专门为这些学生开设的学校——例如，患有多动症和阿斯伯格综合征等不同疾病的学生，但这些学校占用了全国所有学校20%的资源。2012年，教育部部长、社会民主党人克里斯蒂娜·安托里尼和丹麦议会的绝大多数议员通过了一项全纳法案。结果是，花销不菲的特殊学校被关闭，所有的学生都必须进入“正常”学校班级。

约翰：不，那不公平。不对，那实在是太不公平了。从一种排斥主张，到另一种全纳主张，未必是最理想的教育环境。是的，我知道很多家长都要求这样做。

斯滕：你说得对，不过许多有特殊需要的学生家长也批评关闭特殊学校。

约翰：有相当多的人主张转向全纳教育，在某些案例中，教师甚至还没有做好和这些学生一起工作的准备。我的一个博士生克里斯·福林（Chris Forlin）调查了这个因素，发现那些能够与其他教育工作者合作的教师最有可能与这些学生一起工作（Forlin et al. 1996）。而对其他人来说，寻求帮助被视为失败的标志。

斯滕：是的，据说这项法律有助于将有特殊需要的学生纳入正常教育。但是，正如我所说，也有很多家长表示：“这对我儿子来说将是一场灾难，因为特殊学校才能帮助到他。”

约翰：是的，现在人们又转而开设一些特殊学校，为这些学生提供受教育的最佳环境。

斯滕：有这么多不同的争论，但结果是，现在当教师非常艰难，因为如果你班上有两三个这样的学生，他们需要一对一的全神贯注，那么

"正常"的学校也有可能分崩离析。

约翰: 最近的一项元分析显示,其他学生受到了积极的影响——虽小但积极(Szumski et al. 2017)。但最大的问题是,我们经常引入一些业余人员,比如助教,他们让这些学生分心,或者更糟糕的是,当教师和其他学生工作的时候,替这些学生做作业(Blatchford 2011)。学生最需要的是专家,得到的却是外行!

斯滕: 如果让我来总结的话,在我看来,你似乎认为我倡导、支持并尽力复兴的教化理念可能会面临风险,即造成部分学生的高度优先化和高度特权化。

约翰: 我对此很担心。

斯滕: 你担心这可能是一种上层阶级或精英主义的逻辑。另一种可能的批评是,如果国家将教化作为一项强制性计划,从而试图决定和"设计"学生的未来,那么这将变成一种强制执行。假设你这样制订一个教化计划——学生主体性形成和人格塑造的"生产"总体计划——它将是被法律强制实施的教化,我认为这样做是错误的。这种自上而下的逻辑绝对不是我喜欢的(Larsen 2015b)。

约翰: 这就是教化之奥妙。如果你将其合法化,就会违背它的初衷。

斯滕: 是的,没错。洪堡的观点,一是制定教育法,二是教化,而且教化不能被法律强制执行。当然,你可以丰富它的内涵、尝试推进它的实践。洪堡的观点是,所有不同的科学都应该相互辩论、相互促进,他认为,教化是通过与科学的互动来实现的,正如我们在前面的谈话中所说的那样。

洪堡兄弟是两个非常有才华的人，他们掌握很多关于语言、哲学、植物学、制图、算术、神学、历史和人类学方面的知识，还有很多我不知道的。他们如此多才多艺，是百科全书式的人。他们的总体想法是，教育本体论的实际过程就可以自行创造和"发展"教化。

也许我们可以谈谈两种批评，两种保守的观点。要么你把它作为课程的一部分，这可能是错误的；要么你把它作为精英项目的一部分，这同样可能造成误导。因此，我的论点是："不，教化不一定是精英主义，也不一定要立法。"此外，教化不是信教国家或世俗国家的成规，它不服务于身份政治和自我镜像需求。

在我看来，最好把教化看作一个充满争议的概念，当我们辩论和制订教育计划时，它始终存在，为那些非工具性的学习代言，或者为未来工作者赋权。

因此，我们永远无法摆脱它。但我刚刚介绍了三个不同版本的教化，涉及知识、公民意识和品格塑造。当然，还有很多其他内容要说，还有概念要辨析，因为对它的理解可能会改变。

约翰： 在澳大利亚和新西兰，公众认为自身非常包容，可以接受多种观点。新西兰曾就国民性进行过一场辩论，但毫无结果。我参与了一个关于"普通"奇异果①的电视节目，大部分人回答他们具有冒险精神，这是一个优秀品质。我们最著名的新西兰人，也是每个新西兰人都喜欢的人，是埃德蒙·希拉里爵士（Edmund Hillary）。他的著名不仅因为他攀登了珠穆朗玛峰，还因为他用余生回馈了夏尔巴人。澳大利亚对自己的国家有这样一个观念：一个开放的国家，一个阳光普照的国家。多萝西娅·麦凯拉（Dorothea McKellar）为此写了一首被广泛引用的诗："我爱这个阳光普照的国家，一个拥有广阔平原、崎岖山脉、干旱

234

① "奇异果"被认为是新西兰人的代称。——译者注

和暴雨的国家。"

我们认为自己能够包容多种观点。如果是这样的话，我们怎样才能获得教化呢?

斯滕: 我明白问题所在了，但首先，澳大利亚被认为是开放和热情的国家，这可能是不对的。

约翰: 也许不对，但这就是我们的主张，我们是开放的。

斯滕: 好吧，这是一个国家神话。

约翰: 可能是的，因此，我们不具备你们关于教化的第一个方面。

斯滕: 为什么不具备呢? 但我发现，如果有某标准或某课程是你必须学习的，甚至可能是被迫或以被灌输的方式去接受、认可和喜爱的，那么这是最大的问题。我对教化实质愿景的思考也包含对启蒙的理想和传统的持续检视——例如，对国家历史和国家神话的批判性"解读"。这意味着我们不仅要教会人们对现代性的浪漫主义批判和保守主义的人生观，也不能忘记农民、工人、女性作家和艺术家为过上体面生活和获得言论自由而进行的长达数个世纪的斗争等等，你还必须教给人们民粹主义、身份政治以及经济增长和资本主义的自我毁灭逻辑。因此，从某种意义上说，与其说教化是一种荣耀的、自满的、自夸的方式，不如说它是研究社会内部矛盾和困境的一种批判性的收获或邀致。但是，在丹麦人眼中，教化概念的问题是，政府和议会中的政治家从 2004 年起制定并实施了国家规范。他们宣称:"这 15 部文学作品和这 15 个丹麦历史事件是你必须学习的。"因此，一个民族的叙事被标准化，甚至有文化界的人、作家、科学家、建筑师等支持他们。问丹麦 15 个最重要的经典建筑应该是什么，诸如此类，那绝对是一种错误。首先，这就是愚蠢的，因为它是国家性的，而在丹麦这样一个小国，几乎所有事情都受

235

到了德国、法国、意大利、英国、瑞典、美国等国的事件和"行动者"的影响。

教育有目的吗？有很多目的吗？或者根本没有目的？

世界需要教育吗？

我们作为教育工作者和教育科学家是否需要哲学人类学？

目的问题与复兴教化传统有何关系？

11 认为教育学应去中心化 是否可能?

如果学习目标是强制性的，那么你如何自我去中心化，即摆脱自认为是宇宙中心、是唯一能够达成目标的人的想法?

这就是为什么我们需要教学生敢于分析、质疑社会的价值观和规范，敢于跳到另一边问一问：

● 我们如何成为拥有某些价值观的人?

● 我们如何被塑造为崇尚某些价值的人?

● 我们为什么这样思考?

● 为什么我们要按既有方式来进行分类?

这就是为什么我们需要通过他人的眼睛来反思，尤其是

● 学生的　　同事的

● 证据的

我们应当拥有让自己惊喜的可能与权利。

我
我
我

别太过于自我中心，以至于不尊重他人。

嗨!　你好!

斯滕：比斯塔在《重新发现教学》中简洁地总结了自己的观点，强调激励教师的理念应当是：教学非常重要，理解"我们只是作为成年人式的主体性存在，并非处于中心地位"也很有必要（Biesta 2017：98）。这意味着教师必须被这样一种观念所驱使，即所有的人都知道如何将自我去中心化。学校和大学必须在日常实践中对**去中心化**持开放且欢迎的态度，我发现，考虑到学习目标的强烈教育政治倾向化和"固化"时，这会很有意思。如果学习目标是强制性的，那么你如何自我去中心化，即摆脱自认为是宇宙中心、是唯一能够达成目标的人的想法？去中心化也是你思维模式的一部分吗？

约翰：哦，完全正确。这又回到了我所认为的正确反思上，因为太多的反思没有去中心化。

斯滕：它们是中心化的吗？

约翰：当我们问"我做了什么？"时，往往强调的是作为回忆的反思。但这还不够。我经常用《爱丽丝漫游奇境》来说明这个问题（Carroll 1871）。爱丽丝并非对照镜子在反思、思考、讲述或评论她反思的内容——而这往往就是当前教学中的"反思"。相反，爱丽丝碰了碰镜子，手穿过了镜子，于是她摔倒在了镜子的另一边。书的其余部分是一个寓言，讲述了别人是如何透过镜子看到她的。同样地，我希望教师的反思少一些事后的辩解和对他们所做的事情的回忆，多寻求从他人视角（例如，学生）来看自己的所作所为。因此，"可见的学习"的信条，是透过学生的眼睛看教学。

斯滕：是的，你似乎进入了一个反思的无尽循环，并启发你的自我反思。

约翰：是的，但我需要你的帮助，因为正如你所知，在用各种不同的哲学和社会学的方法来理解什么是反思，或反思可以是什么等等方面，我不是专家。

斯滕：我非常赞成德国人所说的 Dezentrierungskunst（去中心化；Ziehe 2004）。例如，对在校学生来说，学会敢于分析和质疑社会的价值观和规范是非常重要的。如果你跳到另一边大胆地问：我们如何成为具有某些价值的人？我们如何被塑造为崇尚某些价值的人？我们为什么这样思考？为什么我们要按既有方式来进行分类？反思进程就开始了。在弗里德里希·尼采的强烈启发下，法国思想史学家米歇尔·福柯在20世纪50年代至80年代提出了这些深刻且重要的问题（Nietzsche 2009/1889； Foucault 1980）。福柯还问：我们是如何成为这类主体的？我们如何谈论客体？知识与权力的关系是什么？语言、话语如何"创造"主客体的地位和不同的真理体系？

约翰：是的，我们可以从中学到很多，但是当我听到我的同事，如迈克尔·彼得斯（Michael Peters）谈论这些想法时，仍然很纠结（Peters 2013）。中心化……每当想起我儿子上公益会学校（Quaker School）的时候，我就很开心，因为他以前是个非常调皮的男孩，而这所学校里有一个理念就是中心化。这意味着他必须去教室里的某地方坐下来，以自我为中心集中注意力，了解自己，思考自己的行为——这是一个非常有效的方法。他现在33岁了，如果他做了我们不喜欢的事，我们会说：……

斯滕：专注于自己！

约翰：是的，但或许也应该让他去中心化：他如何理解自己对别人的影响？

斯滕：我认为像福柯这样的哲学家会打开我们的视野，强调与关于主权和竞争主体的强叙事相矛盾的在世存在方式。这样一个理想的或标准的主体做一切事都以他或她自己为中心：制订战略、展示最好的自我，以及独特的个人标签。对于处于中心的主体来说，其他人认为你是个聪明人是非常重要的。但是，中小学校和大学可以成为去中心化的场所，也可以开展遗忘自我和超越自我的实验。

约翰：是的，我对这两种可能性都很欢迎。学校可以教不同的技能、不同的知识，但这种反思或"认识你自己"需要透过镜子，不论是照镜子还是进入镜子的另一边。

斯滕：但是，如果你作为中心化和策略性主体，为自己所选的目标辩护，那么你如何做到二者兼而有之呢？

约翰：是的，我们确实需要被教导二者兼而有之。我正在读一本世界级高尔夫球手泰格·伍兹（Tiger Woods）的传记，这本传记非常有趣（Benedick & Keteyian 2018）。他在比赛中所做的就是将自己置于中心，他甚至都不承认对手的帮忙。

斯滕：哇，他过于沉迷高尔夫运动……

约翰：是的，他尽量不被其他事情打扰而分心，但在其他球手看来，他的行为并不友好。在他即将拿到自己的第三个业余冠军时，发生了一起著名事件，之前还从没发生过这样的事。在倒数第二洞，两位选手分数持平。泰格把自己的球捡起来，如果是你，你也可能会那样做，因为它挡住了另一个球，但他把球放回去的时候，却放错了位置。他的对手对他说："泰格，你记得要把它移过去。"现在来看，如果他当时没有按竞争对手的提醒这样做，他就会因为两分而惜败。但泰格从不感谢他的对手，他从不承认……

240

斯滕：糟糕的作风。如果没有友好的提醒，他会输的。

约翰：……因为他太中心化了，他没有认可对方。这根本就是粗鲁。他过于中心化，或者至少在比赛的某方面中心化。有一些避免分心的技能值得学习，同时，关于何时需要分心也需要学习。事实上，分心是执行控制的核心功能之一，我相信教师们知道，许多学生没有学习过（或被教授过）相应的技能，以避免不恰当的分心。是的，有些时候我们需要中心化，当过于中心化时，就可能错过向周围其他人学习的宝贵机会。

两个三角教育学

斯滕：让我们转向另一个主题。我试着用两个三角来描述教育学——教育的深度（Larsen 2016a）。如你所知，我努力使"教育学"这个概念有血有肉。第一个三角形试图揭示当一个孩子进入公立学校时会发生什么。从有限的视角来看，这可以被理解为二元逻辑下的个人客户-系统关系，而产品同时处于关系的两端。孩子（以及孩子背后的家长）从系统中得到良好的服务（国家提供教育），要求的回报是在未来几年里"取得"好成绩，并最终获得高学位，成为劳动力市场中具有销售价值和生产力的那部分产品。

241　　但是仅仅这样思考会导致一个明显的错误，因为你会忘记当你进入学校、考入公立学校后，最重要的事情就是成为一个积极的、学识丰富的公民。因此，教育三角具有极为重要的第三个角。故此，孩子-学校关系可以而且永远不应该成为"纯粹"的市场化关系。也许年轻人或成年人会被卷入试图进行激进变革的教育体系中，但我们不知道，也不会知道是否会发生这样的事。对于每个人而言，学校努力的方向必须是开放的。通过学校教育，我们每个人都必须具备相应资格以参加公共生活

（从事公共事业）。

约翰：我完全同意你的观点。

斯滕：第一个三角的逻辑是，你有权利和机会成为世界公民和社会公民。你必须参与其中。如果是买西红柿或买汽车，那通常只是参与一项交易罢了。但学生不仅仅是教育的个体消费者，更是受国家控制的客体。作为国家代表的教师正在给予你一些东西，而你自己是拥有私人兴趣的主体。但是在某种程度上，你也处于一种超越和挑战国家–私人关系的逻辑中。为了成为**公共性**主体，学生要在这第一个教育性–教育学三角中具象化为第三个角。

另一个三角形的建立始于课堂，你意识到教师和作为学生的你不仅是在参与一种双方的交流。案例、学科、任务、主题、问题域等等，总有一个实质性的东西处于师生之间。所以，师生双方都必须尽最大的努力去理解并呈现对主题的解释，不论它是否"包含"并要求语法练习、历史事件、排球扣杀或乘法任务等。这种"在二者之间"的内容可以被称为第三角魔力。

所以我的想法基本上是，我们应该丰富、培育和捍卫这两个三角，这意味着我们必须成为公民，我们必须成为有知识和能够自主思考的主体。

约翰：停一下，5岁的孩子也是公民。

斯滕：是啊，但你知道的，即便如此也必须参加训练以融入社会。他们必须通过实践以成为世界公民……

约翰：是的，他们确需如此。这是杜威的观点，他们通过成为公民来行使公民责任。现在，我们教育工作者的作用不是为未来的经历、未来的工作、未来的社会而培养学生。我们的作用是教育学生，让他们

242

289

创造自己的未来（Dewey 1933）。

那位宇航员教师（克里斯塔·麦考利夫〔Christa McAuliffe〕）说得最好：我触摸未来，我教书。

斯滕：是的，我同意，同时你也要学会根据眼前的需要自我去中心化。因为如果你是一个顾客，想以更便宜的价格得到汽油，那么你可以去下一个加油站看看。但一所学校不可能也永远不会变成那样。它绝不可能是一种市场关系。所以，我真正不喜欢的是，这种新的公共管理逻辑已经把两个三角形转换成了一个三角形，或者简化为两极相连的逻辑。

首先，公民被描绘成教育市场上的私人客户，他从国家教育机构那里得到某种商品。其次，你为对数学感兴趣的人提供最好的数学知识，这些知识，由“学习主理人”（以前称为教师）捐赠。所以这种两极逻辑在某种程度上抹去了三角逻辑……。我认为你和我，还有其他教育哲学家和争论这个问题的人，我们都应该坚持这两个三角形。

约翰：我认为这样有好处。但是，不仅仅有孩子、教师和内容，还有社会背景。

斯滕：是的，当然。

约翰：那么正如我作为一个父亲所做的那样，我希望我的学生就是学生。我不喜欢展望未来，我的观点是他们会创造未来。

斯滕：忙着让一个 5 岁的孩子长大成人，让他参与到竞争性社会中，这种法式或日式教育风气也不是我喜欢的……

约翰：但我知道有些家长希望他们的孩子成为这样，我尊重他们。不过我不会这样做。

斯滕：可能还有第三个三角形在起作用，你具备某种特性、某种品格，而你或多或少认为学校系统应该塑造新的正确品格。但我的想法是，品格的塑造可以理解为一个无休止的过程，一个"永恒"的内置存在和内置运行，或者像你用德语说的，一个教化的过程（Koselleck 2006）。没有一成不变的要从教育系统里接受或期望的特性（没有强制教化）。

所以，你应该考虑以三角模型构建品格，而不是从 A 到 B 那样的模式。你总是在谈论自我去中心化，就像来自汉诺威的德国教育家托马斯·齐厄用德语"Dezentrierungskunst"所表达的那样（Ziehe 2004）。与丹麦哲学家克尔凯郭尔一直强调的一样，齐厄也认为人类应当拥有让自己惊喜的可能与权利（Kierkegaard 1959/1843）。身份认同发生在你走向世界和新存在方式的场域中。 1793 年，德国哲学家兼教育改革家威廉·冯·洪堡对教化做了确切的描述，认为它是世界与人类之间最丰富的 Wechselwirkung（相互作用、相互影响），以此充实他在《人文教育论》（*Theorie der Bildung des Menschen*）中谈论的 "die Veredlung seiner Persönlichkeit"（他/她的个性的改善）（Humboldt 1960/1793；另见 Klafki 2000）。

约翰：但是，再说一次，你上学的时候和现在的区别是，现在我们期望学校承担更多的责任。我对此没有异议。

斯滕：主流观点想当然地认为，学校或多或少应该成为社会经济逻辑的一部分并受其指导……

约翰：日趋如此。

斯滕：……还有国家间的竞争逻辑。我认为这已经剥夺了学校——包括大学——的自治权，正如法国哲学家雅克·德里达（Jacques Derri-

243

da）在他著名的开学演讲——《不具备条件的大学》（The University Without Condition）中宣称的那样（Derrida 2002/1999；Larsen 2019c）。

约翰：是的，我同意这一点，但我希望今天的学校、家长和社会在培养对自我的尊重和对他人的尊重方面承担更多的责任。这是我最希望学生们去学习的东西。这也会引导他们进一步学习和获得更多的回报。

斯滕：是的，但正如你所说，我们也必须了解和讨论学校所处的整体社会环境。

约翰：那是额外的内容了。

斯滕：我们也要知道如何批判。思维的本质是敢于批判地、与众不同地思考（Larsen 2018b）。在制度层面上经常发生的是，做事情和理解事情的习惯和传统方式会越来越标准化，甚至"居于"制度背后的人——专业的教师和学生之上。我们必须记住，教育机构及其逻辑和程序只能建立在论据基础上，它们总是可以被审视和质疑的。

约翰：你说得对。我记不清在多少次的毕业演讲中听到，发言人恳请毕业生忘记他们被教的东西，创造新的认识方式。批判、重新学习的策略、对未知的好奇，这些真的很重要。

斯滕：教育机构是基于证据的场域，而不仅仅是实体建筑或国家财产。

约翰：这就是我欢迎你来这里的原因。批判是我们职责的本质，也应该是大学事业的本质。

去中心化是学校的任务吗？

教育学是在两个三角模型中产生的吗?

认识这个世界和如何思考，是否需要自我去中心化?

我们如何在学校学习成为公民?

12 如何对待神经科学？

"可见的学习"是许多影响因素彼此重叠的故事，这种交互影响在过去25年中被重新发现了。

它已超越了排名本身。

认识你的影响。

抵达集中反映在评价性思维中的教育专业知识本质。

不，我们无法看到大脑的学习。

有关于学习的科学，甚至有关于学习的神经科学。

必须保持"学习"？充满争议的词。

对，我们可以让学习的过程和我们已知的内容更加可见。

对我们的学生

对我们自己

对同事

斯滕：现在让我们试着偏离一下目前的讨论，进入一个新的领域，一个备受期待的领域：神经科学。不过，谈到教育研究和神经科学之间的关系，如果你想了解我们是如何学习的，那么评估一下数十亿个不同的突触（脑细胞，即神经元的连接）在我们学习时发生了什么似乎很有必要。意思是说，你应该获取独特而广泛的数学知识，而不只是一个数学脑，不是吗？

约翰：当然如此。

斯滕：因为哪怕只有两三个参数在测量的时候相互关联，就已经是一个复杂的数学问题了。你还必须处理大约 13 乘以 10^{12} 个"学习"神经元。你如何把它转换成屏幕上的神经图像？又如何在无法触及的领域中讲述你的故事？

约翰：你说得完全正确。这确实很复杂。

斯滕：在某种程度上，我认为，如果你把复杂的现象简化为某个简单的解释或某种丰富多彩的迷人图像，那才是真正的误导，才是最坏的错误科学。

约翰：这就是为什么人们经常曲解我创建的排行榜，误认为每一个因素都是独立的，然后质疑为什么我没有注意到重叠关系！

斯滕：所以它们不是彼此独立的？

约翰：并不独立，实际上我在《可见的学习》的最后介绍了那个排行榜，并尝试做出概述。但是很多人把它看作起点，他们忘记了这是个故事而不是排行榜。在后续写作中，我再也没有使用过排行榜。

斯滕：是否这样，排名第 38 的因素（教学大纲和总结）、排名第 1

的因素（教师集体效能），以及排名第 15 的因素（成功标准的存在），它们是密切相关的?

约翰：完全正确。这就是为什么我花了 20 年的时间来叙述这个故事，其中处处有重叠。本书第 3 章和第 10 章就讲述了这个故事，但可能还不够大胆。我现在有 20 多本关于实施和重新解释"可见的学习"的书。目的是把其中的信息传达出来。这就是故事，而数据是获取故事的机制。但是，当我读到一些批评时，它们似乎都是关于数据、排行榜的，而几乎没有人评论过这个故事本身，也几乎没有人认可过其他几本书中存在着的解释和实施措施，以及相应的主张。

斯滕：那请你告诉我，从 2009 年开始到现在，你一直从事这个领域的研究，取得了哪些成就?

约翰：我在 1978 年完成了我的第一个元分析，1983 年在华盛顿大学研修期间开始收集和思考元分析综合，并在 1992 年第一次尝试发表论文（Hattie 1992b）。当时的期刊编辑拒绝了我的初稿，指出文章中缺乏丰富的故事（感谢当时的编辑理查德·史密斯）——这促使我转向对故事本身的探求——所以实际上，这更像是 25 年来的思考、策划、计划、拒绝和建立基本的解释。我认为有时间来这样思考是很奢侈的，因为这并非我的主要研究领域，而更多是我的一个爱好。除此以外，我主要生活在测量的世界中。

斯滕：在过去的 25 年里，你的故事是否发生了变化，还是你仍然坚持一个宏大的元叙事?

约翰：故事发生了很大的变化。正如我所说，我尝试发表的第一篇文章被拒绝的理由是充分的。因为那时只有数据而没有解释，而此后我才打开眼界。

斯滕：有一段时间没有故事？

约翰：是没有。

斯滕：之后就有了一个故事，就是你现在所讲述的这个故事吗？

约翰：怎么可能？现在这个故事是我花了很长时间才弄明白的。

斯滕：因为在我看来，在某种程度上，有一种积极的观点，例如，来自普通背景的人应该有可能得到最大程度的支持和最好的教育，以此帮助和激励他们过上自由和幸福的生活。就你所有"可见的学习"项目而言，你想为他们的社会阶层跃迁做出贡献吗？

约翰：当然。这就是教育的意义所在。

斯滕：同时，教师应该能够反思自己的实践，并在之后做得更好。所以，你的叙事中包含许多方面。我说得对吗？

约翰：对。

斯滕：而且这些方面多年来一直是固定的，甚至可以说是普遍的和预设的？

约翰：其中一些是的。不是很多，但是有一些。

斯滕：至少有两方面：改进和反思。似乎还有第三方面：犯错误以及从失败中学习（fallibilismusbewusstsein，德国人称之为对谬误论的意识）的权利。这可能也是你宏大叙事的一部分。

约翰：是的，从某种意义上说，我在构建故事的过程中犯了很多错误。从失败中学习是较新的研究焦点，因为我逐渐认识到它的重要性，特别是对于那些在学校里没有特权背景的人。

248

斯滕：那是最近的事吗？所以叙事发生了变化？

约翰：是的。

斯滕：你说叙事也会改变，并且必须与你周围的情境、社会和历史逻辑一起改变，对吗？也许这个叙事不仅与对你所作所为的政治方面和学术方面的批评有关，还面临着它们的挑战？

约翰：人们对这个研究有太多的曲解和误解，尤其是在政治领域中。简化的解释会阻碍更细致的讨论，比如仅使用排名、挑选符合个体任务的偏好选项。但那是政治——正是评论者自己制造了口号，之后以此提出批评。我见过很多政客，也许无一例外，都先入为主地了解和解读这项研究，他们也不会看口号，天真地认为可以理解这项研究。不过，政治空间里不仅仅有政客。

但我不会仅仅为了适应政治、赢得政客的支持，或者安抚那些想要不同答案的人而放弃对证据的解释。我从政治辩论中学到的一件事是看到"叙事"的巨大力量。在许多方面，这种叙事与学术界的关切、条件和考虑背道而驰——例如，"认识你的影响"旨在形成一个强有力的简单叙事，学术界的重点是要求教育工作者理解他们自己的影响，讨论我们所说的影响是什么，追问影响会是什么样子——这是所有核心问题。

现在，在澳大利亚，我讲的是"专业性"的故事，因为我认为教育的业余化是对我们教育职业的最大威胁之一。现在，学校的工资中有很大一部分是给教师助理的——似乎每个人都很喜欢他们，但证据表明，他们对学生学习产生影响的效应量是零，甚至是负数。但他们的开支更少，受到家长和教师的喜爱，而且似乎提供了"个性化关注"——当然，学生最需要专家的帮助而不是业余人士的。我看到了教师教育的低级化，投入很多却很少关注质量，这与真正重要的事——教育工作者的专业性——相去甚远。

在澳大利亚，我加入了"暗黑势力"——我被联邦内阁任命为澳大利亚教师和学校领导者协会（AITSL）主席。这给了我一个平台，让我有机会接触到高级官员和部长，并得到了 AITSL 内部理事会成员和大量员工的支持。他们利用社交媒体完美地达到了专业水准，提供了惊人的资源，为澳大利亚的教师和学校领导制定了专业标准，等等。我非常喜欢这个角色，因为它有点超出我作为一个学者的舒适区。当然，这意味着在与政界人士、评论家、专业人士互动中，我看到了叙事的巨大力量、对信息的及时获取、各种呼吁支持倡议的方式、简报和政策文件的制定，以及如何确保体系中的不同层级共同参与叙事的关键本质。

当然，我只是 AITSL 的主席，我还必须学会听从理事会的意见——他们是世界上最好的评论家。无疑，这是我们所有辩论的精髓。

至于学术辩论，它很重要。我对学术评论家没什么意见，甚至很喜欢。我曾在所有涉及"可见的学习"的文章中选定了一篇可能是最好的（Snook et al. 2009），将它作为我的课程资料。我从评论家那里学到了很多东西，这当然也改变了我的写作和言谈。我曾经一度拒绝与评论家们你来我往地撰文辩论，因为我不想看起来在过度自我辩护，而希望被视为鼓励批评（好像我可以阻止它！）。当然，我忽略了所有的人身指责，而其中有太多来自学者（和博客作者）。我曾写过关于"成为一名公共知识分子"的文章，这似乎是一个日渐式微的角色，不过事实上，这个概念现在被视为精英主义（Hattie 2010）。我们最近发布了一份白皮书，汇总了能找到的所有批评（不包括人身攻击），并给出了回应，以推动这场辩论（Hattie & Hamilton 2018）。

我确实保存了一份文件，包括我能找到的全部评论，一些博客作者也花费大量的时间来帮助我编辑这些评论。我正在写一篇博客，对此做出回应，不过我知道这无法安抚那些不喜欢这个故事的人，因为我只会回应评论中的观点，这不会受到那些想要个人争斗的人的欢迎。我将忽略那些荒谬的、针对个人的，以及许多不值得批评的极端主张。看到评

250

论自己作品的书籍和文章让我变得谦卑，我相信这有助于观点的进化。成为众矢之的是成功的标志，这句格言给人以安慰。

对神经中心主义的批判

约翰：我和格雷戈里·耶茨（Gregory Yates）合著了一本书《可见的学习与学习科学》（Hattie & Yates 2014），你批评了该书中对人脑的看法。

斯滕：实际上，我多年前从哲学、社会学和具身现象学的角度研究了神经科学，在我看来，这意味着我会将人脑的可塑性和突触连接视为具身的和嵌入式现象（Larsen 2013a；Sheets-Johnstone 1990； Fuchs 2018）。所以，当我阅读和评议你的书时，我认为它采用了一种工具主义的方法，并且在我看来，你能够用人脑导航，以一种你能控制的方式。简言之，你的观点是我们可以掌握人脑的逻辑，进而引导人脑进行特定类型的观察。我认为这违背了现代神经科学的逻辑和见解（Larsen 2014c）。科学家和哲学家都批评了用神经中心主义的方法来研究和理解大脑。

约翰：认为人可以引导脑、控制脑是无稽之谈。有一个简单化的观点：当你用“学生”来代替“脑”这个词时，这通常表明你说的是新东西，不同的东西——“你可以引导学生，这样你就可以控制脑”，对此我并不认同。我们对脑的了解非常多，但和一个有脑（还有心脏、手等等）的学生一起工作时，我们并不能对“脑”进行操作。不是要影响人脑内的连接和信号发射，而是要观察学生如何形成观点、如何建立观点间的联系、如何利用和拓展观点——当然这会导致脑内的连接和信号发射。

斯滕：是啊，我读那本书时，觉得你的视角非常局限。因此，对于我来说，阅读你和克劳斯·齐雷尔的最新著作《可见的学习：十个心智框架》（Hattie & Zierer 2018）就是一个巨大的惊喜，因为我发现这本书更丰富了，它开启了对人文性和关于"是什么"问题的争论。在这本著作中，你似乎不得不改变你的方法（Larsen 2018a）。

约翰：不是完全改变，但的确变得更精细了。我非常努力地想摆脱"什么有效"的观念。简单化的观点是，你所需要的只是"证据"，证明你只要加强学习，一切就都会好起来。几乎所有的因素都行之有效。而我更感兴趣的是"什么最有效"。在影响因素分布的前半部分和后半部分之间，一个重要的潜在差异是与教育者的思维方式——心智框架有关。

斯滕：这也是你在《可见的学习：十个心智框架》中提出的，而在之前的书中并没有如此强调该观点。现在你说："不是什么有效，而是什么最有效。"不，这不是在辩解。实际上，你在新书中阐明了你的一些论点。

约翰：对，你说得不错。

斯滕：我之前说过，我最近发表过一篇对你们作品的评论，名为《可见的盲目性——对教育中可见的学习范式的哲学批判》（Larsen 2019a）。我的观点是，对学习主体来说，学习不是立即可见的。需要并且应该采取质性的终身视角，并通过存在主义视角的自主反思来认识和承认学习何为及能为。我们看不到脑的内部。我继续以教化为例，教学不仅仅是一种"产生"学习的方法，也不仅仅是对学习目标的再现。那么，你为什么说学习是一种可见的现象呢？

约翰：在大多数情况下，学习是看不见的，因此我的作品的标题是旨在让学习可见。这可以通过很多方式来实现——教学生出声思维，观察他们在某任务或问题中的表现，在解决问题时倾听他们的想法。在许多方面，需要教学生如何让学习可见，这样我们就知道我们的影响，哪里教得好，需要注意哪些概念和误解，并“听”到我们教学的失误和成功。当然，这需要与学习者进行大量交谈。

我们（Hattie & Yates 2014）从未试图说服你“神经学习过程是可以管理的，可以通过在学习制度中设计神经增强过程，转化为有意识的干预”，正如你在文章中所说的那样。我们从没有声称，学习者可以知道他们脑中发生了什么，他们说出思考的过程，“他们是如何思考的”。这就是为什么我们需要具备学习科学策略方面专业知识的教师，结合学生所说、所做来进行交叉互证，测查教师对孩子如何学习的信念，以及寻求“第二意见”，要么通过相似或迁移任务，要么通过与同事合作——例如认知任务方法。

斯滕：谢谢你的阐释，但如你所知，我坚持认为学习是一个非常有争议的概念。

约翰：你在前面引用了另一位丹麦人克努兹·伊列雷斯的观点，他提供了世界上最好的关于学习概念的研究，他的工作当然也呈现了有争议的“学习”概念（Illeris in Larsen & Pedersen 2011：380-381；Illeris 2004；我也为他主编的作品供过稿：Hattie & Donoghue 2018，作为争论的一部分）。学习将继续是一个多形词，它应该被质疑。关于我们如何学习（通常以多种方式）这一问题我们仍然有待了解。

我同意你说的，“学习永远不可能是一个瞬间的、简单的、可见的现象”，同样，思考远不止学习。我同意教化是一个强有力的概念，在英语世界中很有吸引力，因为它不仅仅是教育，而且可以直接引发有关品格塑造的重要辩论（这比 21 世纪技能、知识和学习策略更重要）。通过这本书，这一点表达得更为清晰，我同意你的观点，比起强化可见的学习的进程和结果来说，教育目的有更高的要求，也更具挑战性。

教育科学是否需要一个强有力的叙事，即一个故事?

谬误论是什么意思? 它能否让科学变得谦卑?

教育研究需要神经科学吗? 或，神经科学需要教育吗?

学习是一个备受争议的概念是什么意思? 为什么?

13 如何对待批评？

斯滕：或许你也能从评论者那里学到东西。

约翰：思想批判是学术的本质。我读了很多评论者的评论。在我自己的课堂上也纳入了一些批评，特别是伊万·斯努克（Ivan Snook）和他同事发表的最早的评论文章（Snook et al. 2009）。这是令人敬佩的批评之一，聚焦观点，而并非我个人，同时他们也提出了一些重要的问题。受到批评是一种荣幸。

斯滕：这又是卡尔·波普尔著名的证伪方式，在实证研究领域，这是确保和捍卫有效性的最起码条件（Popper 2002/1953），也是我们都认可的。当然，辩解是没有用的。

约翰：其中一种批评意见是，我的成名之作的标题具有误导性——学习怎么能"可见"？是的，学习很少是可见的，但重点是我们如何让学生、教师、学校领导和政策制定者的思维变得可见。其中困难重重，如他们如何思考、加工、制定策略、误解、建立联系、迁移学习等等。其中一个必要条件是建立你和学生之间、学生和学生之间的高度信任，然后才能"听到"他们的思考，大声说出来，并创造机会从我们不知道的东西中学习。

斯滕：尽管我们已经讨论过好几次了，但我仍然很难理解你在新书中提出的这一观点——尤其是这一观点的理论和科学含义——正在发生的事情中有80%可能是我们无法使之可见的！我想，这可能会限制"可见的学习"项目全面掌握和展示学习的可能性？

约翰：不，我没那么说过。正如我所强调的，我引用了格雷厄姆·纳托尔的发现，课堂上发生的80%的事情，教师看不见也听不见（Nuthall 2007）。因此，恰恰相反，我们需要用更多的方法来帮助教师看到他们的课堂上所发生的事情，让所有学生的学习都更加清晰可见。

斯滕:一般情况下,教师的眼睛看不到。你似乎认为教师需要训练,也许需要阅读一些哈蒂的作品。我的观点,或者说我的问题是,是否至少存在三个原因造成这种不可见性(Larsen 2019a, 2019b)?第一个原因是学习本身就是一种具身现象。

约翰:正确。

斯滕:但是,在一个人人都坐着不动的学校体系中,身体的视角既不能被研究也不能被释放。

约翰:是的。当它们持续运转时也是如此。

斯滕:即使离开学校,你也是以全面的身体形式(具象化及生活化)来获取知识。不论是校内还是校外的知识获得都是以具身的形式,所以当然了,教师不可能以 1:1 的视角看到知识,也不可能获得相同的褒奖。

约翰:是这样。

斯滕:第二个原因是,像你指出的那样,我们不能直接观察人脑的实时活动……

约翰:是的。你可以用一种技术上非常复杂的方法,不过那也无济于事。

斯滕:尽管神经科学试图接近实验室外的真实生活,但是对于20—30 名学生和他们的教师之间复杂的课堂互动,还没有一种适当的技术可以进行细致入微的脑扫描。

约翰:我们正在这样做。我们在墨尔本和布里斯班建造了这样的教室,现在可以在那里看到学生们在一起工作时脑功能的相互作用,以及学生之间的相互影响。

斯滕:是的,我们可能会做到这一点。但是到目前为止,你仍然是将人固定以便扫描,这是个典型的将活生生的课堂行动变得人工化的版本。

约翰:你戴上功能磁共振成像(fMRI)头盔,我们就能够看到所有的交互连接和信号发射,但你会被数据淹没,而它并不能说明很多(至少目前是这样)。你能得到很多图像,但那是在神经心理学方面的重要进展。

斯滕:第三个原因是,教师可能会被蒙上双眼,因为他只想看到自己知道的东西,只想看到自己必须攻克的概念和思维方式。所以这种思维方式有可能蒙住教师的眼睛。你是否也想到了这三个原因,或者你是否有更多的理由来解释为什么课堂上80%的事情没有被教师看到?你觉得哪一个原因比其他原因更重要呢?

约翰:我确实认同自我认知偏差的存在,我们人类必须解释眼前发生的事情。但我想回到你说的第二个原因,那就是你不仅没有看到很多课堂上的互动,而且不经常听到学生之间的私下谈话。这是纳托尔的基本主张(Nuthall 2007)。

256

斯滕:正如你提及的,在大学里,最重要的事情都发生在咖啡机周围……

约翰:没错,今天的传闻往往是明天的问题。

斯滕:……同事们在休息时交流八卦、笑话,以及对领导和同事的"评价"。

约翰：这些对学生来说就没那么重要了，但我们正在努力理解学生们彼此是如何思考和交谈的，因为同龄人之间的交流非常广泛——既体现在他们之间使用的语言方面，也体现在与同龄人交谈的方式方面。而且这两方面都很难让教师听到。这也是为什么我不喜欢观察教师，拿着检查表的校长或检查员坐在教室的后面，观看所谓的最佳实践视频——所有这些事情都让我感到厌烦。

斯滕：督学人员在英国到处巡查。

约翰：嗯，是的，比那更糟。会有校长坐在教室后面填写"丹尼尔森"表或"马扎诺"表（Danielson 2011；Marzano 2018）。这两个表格的宗旨都是抓住有效教学领域的核心概念。丹尼尔森表基于四个领域：计划和准备、课堂环境、教学和专业责任。马扎诺表有更多的领域，如设定目标、提供反馈、模拟和低风险竞争、参与性、维护课堂规则、与学生的关系、传达高期望。这些框架的发明或推广可不是为了作为一种方法让坐在教室后面的人使用，让他们判断教学是否体现这些，然后在表格中勾选。

还有人让教师制作视频并发送给别人观看，或者对视频编码。我强烈反对这种方法，因为选择了错误的观察对象——教师。再重申一次，这样做是将教师的观点置于优势地位——既从旁观者的视角，也从观察教师的视角。一位 60 岁的校长怎么能仅靠坐在教室后面，就理解一个 6 岁的孩子坐在教室里的感受呢？他们如何知道教师在课堂上用什么样的评价性思维来做出每时每刻的决定？相反，我们应该一次又一次地问，我们教师如何能看到教室里发生的 80% 的事情。这就是我的抱负和希望。最大的愿望是，我们应该看看对学生的影响，帮助教师了解他们对所有学生的影响。

斯滕：那样做也有可能造成对教师的不信任和监视……

约翰：是的，有可能。当然，那种做法弱化了观察的作用，而将观察者和他们所具有的思维方式作为重点，重视他们看到了什么，没看到什么，并且贬低教师的评价性思维。

斯滕：……通过观看、演练或间接检查，还可能会迫使教师们上演他们与学生之间完美的积极互动。每个教师都会避免使自己受到解雇和诽谤。

如何回应批评和评论者

约翰：那么，我该如何回应批评和评论者呢？

斯滕：你应该如何回应？可能有四种不同的方式来回应批评。第一种方式是，如果你觉得他们指向的是一个薄弱点，那么你就加强自己的论证，这可能是你一直在做的事情。可能出现的反应是："哇，我必须在论证中补充一些内容。"并不是说这种好奇的一瞥会强化你的立场，使你在未来免遭评论和批评。但你可以对自己说："也许我应该看看尼古拉斯·卢曼或威廉·冯·洪堡写的东西，或者试着用德国的教化和经验概念来思考。"

约翰：我喜欢这个观点。

斯滕：第二种方式意味着你要打开视野，去用其他方式思考，前一个方式主要是一种重新整理你自己的论点的方法，使其变得容易理解、更清晰，也不容易被误解。这对你来说可能是家常便饭，因为你会经常有所意识，并且说："好吧，我应该在我的第一本书中强调这一点，我知道是他们误读了，但我也没有用正确的方式论证"，"我把影响的相关数据放在表格中，这看起来像一个层级结构，暗示最上面的因素即最好、最重要的，但这不是我的本意"。

面对批评的第三种反应，我想你会说："这纯粹是针对我个人的评论，所以我不想听也不想回答这个愚蠢的问题，因为他们除了针对我个人外并没有提出真正的观点。"

约翰：我拒绝给这些谬误以回应。我被教导去批判思想而不是人。你会忽略这些吗？

斯滕：是的，我试着忽略这些攻击。第四种回应方式可能是，你开始思考现在自己已经完成了一项以某种研究语言编写的研究，但是你发现它被应用到其他领域——如，某政党的意识形态、工会成员的利益、需要品牌战略的学校校长，他们错误地运用了你的研究，得到了错误的结果，如让可见的强制性学习目标合法化，或者其他。科学是与有效性和真理性打交道，而政治的准则是权力，经济的准则是利润。

约翰：这就是我在之前 20 多本书中、在我的演讲中、在"可见的学习"实践中尝试做的。

斯滕：总结一下：第一种、第二种、第三种方式属于科学内部逻辑，第四种方式包含所有微妙的实施情况。谁知道，你或许可以自我辩白："首先要阐明我的学术论证。其次，我要让它更精准，这就限制了在不同的社会、政治、意识形态背景下实施的风险。我可能在下一本书中单设一章，讨论这些明显的限制和局限。"可能看起来像第二种反应方式的扩展版，因为一旦添加了新的视角，它就可能会变得深奥，以至于你必须重新整理你的全部成果和标准的科学叙事。

在某种程度上，这就是我解读《可见的学习：十个心智框架》（Hattie & Zierer 2018）的方式。在你完成这本书之前，你可能会对自己说："好吧，到现在为止，我只处理'如何'的问题。但我必须更深入地问'是什么'和'为什么'。这意味着本体论问题：它到底是什么？

以及存在主义问题、规范主义问题和政治问题：人在教育中的角色是什么，为什么教育在社会中很重要？所有这些非常重要的问题都必须被提出。"所以你耐心地把自己从一个统计学家转变成一个全新的人——或者委婉点说，是一个不同类型的集合体，也许是半个哲学家、半个社会学家，就像我在我们的"聊天"中多次提及的，也许你是一个有很高天赋的跨学科老智者，一个不仅能接受变化、澄清和添加东西，还能重新审视自己的思维方式、辩论方式和写作方式的老智者。这可能是回应批评和评论家的激进的第五种方式。

约翰：我相信我会在这种思维方式中不断进步。关于"如何"的问题，我还有不小的差距（正如你和其他同人常常提及的那样）。我们的想法是，太多的人仍然在寻找能够应对教学、学校和课堂的"可见的学习"处方，寻找他们应该采取何种"影响"的答案。我一直拒绝解决这类问题，但我还是决定写这本心智框架的书，原因在于，比起对这些"如何"问题的思考，我还有其他更多的东西要表达。的确有一些特定的思维方式，能够带来真正改变学生学习生活的专业知识，它是即时的、适切的、对学生已知和未知的反应、对他们纠正课堂中正在发生的事情的方法的思考——所有这些都是教师如何思考的程序。

那么，让我来提出第六种反应方式，而且是一种简单的方式。有一些错误是我和一些读者都注意到了的。对这种错误的回复很简单——修正错误。在我的第一本书中，我就在思考怎样才能想出其他解释效应量大小的方法。最后我使用了共同语言效应（McGraw & Wong 1992）。五年前，一群挪威学生发现我犯了一个转录错误。他们给我发了电子邮件，但我当时正在旅行，我说会尽快回复他们，确实很快就回复了。错误产生自我从 Excel 主文件移动数据到书稿上时，选择了一列错误的数据。我立即纠正了这个错误，出版商也更新了附录。我认为它所传达的信息很清楚。五年时间过去了，再没有人看到这个错误，也没有人去注意共同语言效应的大小。但一些评论家怒不可遏。哦，天哪，他们批评得太过分了，就因为我犯了个错误。这个错误没有改变故事的一丝一毫，因为它是解释效应的额外一种方式，它对关键信息没有任何影响；但是一些推特、博客作者，甚至一些期刊都因为这个错误对我进行了人身攻击。是的，我很遗憾出现这样的错误，但是当它被指出后，我就进行了纠正。我欢迎任何对错误的指正，也会对其进行修正。

斯滕：现在，我想在过去的几年里，特别是在《可见的学习：十个心智框架》（Hattie & Zierer 2018）中，我十分认可你对我以及其他人的批评所持有的开放态度。在你提到并充实了第六种"简单"的回应形式之前，我强调的第五种批评形式是成熟的、充实的学术批评，它发生在社会和科学历史不断变化的氛围中。作品写在"一战"之前还是"二战"之前？它写在柏林墙倒塌之前还是之后，越南战争之前还是之后？总有一个更大的社会背景围绕着你和你的观点。有时你也要考虑你的研究之所以成功是否因为不同类型的权力逻辑。

约翰：嗯，我感觉责任更大了。

斯滕：你可能觉得惊讶，但是你也不会忘记那些被高度控制的打分、读者的好评、50 万册的发行量。或者，被邀请到世界各地去演讲也很棒。这是一种声誉、高自尊等等。对每个人来说，这都是本性的一部分。不仅是你，原则上每个人都是如此。几乎每一位学者都想广为人知，以此成为"名人"……

约翰：不，不，那很可怕。我还有很长的路要走。

斯滕：可怕，但也很棒，对吗？但是假设你稍微换个视角，试着从你的名誉、"可见的学习"事业、掌声和"尊敬的约翰·哈蒂先生"中抽离出来，你会说："当时是什么样的时代精神欢迎我？为什么他们会用我的论点呢？"你可能经历过被拥护，同时又被误解。也许他们如此拥护你是因为你能够提供他们需要的内容清单——例如，2012—2013年在任的这位丹麦教育部部长。

她可能没有读你的作品，而且我猜她并不理解你的作品。她将理论应用于另一种斗争中，即希望6万名教师和工会领导人退出政治游戏，并在事后规定他们的工作标准，改变整个的学校规章制度。她还想基于"可见的学习"创建一所新学校，以实现强制性的和明确的学习目标。因此，从这个意义上说，他们需要一种研究的合法化论证，他们找到了你的著作（Skovmand 2016，2019a，2019b）。

所以，不论你接受的是批评还是政治欢呼，这都是你必须要知道的，我认为你可以通过阅读卡尔·马克思学到很多。他说，从他的立场来看，在某种程度上，批判也是为了找到作品的内在逻辑，以及你必须超越的社会条件（Marx 1976/1867；Larsen 2014b，2014d，2018b）。这就是为什么他读了18世纪末和19世纪初英国经济学家亚当·斯密和大卫·李嘉图的书以后，说他们不理解劳动的概念，不理解活生生的劳动和商品化劳动力、剩余价值生产、剥削和资本积累之间微妙而真实的联系。他们只懂得劳动的概念，却不知道价值是如何通过对剩余价值的剥削被创造出来的，还有那些糟糕的严肃的废话。因此，通过阅读经典，马克思看到了他们的失败，这促使他形成另一种思考、分析和概念化的方式。

约翰： 哦，是的，我看得出来。在一篇关于知识分子公共生活的文章中，我谈到了大部分的批评（Hattie 2010）。是的，可以用我的整个学术生涯来钻研奥秘，事实上直到2008年，我一直在测量世界中做这些。我曾任国际测验委员会主席，主编测量类期刊，在测量会议上发表主旨演讲，教授大量测量课程，担任测量系主任，指导学生撰写测量论文，撰写测量和统计领域的书籍和论文。我认为我的贡献是使用复杂且适当的测量程序来回答有趣的教育问题。我为此感到骄傲。"可见的学习"以前只是我的爱好，没错，的确，它的出版改变了我的职业生涯轨迹。

但我不想在我职业生涯的剩余时间里依然讨论我 10 年前所做的工作。所以我决定留在实验室里，让其他人来传播和实施，我非常感谢这些令人惊叹的专业人士。我在一年中只花 30 天的时间来谈论"可见的学习"，并且维护着一个开放而有趣的研究项目和团队。

这意味着我要不断成长，不断学习，不断完善"可见的学习"所传递的信息。我改正错误，目的是在被指出的薄弱点或争议点上强化我自己的论证。我从许多评论家和同事那里打开了视野，用不同的方式思考，在随后的 20 多本书和许多文章中，我试图重新推敲自己的论点，使它变得易于理解、更清晰、更不容易被误解。我持续充实数据库，力图在"可见的学习"中证伪某些基本的故事和理论，同时也坚决不回应那些人身攻击。

我必须说，我对其中的一些攻击感到意外——那些攻击通常来自教师手写的信件，而且很少署名。我只是想知道，在某些情况中，他们对我发表尖酸刻薄的言论后走进教室时会发生什么事情——愿上帝保佑那些与他们意见不同的学生。但这类人是少数。

我很高兴有人对我的工作提出有见地的批评，真是荣幸。比如被你、比斯塔、斯努克和其他这样的人批评是一种荣幸。我是这些批评的受益者。

斯滕：这可能也是你工作的方式。

约翰：是的，评论文献，即其他学者的工作，是研究的核心。我对此满怀尊重，而且我相信这是非常必要的学术研究。这就是我喜欢思考的工作方式。

262

斯滕：在批判前人或他们的论证时，它邀请你去克服和超越他们看不见的东西，并找到另一种思维方式。

约翰：是的，发展新的思维方式、新的解释、新的思想之间的联系，这就是学术批评。

概念史是一种有益的思维方式

斯滕：在我所成长的德国传统中，你所推崇的 Begriffsgeschichte，即概念史（关于学习、教化、创造力、创新等概念的历史变迁的知识）是学生获得启发和思考能力中非常重要的一部分（Koselleck 2006；Larsen 2015c，2016a）。

约翰：当然如此。

斯滕：例如，概念史是这样的，你知道在 17 世纪或 18 世纪，素养（competences）这一概念并不像现代这样被实际使用和广泛应用，因为在那个时代，只有国王才有那种素养，或者可能是军队或警察也有。素养非常符合暴力垄断，而不符合移情、社交、创新、创造性、个体性、灵活性、爆发性、弹性等现代理念。

约翰：英语中不是这样使用这个词的。

斯滕：但在过去的 20 年里，我们亲历了素养概念在一个广泛的、闻所未闻的语义多元化进程中爆炸式发展，最终被嵌入一个六到七层的素养文件中，它适用于丹麦和许多其他欧洲国家的每个公民。因此，你必须要知道历史上这些词的概念。

约翰：是的，我同意。

斯滕： 但是，你在堆砌和分析数据的同时，如何积极地应对这些知识的消失的呢？你如何在"可见的学习"项目中体现历史性概念知识？

263

约翰： 因为像你我这样的人需要认可这一点。我提到过，我非常喜欢拉里·库班的故事，他是美国历史学家（Cuban 1984）。他研究了过去 200 年来教学的变化。他的观点——也是我的观点认为，如果一位 19 世纪的教师来到今天，他可以径直走进教室教书。亚历山大·格雷厄姆·贝尔却不会使用现代的电话机。他会看着一部手机说："不，那不是电话。"

斯滕： 是这样。

约翰： 一方面，这是对现实的描述；另一方面，这也不一定是坏事。我们或多或少已经搞清楚了"讲和练"的模式是可行的。我们已经弄清楚了如何在 25—35 人的班级里授课，这既不是对班级规模的辩护，也不是对"讲和练"模式的辩护。这是承认，作为成年人，我们实际上已经非常有效地绕过了摆在我们面前的障碍。如果有人来到地球，看看我们现在的学校，就会发现学校很像鸡蛋箱，30—35 个学生按年级分组、按教师分组，太疯狂了。但它奏效了，尽管这并不意味着它足够好。

斯滕： 你说得对。但在你的思维方式中，我发现了一种悖论。因为如果你的梦想是学生应该有自主意愿，有自由改变别人告诉他的方向，有自主思考的能力，那么为什么不跟他们直接对话呢？我就是不明白。为什么你对它们在你的研究领域里具有的优先性不感兴趣？

约翰： 我对此是感兴趣的。

斯滕： 是的，但在你关于"可见的学习"的巨著中并未表明。

约翰：那本书中没有，因为它与学生获得思考能力没有直接关系。

斯滕：哇，如果你敢写一本关于学生意志和批判性思维能力的巨著，我当然会很高兴，但事实是你现在因为这本《可见的学习》(Hattie 2009)而闻名于世。在我看来，现在和很多年之后，你仍然会说我们目前拥有的数据比过去更多，我们拥有更多的元分析。一开始是800项，现在你告诉我是1600项。

但它仍然用的是你原来的方法，而且严格来说，它剥夺了中小学生的声音。

约翰：出版商希望我写第二版，因为距离初版已经10年了。但我不打算这么做。

斯滕：你不会再写第二版了吗?

约翰：是的，我不想再写同样的书了。一件事完成了就是完成了。故事并没有改变，评论者们会被数据、数据的变化所束缚，而忽略了额外的数据只是强化了"可见的学习"的主要观点。

但我正在写一本续作。新书的一部分是写你正在谈论的事情，把学生放在正确的位置。我正在努力写作，但这是一个有趣的痛苦工作。我休了六个月的学术假，目的就是写这本续作。

识知与思考的区别

斯滕：你经常强调表层学习和深层学习的区别，这是你30年前、25年前，还是最近的领悟?

约翰：这已经有很长时间了。因为当我开始从事学术研究时，布卢姆的分类法是很流行的。最初的分类法是将学习目标分为六个层次：知

264

识、理解、应用、分析、综合和评价（第二版中，它被更改为记忆、理解、应用、分析、评价和创造）。即使在今天，当我问讲座听众有多少人知道和使用布卢姆的分类法时，绝大多数人也都给出了肯定的回答。我进过许多课堂，确实如此——就像马斯洛的需求层次理论（有趣的是马斯洛从来没有画过需求金字塔！）。多年前，诺拉·普迪（Nola Pur-die）和我一直在寻找评价布卢姆模型的文章——令人惊讶的是，数量很少（Hattie & Purdie 1998）。大多文章由哲学家所写，像你斯滕一样，他们大多关注认识论的视角；而其他人则表示根本没有划分层次的必要。有趣的是，在实践中使用最广泛的辅助方法却几乎没有证据支持。

布卢姆思想的主要方面是它将我们的思考方式和思考内容结合起来。一方面是知识和理解，另一方面是分析和综合。2000年，布卢姆思想的发起者推出了一种新模型。他们稍微改变了六个层次的顺序，使创造先于评价，尽管评价的技能显然高于创造的技能。但他们同时也增加了一个新的维度：事实性知识、概念性知识、程序性知识和元认知知识。也就是说，他们最终承认了知识的复杂性或深度。

这个新的维度有点类似于 SOLO 模型。后者是澳大利亚人约翰·彼格斯（John Biggs）和凯文·科利斯（Kevin Collis）在 20 世纪 70 年代开发的模型（Biggs & Collis 1982）。他们把认知复杂性放在模型的核心。它包含五个层次：前知识、单个观点、多个观点、关联各观点、拓展观点（是的，模型中使用的语词更优美：单一结构、多元结构、关联、拓展抽象）。基本上，观点阶段是表层学习，关联阶段是深层学习，拓展是思维和识知的迁移阶段。

自从这个模型被开发出来以后，我就在我的测量工作中使用了它。例如，我们编写了各个层次的测试题，我们为学习内容的测验以及关于表层和深层学习的测验打分。我认为约翰·彼格斯是一个很好的朋友，我们一起工作过，也很享受其中。例如，我们正在进行一项关于学习技巧的元分析,试图找出其中的解释,我回忆起某天在他位于中国香港的家里,突然就领悟了——当然,如果你把学习技能也做从表层到深层的分类——许多事情就豁然开朗了。

与布卢姆相比,SOLO 的另一个优势在于其可证伪性。在布卢姆体系中,你不会出错的——一切都适合,什么都不排除。SOLO 的情况肯定不是这样——你可能会失误,认为学生需要深层知识,但学生只需要表层知识就可以回答问题。这就是为什么当我看到班级墙上的布卢姆列表时,我想:"哦,天哪。如果用它来证明自己的现状,那就什么都不会错的。"但你在 SOLO 体系中可能会错。

斯滕: 好的,谢谢你的解释。但表层不是一个贬义词吗?我想学生意识的火花(那个顿悟触发器)本身就可以被称为表层的?

约翰: 是的,我对"表层"这个词也很纠结——它常常被解释为肤浅的,但事实并非如此。你需要先掌握知识才能关联和拓展知识。我经常听说,你不再需要知识了,因为谷歌中一切都有。但成功不仅意味着"知道很多",还意味着知道知识间的关系,以及在境脉中应用知识。那些在我们的社会中成功的人不仅知道很多,而且知道如何运用和关联这些知识。尽管他们也需要知道如何向他人解释,如何在团队中工作,以及如何具备社会共情并与他人一起应用知识。或许会有一个比"表层"更好的词——你对此有什么建议吗?

斯滕: 在调查过程中,你有多少种不同的识知方式?

约翰: 我不太担心单个观点和多个观点之间的区别(在表层因素中),或者关联观点与拓展观点之间的区别(在深层因素中)。但我对识知(表层)和思考(深层)之间的区别非常感兴趣。当然,它们是有重叠的,但我做的测量本身并不尽如人意。关键的问题是:如何创建能

266

够应对这两个难题的评估方式呢？有教师问过这个问题（几乎没有人研究过）：表层和深层的比例是多少？你应该先教表层然后教深层，还是先被深层激发再关注表层？正确的比例是多少？有没有一个从表层转到深层的最佳时机？当然，正确比例取决于你在做什么，以及什么时候做。但我认为这些才是正确的叙事和我们应该问的问题。

我们面临的困境之一是，平均水平之上的学生倾向于表层学习——他们谙熟"知道很多"的游戏规则，所以要求更多，并经常因为知道得多而受到赞扬。因此，教师也倾向于喜欢表层知识，学生也是如此。聪明的学生喜欢，家长喜欢，社会喜欢，我们的测量同样喜欢。但我对表层知识占据主导地位感到不安。我担心学生们认为学校教育的成功在于知道很多表层知识。

让我来举个例子。我们被要求制定一项科学课的评估，特别针对小学阶段。我拒绝了，理由是我当时唯一能想到的适合模型的评估是多项选择式的非开放题测试。我担心的不是能否用这些题目来测量科学学习，而是担忧学生们会认为这就是科学，而事实上它不是。

斯滕：是的，那是一种非常狭隘的科学观。

约翰：所以我当时拒绝了。我想，如果今天再问我，我可能会接受。因为我们现在可以使用基于计算机的测试，你可以让学生做模拟实验，参与实验和真实情境，在科学评估中增加参与、评价和实验。这比 15 年前能做到的多得多。但在正确的时间保持平衡才是我的动力。当然也不能缺少科学知识。

让文本变得生动

斯滕：我时不时与学生们一起经历的幸福而充盈的时刻是，当他们的文章、评估报告、论文堆积如山时，突然间，不是他们在写论文，而

267

是论文告诉他们下一章要写什么。突然间,文本在与他们进行神秘的交流,在学生自己的写作之中变得拥有了生命力。一眼望去,他们就快成为行家了,因为,不是我在要求什么,也不是他们在努力实现某种设想,更不是忠于课程目标,而是文章本身在表达下一个论点应该从何而来。

约翰:如果你问我的学生:"约翰经常对你说的话是什么?"回答可能是:"你的故事是什么?"

斯滕:是的,我认为故事诞生于他们的写作过程中。这既赋予文本一种非常具体的风格,像一篇提笔写就的文章,同时也赋予文章一个元观点。就在同一时刻,两种文本作为一个整体诞生。

约翰:没错,太多的学生认为做论文就是收集数据。其实不是这样。

斯滕:没错,那还不够。

约翰:是的。事实上,我在美国时,不会让大多数硕士生收集数据。他们必须使用二手数据,以此远离数据收集才是困难的部分的想法。是啊,收集确实很难,但是方向错了。那不是思考,也不是解释,更不是在构建故事或为其辩护。

斯滕:可能是另一种力量。我的所有学生都在大学里学习过教育人类学,他们做过田野研究。当你迈入那个领域,你会向杰出的大师学习。你向马林诺夫斯基(Bronislaw Malinowski),你向……

约翰:玛格丽特·米德(Margaret Mead)。

斯滕:……是的,还有玛丽·道格拉斯(Mary Douglas),向很多曾在那个领域研究的人学习，列维-施特劳斯（Claude Lévi-Strauss）也是如此。学生们学会运用大师提出的概念并从中获得灵感。你还可能学习现代的思想家，比如欧文·戈夫曼（Erving Goffman），或者诺贝特·埃利亚斯（Norbert Elias）。他们运用所有这些概念，并试图在众所周知的概念之上组织实证研究。他们运用的概念可以是部落主义、印象管理和自我呈现、文明规范、认知理论等。

但作为一名学生，开始真正研究的线索是，你开始通过自己的实证研究并尝试"发明"新概念，这会让教师非常出乎意料。例如，我有一个学生，她运用田野调查研究吸毒者和性工作者的耻辱问题。这些人经常因为他们的身体特征而被污名化。举例来说，吸毒者把注射器扎进自己的静脉，就有可能留下疤痕，暴露身体上的耻辱。

约翰：是的。

斯滕：但你也可能会因为拼写错误或其他什么原因受到侮辱。在同类人之间，也存在污名化现象。例如，突然间，所谓的污名化群体在其内部也出现了"鄙视链"，比起兴奋剂滥用者来说，街头性工作者处于较低的层次。因此，前者是以特定的方式压迫后者，将耻辱的观念变本加厉地加诸后者身上，或者说，要比加拿大微观社会学家戈夫曼所观察并描述的更加固着于后者。所以"我的"这个学生写了一篇论文，阐述了与她的实证工作相关的各种新的自主污名化概念。我发现她很有天赋，当学生们根据自己的调查，（用你的话说）发明新故事、（用我的话说）新的概念化方式和思维方式，他们展示了创造新概念的意愿和勇气，而这些概念在他们接受训练时理解消化的文献中是看不到的。

约翰：正如我之前所说的，我非常喜欢亚瑟·科斯特勒对创造力的定义，即把两个或两个以上看似不相关的观点结合（Koestler 1964）。这种情况既可能发生在 5 岁的孩子身上，也可能发生在 15 岁的孩子身上，对他们来说，这是第一次建立这种联系（尽管之前可能有人提过这些想法）。这是创造性思维，这是教育的核心。当这些想法"结合在一起"时，就是学习中充满乐趣和愉悦的那部分。

斯滕："哲学是发明新概念的勇气，"法国哲学家吉尔·德勒兹和费利克斯·瓜塔里（Felix Guattari） 20 多年前这样写道（Deleuze & Guattari 1996/1991）。我真的很喜欢这一点，因为成功的教和学的关键可能是，中小学生勇于求知并知道如何创造新的概念，而不仅仅是求教于教师。

约翰：对所有的学生来说，这应该是经常发生的事。

斯滕：是的，理应如此，无论是作为实践者还是教育思想家，我们都必须尽最大的努力使这类活动更加丰富多彩。

同意康德的观点

斯滕：让我们继续下一个主题。我觉得有必要提及那句非常著名的引言，就是伊曼努尔·康德在 1781 年的《纯粹理性批判》中写的，他说："没有内容的思想是空洞的，没有概念的直观是盲目的"（Kant 1999/1781）。

约翰：谁会不认可这句话呢？

斯滕：你如何看待这句话与学校教育中教师和学生视角的关系？

约翰：嗯，你在谈话中经常强调的概念是，你不是在学习，而是在学习内容。学习总是与内容相关。我能看到思想、内容、直观和概念的结合。思想，需要内容；直观，需要一个概念。所以，我们需要二者兼得。

斯滕： 内容也可以是一个完整的学科，包括所有的分支、所有的附属……，所有那些为大众所喜闻乐见的叙事和相互关联。例如，历史、社会学和教育学是内容丰富的学科。

约翰： 我觉得答案很明显，你为什么还会问呢？

斯滕： 因为康德的名言发人深省，很有启发性和说服力，也很有现实意义。与此同时，我也想听听你是否同意，当我们试图丰富我们的直观时，是否需要概念？

约翰： 同意，不过鉴于我内心的波普尔证伪原则，我认为概念应该包含的比"是什么"更多，同时我们有理由认为它可能被错误地解读了。以"自我观念"（self-concept）为例，如果它被命名为"自我概念"（self-conception），可能会好得多，因为这更凸显了我们可能对自我有错误、不一致、不准确的概念。

斯滕： 是的，我们必须尽最大努力避免自欺。所以，基本上，你似乎批判概念现实主义思维方式——这种思维方式寻求并支持概念（认识论、承认理论）和所指（本体论，关于我们在这个世界上存在的问题）之间的对等关系？

约翰： 我是这样吗？

斯滕： 是的，因为概念现实主义会尊重这样一种观点，即概念汇总起来等于一对一的存在。但正如我在《丹麦哲学年鉴》上发表的文章，标题是"对实践批判的批判：论本体论和认识论调和的不可能性"，我在文章中认为，解释学、现象学、批判理论——"充满了"非常有说服力的论据——都质疑实证主义和概念现实主义所主张的可调和性，反对本体论和认识论"融合"（Larsen 2018b）。

约翰：不仅如此，我认为还有更多其他的论点。

斯滕：我不太明白，约翰，因为我刚才说了很多，澄清了很多，也许同时说得太多了。你要我加强论证吗？

约翰：我认为概念也应该有一定的预测能力，以涵盖它自身所衍生出的解释。这也是我愿意谈论概念的部分原因：因为我们可以谈论迷思。我们没有一个词来形容迷思，却有很多迷思。甚至是错误的概念（语法性错误，或者更糟糕的意义性错误）。

斯滕：是的，这也许就是我一直在批评的，例如，我认为管理不善或非常糟糕的政府治理会把学习作为一种引领性的概念。我认为这是一种错误的概念。

约翰：是的。

发明新概念的勇气

斯滕：你如何看待和评判德勒兹、瓜塔里二人的观点？正如我刚刚介绍过的，他们认为哲学是一项勇敢的活动——"要求"你敢于发明新的概念，从而把之前并不存在的新事物带到世界上（Deleuze & Guattari 1996/1991）。你是否"具身化"了某种合意的方法？

约翰：我完全同意他们二人对哲学的看法，这类似于比斯塔的"美丽风险"（Biesta 2013）和科斯特勒的"创造行为"（Koestler 1964）。

斯滕：我知道，你总是有权利也有机会用不同的方式来解释这一切。

约翰：是的，没错。

271

斯滕: 此外,你可能会对第二次世界大战、法国大革命等的起源进行新的研究。你也可以重新审视旧有资料,以新的方式阅读并使用它们。历史还没有结束,或者换句话说,历史永远不会结束,正如解释学哲学家伽达默尔和热血的马克思主义者布洛赫永远不会忘记强调,也不会忘记告诉我们的那样(Gadamer 1989/1960;Bloch 1986/1954 - 1959)。

约翰: 澳大利亚最近对历史有一种振聋发聩的解读。直到最近30年,我们才发现土著人有故事,有自己的主张,他们实际上是在反抗白人。我记得一个朋友,埃里克·威尔莫特(Eric Wilmot),曾经要写一本关于佩穆尔韦(Pemulway)的传记,他是抵抗悉尼入侵的土著勇士之一。我的朋友获知:"现在做这个还为时过早,人们不会相信也无法接受它。"所以他把它变成了一部小说(Wilmot 1987)。那是在20世纪80年代。

斯滕: 是的,我在墨尔本大学周围的建筑物和公园里看到了那些曾经是土著财产的纪念标志。但是,当谈到"构建"叙事时,至少在丹麦,教师们面临着压力。例如,教师们被描述为过分地囿于他们的经验和偏见——他们应该挥手告别自己的经验,转而相信科学、"可见的学习"项目和教育统计。多年来这一直是一个"争论点"。所以我有个问题要问你:有没有另一种语言可以让教师表达他们的宝贵经验?你也在谈论他们经过20年、30年、40年,这么多年后,作为教师和实践者所取得的成就。如果要表达经验就必须使用"可见的学习"和"认识你的影响"这种语言(行话),那么他们会有什么样的宝贵经验?或者这种语言只是他们面对的一种选择?

约翰: 是的,只要这些20—40年的教师经验是对批评开放的、可证伪的以及具有合作性的,那它就可以被认为是"证据"。每一位教师都有很强的教学理论和"他们的"教学实践，并且有自己的教学语言。当然，如果不理解这一点，不重视这一点，那将是许多专业学习者和学者的失误。如果你不了解教师的世界观和他们的理论，那么"不承认"本身就一定会削弱影响、让教师感到不安，更多的时候什么都不会发生，什么都不一定会有所改善。

在我认为不够好的一些教学理论中，也有宝贵的经验。是的，我想质疑和改变这些。理论必须用"可见的学习"的行话吗？当然不是。

斯滕： 好吧，我想你能给读者带来惊喜的方法是，写一本关于教师作为专业人士的丰富经验的书，再卖出 50 万册。这样一本书可以让教师们用不同的语言表达他们的经验。你觉得这个建议怎么样？

约翰： 我当然会去阅读这样一本书，并愿意成为这项很有意义的活动团队的一分子。提上日程吧。

斯滕： 因为你的一些作品和活动在欧洲各地似乎名声不好。例如，你可能会发现建立在偏见基础上的批评："就是这个叫哈蒂的家伙。他有权力，他剥夺了教师的经验，因为他只想让教师用行话说话。"所以，如果你写一本书，向世界展示教师的如此多不同类型的经验和解释，仔细聆听他们，研究和构思他们的专业知识，然后表现出讲新故事的勇气，也许还会创造新的概念。

约翰： 不过你要允许我提出一个规则，并非所有的经验都是平等的。我不希望它是一本未经编辑、未经注释的信念大全。但如果能以一种尊重的方式来做，我可以预见到一本百科式的理论、解释、评论、相关证据等等。

我们如何才能从批评和评论者那里吸取教训？

概念历史是否能够激发教育思维？

识知和思考有什么区别？

你如何区分正确的概念和"错误概念"？

14 如果学校消失了
——我们会怀念它吗？

如果我们关闭所有的学校会怎样？

你不一定像父母那样生活、工作和思考，你有机会从自己的"部落"中分离，将这个背景和叙事抛掷脑后。

学校原则上要无视阶层。它们不应当有阶层的视角，同样也不应优先考虑某一阶层的传统和偏好体系。相反，学校应当向每个人发出邀请。

周边最好的学校就在街角。

学校依然以教育为名具体化和再造了野蛮的不平等，这是站不住脚的。

教学是具有颠覆性的活动。

与其从为什么学校和教师会失败谈起，

不如从学校和教师为什么会成功开始探讨，并学习如何提升成功概率。

查尔斯·温加特纳和尼尔·波斯曼

斯滕：有一次，我采访了托马斯·齐厄（Thomas Ziehe），他是来自德国汉诺威的一位重要作家和思想家，他的作品自 20 世纪 80 年代以来在丹麦被广泛阅读（采访内容见 Ziehe 2004）。齐厄生于 1947 年，他自 1968 年以来着手分析了社会和文化解放的可能性与青年人身份认同之间的微妙关系，即他们在不断变化的现代社会中性格的多样化形成。根据齐厄的观点，你不一定像父母那样生活、工作和思考，你有机会从自己的"部落"中分离，并且将其背景和叙事抛掷脑后。他在他的著作中指出，学校原则上要无视阶层。它们不应当有阶层的视角，同样也不应优先考虑某一阶层的传统和偏好体系。相反，学校应当向每个人发出邀请。

约翰：我同意。我们应该对每一个进入学校的学生负责。

斯滕：所以每个人都可以认识任何东西：算术、英语拼写、柏拉图的对话、欧洲 30 年战争、广岛和长崎的原子弹爆炸等等，这与家长是否愿意在家里把这些东西摆在学生面前无关。因此，学校的工作就是向每个人介绍上至文化和现代文明的最高成就，下至人类所做的最尴尬、最可怕的事情，这些事情往往是以同一种文化和文明为名义的。事实是每个人都来自迥然相异的家庭和社会背景，而学校必须能够弥补这一事实，因此学校面临的任务和挑战是成为学生的共同点。你同意托马斯·齐厄的观点吗？

约翰：同意，困扰我的是学校的班级制度。我对它进行过追踪、分流、效应量支持等研究，它们其实都是很小的因素，但公平性问题还是让我备受震撼。很多学校在重新发明阶层制度，将有产者与无产者分离。在许多学校中，你可以逛逛教室，数一数不同肤色的学生人数，会发现以能力分组为幌子的种族歧视显而易见，无可狡辩。几乎任何一个处于较低社会经济地位的学生都无法获得具有挑战性的学习材料，即使当一些学生加大投入并开始取得进展时，他们往往也赶不上，就因为他们无法获得更具挑战性的学习材料。这在我们的社会是不可原谅的。

再拿留级一年来说。我作为专家证人参与了美国最高法院审理的一个全国有色人种进步协会案件。他们接这个案子并不是因为在美国有80%的留级学生是男孩，而是因为有80%的留级学生是非裔美国人和西班牙裔。这实在是让我们感到厌恶。如果持续追踪，会发现学校将其具体化了：它们重组了班级，很多学校都声称自己是成长型学校，同时继续支持追踪研究——这极为伪善。

我真的很挣扎，因为继续追踪可能会对富人和穷人产生巨大的影响。乔纳森·科佐尔（Jonathan Kozol）曾写到，学校以教育的名义具体化和再造了野蛮的不平等，这是无从辩驳的（Kozol 2012）。所以我不喜欢追踪，因为那是在用另一种方式复制社会阶层。留级就是一种复制社会阶层的方式。关于择校的讨论使不平等愈演愈烈，只让有权力选择的人做出选择，并确证其选择使许多当地学校门庭冷落，然后这些当地学校被指责为缺乏“高成就”，当地学校的教育工作者则面临各种诽谤。我认为最好的学校应该是周边的学校，或是沿路的学校。正如我们的口头禅所说：每个孩子都应该有杰出的学校和教师，这是设计出来的，而不是靠运气得来的。

斯滕：是的，在某种程度上，我认为任何一所学校都应该成为最好的学校，也应该是好学校。这是最起码的期待，因为现在发生的事情是，在所谓的贫困地区有一些学校被剥夺了资源，没有好教师，这才是毁灭性的。

约翰：不，我不同意它们被剥夺了资源，你看看证据，尤其是在澳大利亚，就会发现那不一定是真的。它们被剥夺了期待，被剥夺了雄心壮志。比如，去新西兰社会经济水平最低地区的五所学校看看吧，我之前说过。那里有丰富的资源，但是那些教师给学生和家长传递的信息是，学生永远也上不了大学。我不是说上大学必须是每个人的目标，但没有一个学生能上大学？才 9 岁或 10 岁的学生，就被他们扼杀了这样的机会？那是不道德的。这不一定是资源问题。

如果学校消失

斯滕：你有没有这样思考过：只有学校，才能让学生远离真正的社会权力结构——例如，工作领域、公路、田野、军队等等？因此，我们把学校当作一种补偿机制，当作"真实"生活的替代品。

约翰：是。

276

斯滕：有一个叫尼尔斯·克里斯蒂（Nils Christie）的挪威人，他是犯罪学家和社会学家。 1971 年，他用挪威语写了一本书，名为 *Hvis skolen ikke fantes*（《如果学校不存在》）； Christie 2020/1971）。他的论述引起了许多读者的共鸣，他说，这是一种思想实验，即我们应该考虑关闭教育机构，让学生走进现实生活，参与父母的工作生活；让学生有权利去积极参与政治生活，甚至去改变固定的权力结构，而不是被"囚禁"在学校机构里，与社会隔绝。

约翰：这里面有个政治问题。出于各种资本原因和其他原因，我们想让成年人都获得收入。在过去的 30 年里，最大的变化是人们接受了女性能以与男性相同的权利和方式进入职场，而我们知道，这在 50 年或 100 年前是不可能的。我们还知道，学校教育始于 19 世纪，从学生在校的时长和时间来看，它基本上是一种以农业和工业为基础的教育模式。当你说到取消学校——"照顾"学生的场所——的时候，你能想象，如果他们来到我们的工作场所，我们就需要负责教育、娱乐和管理，所以我们相当于重新在工作场所建立了学校。当我听到人们谈论学校的未来，说学校的未来可以在任何地方实现时，我想知道谁来监管和监督？我认为会有专业的成年人来扮演这个角色，这是学校教育的本质。除非我们能解决学生不想学习他们不感兴趣的思想和话题，不知道自己下一步要去哪里，也无法自行进入最近发展区（这是维果茨基的论点中的一个矛盾）（Vygotsky 1997），那么我们就需要让专业的人担当教师。所以，是的，学校可能会改变，但永远需要教师。

我还注意到机器人技术和人工智能的进步。我最近参观了一个由5英尺①高的机器人教学的班级。有趣的是，学生们喜欢它，因为没有人际关系问题。就像我们的全球定位系统（GPS），你可以问机器人10次同样的问题，它们也不会慌乱或恼火。你可以重启重试，机器人对先前失败的尝试没有记忆。由于缺少人际关系，学生们更具探索性，更有可能承认他们一开始没明白，并且特别喜欢机器人无法回忆他们先前的行为这一特点。想象一下，如果我的GPS人声说："蠢蛋，我告诉过你左转"，"我告诉过你多少次要掉头"，"傻瓜，你没有按照我的指示"，我可能就不会用它，我可能会反驳它，显然这不是到达我的目的地的最佳方式。

所以，我们可能会看到教师角色的变化，但我们需要专门机构让学生去学习一些如果没有学校这样的机构，他们就不会学习的东西。

像你的挪威朋友一样，我认同学生应该自由地做他们想做的事情。没错，我们应该关闭学校，将一切东西都网络化，等等。但如果孩子父母都在工作，谁来照顾他们？

斯滕：基本问题是：我们是否需要为学生设立专门的封闭机构，每天把他们封锁6—8个小时？

约翰：是的，需要。不过不需要那么多个小时，也不必封锁！

---

① 1英尺等于0.3048米。——译者注

斯滕：我们为学生预留了特定的空间，因为我们不希望他们参与社会生活。

约翰：不，这不是事实。

斯滕：这是克里斯蒂的论点。

约翰：我们不希望学生毫无限制地参与社会生活。他们不会自由地进入社会，因为谁照顾他们？谁养活他们？父母都在工作，谁来养育他们？谁负责促进他们的学习？谁来管理他们的行为，尤其是与他人的行为？因此，所有这些认为学校的未来将在网络上的论点，都忽视了一个事实，即成年人至少需要在场扮演某种监督角色。既然如此，当学生还在学校的时候，我们为什么不对他们做点像样的事呢？教师不仅仅是保姆。

斯滕：好吧，我只是想验证一下这个不太有吸引力的论点。顺便说一下，我认识两位丹麦 - 美国双语博士生，卢卡斯·科恩（Lucas Cone）和约阿希姆·S. 维维奥拉（Joachim. S. Wiewiura），他们发现最近50年来，克里斯蒂的书从来没有被翻译成英文。很快，他们的翻译将打入国际市场（Christie 2020/1971）。

实际上，如果你回到1968年运动后不久的那个时代，时代精神主要是对制度的批判，对资产阶级和资本主义制度的严厉批判。而左翼人士非常反对僵化的机构，所以他们只是玩弄另类的无政府主义的想法："我们来解散并摆脱这些机构，越快越好。"这是个有趣的、值得沉思的现象。

但47年后，至少在丹麦、挪威、德国和法国，左翼运动都在保护福利机构不被解散、削减，甚至私有化。危险可能埋藏于市场逻辑或新自由主义治理等等。所以现在，2018年的左翼已经转型，成为公益机

278

构特别是学校的活跃捍卫者。潜台词好像是：让我们加强对学校的投资，让学校里有更多的教师，等等。所以社会民主党、社会自由主义者和极左派，他们都赞成投资于日托机构、中小学校和大学。你如何理解和解释这种转变？不是很有趣吗？

约翰：我只是觉得你的分析很有趣。

斯滕：在澳大利亚也是这样吗？

约翰：哦，是的。对我来说最吸引人的是，你能想象 40 年后会是什么样子吗？从某种意义上说，一方面，我们知道它将会不一样；可另一方面，我们一直在说学校教育的许多方面在过去 200 年里都保持不变。正如我们所说的，不同之处在于我们现在要求教育工作者承担额外的责任——对学生的情感和幸福问题承担更多责任，建立对自我和他人的尊重，教授自学和与他人合作学习的策略，以及更多这样的责任。

斯滕：但在澳大利亚，你们做了粗放而生动的实验，我们还不知道结果怎么样，因为你们这里有私人的教育企业，这意味着在整个墨尔本，无论你走到哪里，包括博克斯山，都有来自各个国家的专门为了进入你们的中小学体系或大学学习而来的人。可以说，有许多中产阶级家庭有足够的钱到澳大利亚购买教育，有朝一日变身为智慧的男孩和女孩回到他们自己的国家。

约翰：是的，澳大利亚是私立学校学生比例最高的国家之一，约为 35%—40%。是的，私立教育机构在吸引海外学生方面进行了大量投资，这使更多的学校要对预算负责，公办学校也是如此。但不久之后，反转将会开始——大学层面上已经开始了这种反转，学生们正流向中国，进入他们快速发展的高等教育领域。我们有很多东西要向亚洲学习者学习，而且那里有许多与该主题相关的好书（Watkins & Biggs

279

2001）。

事实上，我参与了一些比较东亚国家的亚裔学生、澳大利亚的亚裔学生和澳大利亚的白种人的研究。看似矛盾的是，他们都使用大量的记忆和其他技能来过度学习，但不同的是，亚裔学生使用记忆术等类似的方式来过度学习，如此他们就可以进入更深层次的理解。相较而言，我们经常用记忆术来应付考试，因此认为记忆术是不好的。我们没抓住重点。这就是为什么我如此热衷于使用认知任务分析以探寻学生需要什么样的思维技能，这些技能如何反映在我们要求学生完成的任务和作业中，以及我们的评估如何反映表层学习和深层学习的比例。

因此，我们要从亚裔学生身上学习很多东西，但他们往往被视为适销对路的产品，可以从中赚钱。

斯滕：所以，你们把教育市场化到了极致。

约翰：是的，当然。它是澳大利亚经济的第四大收入来源。

斯滕：不过你看，在丹麦，我们并没有朝着这个方向发展。大多数学校仍然是公立学校，我们的中小学校和大学里没有那么多的私人产业，尽管私人资金在相当大程度上决定了"自由"研究项目的进展。

约翰：在澳大利亚35%的学生上私立学校。

斯滕：在丹麦，这一比例约为17%。丹麦没有私立大学，一所都没有。但来自非欧盟（non-EU）国家的"外国人"必须付费才能进入大学。

约翰：我们有一所私立大学和许多所教会大学，这是另一个问题，斯滕，我认为这超出了我们的讨论范围，我们应当更关注中小学校。我的观点是，生活在一个民主国家，国家制度必须是最好的制度。我对独立学校和天主教学校没有意见，但不幸的是，在澳大利亚，人们认为这种学校更好。当你进入这些学校后，试图对先前的差异做出解释时，很难找到证据证明这种学校更好。毫无疑问，他们有更好的设施——更多的绿草地，整洁的车道，可爱的建筑物、游泳池——但在教学质量方面没有差别。建筑设施常常被毫无理由地用来标榜教学质量。我担心的是公立学校的边缘化问题。那些不能搬家，也没有搬家选择的父母，他们的孩子留在了公立学校。如果你看看澳大利亚此时的变动，我可以给你看数据，那么你会发现那些聪明的学生流向了独立学校和私立学校。因此，不那么良性的循环仍在继续。

斯滕：更聪明的教师也在流动？

约翰：已有证据证明是这样的。当我们提拔高成就和领导型教师（highly accomplished and lead teachers，HALTS）时，我们担心的一个问题是，一旦确定人选，他们就有可能被私立学校虏获，我们不希望如此，我们甚至不希望这类教师聚集在更富裕的公立学校地区。这就是为什么我喜欢南澳模式，他们的方法是在低社会经济水平地区按需向学校分配 HALTS 职位，并且只有 HALTS 能申请该职位，同时增加工资。它非常成功地确保了优秀人才的更均匀分配。

斯滕：美国也是如此吗？

约翰：是的，但是那里私立学校的学生比例要少得多（大约 10%）。

斯滕：所以，贫困地区里最终只有标准很低的学校。

约翰：这就是为什么，不论从理论层面还是经验层面，我都非常反对像筛选和追踪这样的事情，因为还有边缘化的问题。但接着又回到了家长选择学校的根本原因，即他们想根据自己希望孩子在学校结交的朋友来选择学校。

斯滕：我的父亲去年去世，85 岁，曾是一名工程师，他总是说："我们有公立学校，在那里我们有机会，也一定会见到各个阶层的人。"

约翰：我同意。学校需要成为我们社会的文明效应的核心，尤其是对儿童来说。

斯滕：我父亲也提出了这个观点，多年来在大多数中产阶级中这是一个恰当的观点。我们应该了解不同的生活状况、家庭结构，以及对社会发展的不同看法，至少我们可以从共同的学校教育中获得这些重要的知识和见解。也可能是从体育运动或其他地方获得，但在学校里，你有一个显见的机会来体验、感受，或许还可以了解社会生活方式的复杂性。

约翰：回到我一开始的观点，你可以看看那些国家，尤其是在过去 100 年里取得成功的国家，它们通常在大规模移民之后的 20—30 年取得成功。引入多样性可以丰富一个国家，推动创新和创业。理查德·弗罗里达（Richard Florida）提出了"创意城市"的观点，它们的标志之一是对多样性的宽容（Florida 2005）。他一度因此观点而陷入大麻烦，因为他说："大城市的一个指标是他们是否接受同性恋者。"问题不在于同性恋者，而是关于对多样性的包容程度。他所展示的世界上最好的城市的确欢迎、运用和促进多样性。假如你看到某些国家，像我看到欧洲和美国的一些地方，终结了与多样性有关的讨论和行动，你会认为他们的未来并不乐观。或许我们的学校也需要一个类似的指标（deWitt 2012）。

斯滕：就在此时此刻，一场斗争正在许多欧洲大城市中进行，包括哥本哈根这样的大都市，一方是政府、金融利益集团，特别是房产市场，另一方是穷人和普通阶层、难民和寻求庇护者。如果人们有高收入，多样化似乎是可以的。

如果你有高收入，你就是受欢迎的，而不仅是被接纳的。你可以是同性恋，或者你喜欢的其他什么都行，你可以信仰印度教或热爱北欧诸神。但"我们"不欢迎那些来自非洲和阿拉伯国家的低绩效、低技能、低收入的人，"我们"不需要穆斯林。这是整个欧洲最令人沮丧的标准叙事。

约翰：他们所做的只是制造"围墙"，排斥异己，错失了发展的机会。

作为世界的一分子，这让我感到困扰。民族主义和仇外心理对这个世界来说是一场灾难。这些不是我想让学生们了解的与他们生活世界相关的信息。

斯滕：我当然同意。

学校编号 2365

斯滕：我在邻近墨尔本大学的街道上进行过观察。每天早上从我住的酒店走到你的办公室路上，我都会看到建于 1880 年的上面编号为 2365 的学校建筑。我的问题是：在当今几乎每所学校都有自己的品牌的情境下，怎么会有这样一所学校？现在的学校经常这样"说"："本校很特别，甚至可能是一所独树一帜的学校，它有着真正的自我品牌理念。"但一来到澳大利亚，也许还有世界其他地方——也不是很多年前——人们会说，或者更确切地讲，人们"理所当然"地认为："这是 2365 号州立学校，它和 2600 号、2364 号和 2366 号学校一样好。"它的质量和其他学校一样。

有人可能会认为，这种常见的数字逻辑应该发生在中国、朝鲜或俄罗斯。人们怎么会认为一所学校的质量和其他学校完全一样，而且用数字给学校命名呢？你怎么解释？

约翰：当我们在 19 世纪开始这项被称为大众教育（mass schooling）的事业时，我们的目标是要实现教育质量的对等。所有的学校都完全对等，质量是均匀的，无论你去哪所学校，目标都是去到最好的学校。但是，随着我们越来越多地讨论学校的成果，我们也越来越多地陷入了对父母选择学校的权利及学校品牌建设的讨论中。我们开始赋予学校更多的管理和筹资责任，考虑到经费水平与学生人数密切相关，我们为校长打造了一个市场，让他们树立学校的品牌以吸引学生前来。大多数品牌宣传都是"来这所学校，因为我们有优秀的学生、美观的建筑、特色的文化活动，以及完善的体育运动"。在我的职业生涯中，我只见过一所学校说："来这所学校，因为我们有优秀的教师。"

几年前，我在这里指导了一篇关于公立学校品牌建设的博士论文，尽管他们为品牌建设投入如此之多，但每一位校长都强调说自己没有这么做。

我参与了电视节目"学校革命"。节目组跟踪调查了墨尔本的一所高中，这所高中的州排名从倒数 10% 上升到了前 10%。校长和其他学校领导坚定且固执地评价了他们的影响，而我仅负责用评论把节目的三个章节串联起来。吸引人的是最后的片段，迈克尔·马斯卡特（Michael Muscat）校长和我回顾了过去几年数据的变化，确实令人印象深刻。不过，最后一个问题——有哪一件事能证明这一切都是值得的呢？答案是："我们今年的入学人数比往年多了 100 多人。"成功是靠从周边学校窃取生源——可悲，但这就是博弈的规则。我认为，成功应当是证明他们对学生产生了影响——学生认为学校是令人有安全感的地

283 方，他们被邀请来到这里并留下来学习； 教师和学校领导热衷于最大限度地发挥他们的影响，成年人之间热烈讨论他们所说的影响是什么；而且，最重要的是，询问他们如何知道这种影响正在实现，并为学生和家长建立一个共同体，让他们参与到追求更高成就的过程中来。

斯滕：但这些学校可能希望树立自己的形象。在丹麦，许多高中、职业学校和大学都在做广告上花了很多钱。

约翰：是的，我认为学校品牌建设没错，对学校的形象感到自豪也没错。与拥有品牌运营公司的私立学校不同，许多公立学校都通过提出自己学校的口号来进行品牌推广。当然，在澳大利亚，每年8月家长们要决定把学生送到哪所学校时，这确实是一个规模巨大的市场。

今天，新西兰政府宣布，任何超出招生名额50%的学校将无法获得更多容纳学生的资源，不会再被给予新的建筑：这是为了防止品牌化，阻止从其他学校挖走学生的一种尝试。而我的观点是，他们为什么不颁布一项法令，禁止招收指定区域外的学生？不过，政府做不到这一点，因为你让学校自主管理、学校自治，还要指望校长来管理学校，当经费与学生的人数紧密相连时——你就在为这种品牌化创造市场。

斯滕：我猜，它们也在一个高度同质化的市场上竞争。

约翰：……而且是通过品牌宣传："这就是我们与众不同的地方。"

斯滕：好吧，不过如果应用"可见的学习"项目，对你来说，这样是否就达到理想状态了？那样我们就会有很多有编号的可见的学校？所有学校都完全一样。

约翰：是的，在关注成年人的思维、评价能力、关于影响的讨论等方面完全相同，但这并不意味着它们必须看起来一样。

斯滕：所以你瞧，不管走到哪里，都有很高的质量要求。所以可以称之为 2365 号州立学校。

约翰：是的，周边最好的学校就在街角。

但正如我几次提到的，让我感到迷惑的是，我们没有关于提升成功概率的文献、叙事或讨论。相反，我们会说我们遇到了这些问题，以及解决这些问题的方法，这导致了品牌化运动。每次一有校长调往新学校，他们就会说："哦，我在任期的前半年将要广泛听取意见，然后开始改革"，好像当事情进展顺利时我们就需要改革。是的，我们总是需要改进。

斯滕：我们似乎都生活在一个"强制发展主义"的环境中，正如我们在前面所谈到的那样。显然，精神和身体结构都必须适应时代精神的变化。

约翰：我们希望每所学校都像麦当劳一样，都有同样高的质量。宜家就是这么做的。你可以说，他们痴迷于质量控制，这是品牌的过人之处。我问："他们是怎么做到的？"行业内的人士都很清楚。你使用特许经营许可，在许可中你必须接受质量控制。合同上面写着："如果你不这样做，你就净身出局"。在教育领域，我们没有这样的规定，因为我们是用心的事业。我们关心我们的校长。我们认为，通过给予校长本地控制权，建立一所独特的学校，将推动整个系统的发展；而不是把整个系统搞得四分五裂，形成一个狗咬狗的丛林，或者从周边的学校挖走学生。难怪公平问题很宏观且很难解决，尤其当它与学校结构和筹资模式融为一体时。我们需要把这种筹资和品牌建设视为一个严重的问题。

284

对州政府的严厉批评

斯滕：我的观点是，从我的视角看，似乎所有与州有关的措辞都与某种思想、与对极权主义的批判，以及来自上层的压力有关。此外，州政府的"命脉"源于公民的税赋——也就是说，从外部强加给穷人的东西。与之形成鲜明对比的是，与市场相关的各种语义被描绘为动态的、态度灵活的和个性化选择的等等。那么，你所说的这种混乱，是否源于对政府的话语缺乏尊重？市场似乎很容易反击政府，把州政府描述为徒劳低效的。

约翰：确实存在争议。当高层颁布法令，允许中层灵活执行时，冲突就会产生；但若中层僭越高层，那随之而来的就是不安！查尔斯·温加特纳（Charles Weingartner）和尼尔·波斯曼（Neil Postman）在 1971 年出版了历史上最好的一本书——《教学作为一种颠覆性活动》（*Teaching As a Subversive Activity*， Weingartner & Postman 1971）。然而，州政府被视为敌人，这让人深感遗憾。

斯滕：它们在书中被视为敌人，但你认为州政府是救世主，或至少是一个保障质量的卫士。

约翰：是的，它们负责质量保障，州政府通过支持学校以保证质量标准，而不是袖手旁观并"测量"或收集数据。如果州政府转而考查学校教育的产出，那么它们也应该评估自己对学校工作所给予的支持。我认为州政府有责任为这个行业提供质量保障。

斯滕：所以你准备去一个有高追求的州？一个关心全体人民获得公共利益、有权为教化而奋斗，而不仅仅是接受教育的地方？

约翰：是的。

斯滕：好吧，让我们换个主题。我觉得观察那栋建筑很有趣，顺便说一句，那是维多利亚市的专业学习中心。但他们并没有改变门面——我每天都看到它，"2365"——我觉得这是城市丛林中一个非常有趣的标志，让我好奇和反思。

约翰：在 19 世纪的维多利亚，他们雇了一位建筑师作为学校的建设者。是的，他认为学校应该是令人印象深刻的大厦，而且有助于界定社区的特色。因此，巴斯托（Bastow）以这个令人印象深刻的维多利亚式形象设计了多所学校。它们彰显了秩序、效率、坚定、修饰和严谨。他确实建造了许多宏伟的建筑物。

斯滕：是。

约翰：令人惊讶的是，有那么多学校建筑使用了玻璃，之后又不得不使用窗帘来遮光！这彰显了功能、高效、有序，瞧，我们看起来不同，可这是我们的门面，要传递一种轻松的感觉。是的，我有点过度引申了，但我们没有感觉到学校是社区的核心，而更多的只看到孤零零的建筑。可悲。

斯滕：他们的建筑质量都很好。这些旧学校是用实心红砖建成的。

如果学校不存在，我们会想念它们吗？

公立学校是否在原则上无视阶级差异，并对所有人开放？

能做到使任何一所公立学校都成为最好的学校吗？

为什么市场解决方案——例如私立学校——在学校教育方面显得更"诱人"？

286

15 为什么我们渴望可预测性和安全性？

斯滕：让我们开始讨论对安全的普遍追求，特别是在我们这个不稳定和不断变化的社会中。问题是，举个例子，如果你在大学工作时没有安全感，那么你就会被恶劣的工作环境包围，不愿去冒险尝试，不敢去质疑权威和已被接受的"真相"。也许你会变得过分自保和保守。

约翰：我想我作为学者已经相当不错了。在我学术生涯的头 17 年里，我没有一笔研究经费，但我依然在尝试、试验和探索。但现在的人们就做不到了。

斯滕：现在困难多了。

约翰：我观察了一些人，他们在第一年就期望通过大量教学、引进研究经费来获得薪酬。与其说是在成长，不如说是在服务。根据新西兰的法律，学者应该是社会的"批评者和良知"，但现在的年轻学者签订短期合同，玩弄经费资助规则，常常开展对外部资助方负责而非忠于自己的好奇心的研究，背上过重的教学任务，以及加入有影响力的期刊出版团队——他们如何才能承担必要的风险，成为批评者呢？

斯滕：可你也看看现在的年轻学者，他们被迫只关注一个问题，而不是试图回答两三个问题。这样的事太多了，而且非常失策。在某种程度上，如今学术的视野变得越来越窄。例如，现在的学生会被告知："你不能在结论之后再提出新观点。"我说："这是哪来的要求？手册里没有啊。"学生说："但这是老师在我们开课时告诉我们的。"我说："只要确保你在硕士论文中所写的内容符合学习指导的规定要求就可以。"哪条规定不允许在文本中添加新内容作为结语，提出新的开放视角？任何文件都没有这样的说明，所以他们可以添加。"哦，我们得到的建议是不要这样做。"所以现在的学生们非常缺乏安全感，他们循规蹈矩，并且从有保护欲的同事那里获得"好"建议。

约翰：是的，这就是我对未来学术界的担忧之处。大学更多地由专业的管理者管理，预算为王，这导致临时员工增多，对长期职业生涯的投入减少，以及追求其他而非建立声誉。鉴于我们的薪酬来自纳税人，我相信我们有责任在公众、媒体面前和回答记者提问时谈论我们的专业知识。年轻的学者从来没有被教授过要如何回应记者，他们羞于面对媒体，害怕自己的声誉被媒体的负面评论玷污。

此外，在我的职业生涯中，我有机会涉足许多其他领域——是的，我认为它们共同的主题是将优秀的测量模型应用在教育问题的解决中。例如，我们有一个为期20多年的项目，涉及孤独、监狱里的青少年、幸福、国家公园、幼儿、民族认同、学校早餐、警察标准、演讲语言、美国海军陆战队评估、精英体育、准专业咨询和左撇子。一位评论家曾经评论说，如果我专研某个话题，我可能会举世闻名。而新近的研究者可能会努力逃离一系列核心话题。

斯滕：学生们被告知硕士论文不得超过80页，而在过去，它可能是300页、400页、500页，甚至600页，这取决于你的技能、抱负，以及你想仔细研究和思考的内容。现在的论文都是以一种可预见的方式撰写的，包括一章研究方法、一章技术路线、呈现实证材料、呈现理论概念，然后是结论。这或多或少是一种束缚，甚至在他们开始研究和调查之前，结论就已经有了。但这种自我封闭的模式显然很受欢迎。就这样，"理想"的硕士论文模板和总体大纲常常被索取和传递。

约翰：我喜欢福克和菲斯克（Fogg & Fiske 1993）的研究。他们拿了几百篇曾被提交给美国心理学会期刊（APA Journals）——非常好的期刊——的文章，并且知道哪些文章被接受了，哪些没有被接受。他们研究文章的哪一部分最有可能预测文章是否被接受，是标题、结构、附录、引言、文献综述、方法、结果、结论还是参考文献的质量。

斯滕：他们的研究结论是什么？

约翰：结论是，如果没有讲好故事，那么为什么要去关心你的方法、分析、结果等有多好？故事的说服力最重要（是的，其他部分提高了故事的可信度，但如果你什么故事都不讲，那么我们为什么要关心设计和结果？）。我对我的学生说："先读结论。如果没有故事，就不要费心去解读文章的其余部分。"同样，我也非常重视学生论文的最后一章——它从来都不只是个总结，也从来不只是对局限性的论述，它是在讲述一个故事（当然要小心谨慎）。总之要说点什么。我每次见到学生时都这样问："今天有什么故事？"

斯滕：似乎还有一种表现形式。医学和自然科学式的缩略摘要现在已经成为新的全球规范。结论必须占据少于十行文字的空间和注意力，学术界的所有其他领域——人文学科、社会科学、哲学等等——都不得不适应这种摘要形式，接受这样的修辞风格。你应该总是能够把你要说的话概括为寥寥几行摘要，放在文章前面。我最喜欢的哲学家，西奥多·维森格朗德·阿多诺是批判理论的奠基人之一（也被称为第一代法兰克福学派）。他痛恨学术界对自由思想的禁锢。他写道，在哲学中，每一句话都是重要的，永远不能缩写成别的东西。哲学不是新闻（Adorno 2004/1966，2005/1951）。

约翰：大多数学术文章并非如此。

斯滕：阿多诺的另一个信条是，如果哲学文本中的每一句话都远离论证的中心，那么它将一文不值。如果你能概括哲学，那就不是哲学，而是别的东西。因此，他可能不会被任何杂志接受，因为他永远无法从他的 100 页内容中提炼出一条线索，也无法将其编成一小段摘要。他完全违背了那套逻辑，但我认可他的观点。我们还担心，强制性的狭隘科

290

学叙事模式最终会成为一种新的束缚。在高度依赖新思想、新观念的"注意力经济"环境中，我们还必须思考学术与知识的商业化和商品化的关系。从这个意义上说，正如法国经济学家、哲学家雅安·莫利耶·布当（Yann Moulier Boutang）给"我们"的当代资本主义打上的标签，我们已经成为认知资本主义中的知识生产者（Moulier Boutang 2011/2007；Larsen 2014b）。顺便问一下，你对阿多诺的观点有什么看法？

约翰：嗯，我同意他的一些观点。随着文章和期刊的数量激增，我真的希望作者能帮我判断这100多页的文章是否有一个令人信服的故事，让人乐于阅读这篇文章。我希望摘要比文章更能说明问题，因为那说明了你将会是如何出错的。让我们大胆一点。

斯滕：哦，是的。那可能是一份很好的文件。但或多或少，大多数摘要只是表明和"凝练"（浓缩）了整篇文章的内容。

291

约翰：是的，但大胆很重要。例如，在《可见的学习》一书中，我对潜在主题提出了一些大胆的猜想，这让我犯错的可能性增加了。如果我只坚持对数据进行总结，那么我就不太可能犯错，但肯定不会吸引那么多人去阅读（和批评）。

被规模巨大的学会组织监察是目前教育的最大趋势，如美国心理学会、美国教育研究协会等等。协会之间形成同盟，共同要求或强制性要求作者每次提交文章时还须提交所有的数据。现在，这个决策暴露出各种各样的问题，这也意味着元分析将终结——因为你将能够访问原始研究中的所有数据（这可能还算是一场美好的终结）。这也意味着重点将回到数据，而不是宏观的观点。

斯滕：你应该交出整套内容，这会成为大问题。

约翰：对，这将是个大问题。物理和化学领域已经这么做了。我们确实需要问：为什么我们要花这么多时间重新收集数据。因为我们认为那个班级、那门学科以及那位教师是如此独特。他们的确如此，但他们的影响是否不同才是关键的实证问题。

斯滕：但是，举例来说，假设你回到柏拉图的对话，要求一个人必须把对话概括为一个摘要。我认为这违背了柏拉图对话美好、丰富和多面性的本质。一个例子是大约有 2400 年历史的关于语言起源和功能的克拉底鲁对话（Plato 1989）。对话中有三种不同的观点，分别来自克拉底鲁（Cratylus）、赫谟根尼（Hermogenes），当然还有苏格拉底本人。当你阅读他们所讨论的内容时，他们或多或少分别代表了一种存续直到今天的语言学方法：一个是概念实在论者（克拉底鲁），一个是唯名论者（赫谟根尼），一个是实用主义和交际论者（苏格拉底）。当你学会沉浸于文本并解读这三种观点时，你不仅是一个天生的思想家，你还会意识到今天关于语言地位的讨论有着漫长、有趣和曲折的历史。对话的助产士逻辑（也被称为 maieutics）为读者提供了一个机会，开始以自主的方式解读哲学语言方法的三个不同分支的不同论点。当然，我希望柏拉图的对话能给出比我的这个简短的总结更多的信息。对话有点燃自由解读的力量，我们尚未到达止境。

对可预测性的追求

292

斯滕：许多人希望教师和学校里发生的事情是可预测的，我认为这是一个很大的问题。他们说可以提供一些锦囊，或者提供一些我们认为应该给学生的东西。这些说法是非常有问题的，因为毫无疑问，教师面临着更大的挑战，甚至可能有义务去做出乎意料的事，创造、呈现和处理你们前所未知的事物——从而"涵养"学生，而这一切远远超出了学校的强制性总体规划。

约翰：但这就是为什么——正如我在前面的谈话中所说的那样——我非常喜欢“单薄”和开放的新西兰课程。每一个年级的每一个科目只有 39 页。教师和学校都要承担巨大的责任，因为他们会说：“这些是我们希望学生具备的能力和技能。现在，如果你想用德语学习，或者古埃及语，或者新西兰的毛利语，那么我们会祝你好运。”故而，很多课程都根据内容决定。历史告诉我们，一旦你进入一个内容导向（content-based）的课程，课程内容就会激增——我们喜欢把越来越多的东西加进去。所以，我非常赞成给教师选择内容的自由，但我不确定是否给他们权利去选择进度或必需的影响程度，因为如果教师选择得不好，学生就会受损失。这就是为什么我们需要“集体影响”的概念——需要检验每个教师对影响和进度的概念，以及谁更好地参与其中，同时也考虑跨学校的因素。

斯滕：我最近阅读了一篇非常著名的演讲，是你发给我的阿尔弗雷德·诺斯·怀特海（Alfred North Whitehead）在 1916 年写的论文，他在文中反对僵化的思想，反对赞美过去思想的神圣地位，认为那不过是把之前所有不必要的知识堆积起来而已（Whitehead 1959）。

约翰：这是一篇精彩的文章。

斯滕：它在 102 年后的今天（2018 年）也值得一读，但我也有一些保留意见。我赞成了解“古老”的知识和传统是必不可少的，这样才能以批判性、自主性和创造性的方式超越它，这对你来说并不是什么了不起的秘密。

约翰：但今天的问题是，高于平均水平的学生都擅长学习的博弈，即学习僵化的思想——他们知道如何做，他们知道游戏规则——只要告诉我你想让我知道什么，我就可以照样回答你。太多的教室里真实发生

293

着这种表层学习。

斯滕：所以你认为学生是最保守的？

约翰：……在最保守的人"之列"。尤其是高于平均水平的学生。他们学习玩这样的"游戏"，知道如何顺从，希望教师多讲，喜欢事实，因为他们知道如何使这个游戏运行下去，有时甘愿固守这个他们已知的世界。低于平均水平的学生不那么保守。他们可能是激进的，他们需要帮助以解释、理解和学习更多，他们质疑"很多"让他们困惑的东西的价值。如果他们没有掌握观念，没有建立观念之间的联系，他们更有可能什么都不学。我们问过许多学生，谁是最好的学习者，他们经常说："是那些知道很多的学生，他们很容易能理解并回答所有的问题。"我想，是的，如果这样就是一个好的学习者，那么我们就有大问题了，因为知道的多不是我所期待的答案。

从"知道很多"到机器人

约翰：从历史来看，我理解为什么律师和医生要知道很多，因为过去他们没有技术，没有人合作。但是那些日子已经不复存在了。我提醒你，"循证"医学是一个非常新的现象，不过讽刺的是，声称知道真相的"专家"在反对时却不需要证据！

律师职业的变化就是一个典型的例子。过去我们训练律师的方式，是让他们花五年时间埋头于做背景研究，获取图书馆里的所有资料、判例，写背景报告。而现在，机器人做了很多这方面的工作，法律界也在采取措施缩短获得法律学位的时长，因为这些律所希望更多地参与发展和教学，特别是因为许多律所本身就是专家队伍。此外，现在在澳大利亚，我们有许多失业的法律毕业生。

斯滕： 在丹麦还没有。

约翰： 嗯，澳大利亚的情况就是如此。因为以前我们需要很多底层律师来做那些繁重的工作，时过境迁了。

294　**斯滕：** 在丹麦，政治家、管理者和媒体告诉人们要成为工程师、经济学家、管理者、律师、生物技术专家和医生……，我们经常听到，医学和制药业中各种类型的工作都在蓬勃发展，还有那些不食人间烟火的人文思想。

约翰： 我预测在未来 10—20 年的时间里，几乎不可能找到一份外科医生的工作（如果你今天接受培训的话），因为机器人将接手；护士永远是一个被需要的职业。但随着人工智能的发展，我可以看到许多工作，包括教师目前所做的，正在被取代。是的，有人说关系很重要，但正如我们前面提到的，在许多情况下，学生不喜欢教师回忆他们过去的行为，不喜欢他们驳斥自己，也不喜欢被贴标签区别对待。他们希望有机会一次又一次地提问，而不会收到教师或同伴的愤怒和叹息，他们想要尝试不同的选择，以找到最好的进步方式。

风险厌恶型恐惧管理

斯滕： 此外，我们设想在国家政治中有一种双重运动。许多政治家发现，市场解决方案比国家解决方案更好、更有效。但与此同时，大多数政治家都会"说"："我们必须确保我们的钱花得物有所值，即我们提供了最好和最实惠的服务和标准，教育方面的学习目标得到实现，等等。"原则上，市场本身是不安全的，并在制造不安全感，面对这一赤裸裸的事实，国家和政体如何广泛地参与到安全管理中？

约翰： 心理学中有一种说法叫作"恐惧管理"（terror management）。这种说法认为我们做事是为了减少负面后果所带来的恐惧。这可能导致我们避免，甚至永远不面对新想法、危险处境，以及不断寻求对我们目前想法的解释。变化让人恐惧。

一个简单的例子是，出于安全原因而开车送学生上学的家长人数与他们所居住社区的安全程度成反比。但他们相信，如果他们不这样做，恐惧就会产生。同样，许多国家，特别是美国和澳大利亚的恶性犯罪在过去 20 年中急剧减少。但是，关于犯罪是多么邪恶、犯罪是多么可怕，以及犯罪日益严重的言论却越来越多，因为我们试图让家长们确信，他们开车送学生上学是完全正当的——想象一下另一种选择吧。

斯滕：这也是学校管理的一部分，不是吗？

295

约翰：是的，这是关于我们如何管理学校教育的花言巧语。以校园枪击案为例，如果你是美国任何一所学校里读书的孩子，你的学校发生校园枪击案的可能性有多大？相当于每 33000 年一次。但每个人都沉溺于畏惧学校犯罪而无法自拔。如果你想在美国安全，就去学校吧。青少年在餐馆中被枪杀的可能性要比在学校高出十倍，但我们从来没有听说过要武装厨师和服务员的事——这不符合一些人想要管理恐惧感的方式。我们可以就自由贸易进行激烈讨论，却经常抵制有关移民或难民及其自由贸易权利的辩论。

斯滕：此外，这不仅和学校管理或国家的学校政策有关，而且与缺乏家长、教师和学生的认可有关。他们似乎都不能忍受巨大的风险。

约翰：不能，因为他们没有好的缓解策略。

斯滕：但你怎么能理解这一点？因为当我们年轻的时候——尽管你和我的年龄不一样——欧洲到处都有搭便车的人，可能在澳大利亚和新西兰也有，现在路上几乎再也没有敢搭便车的人了。尽管有这样的警告："这太危险了。你可能会被打劫或遭受侵犯。"但它与真正的风险和危险是两码事。同时，学校管理者可能会说："没有学习目标，没有严格的规章制度，我们就没有安全可靠的学校。"

约翰：是的，我们对潜在恐惧的反应已经膨胀了。

斯滕：怎么形容呢？这也可能是由于经济全球化的深入和技术的发展，这些可能会减少甚至取消工作岗位，并加强自动化。也许可以把安全议程与这些趋势联系起来。似乎就是如此，教育政治和体系化的学校教育应当或注定要与这一无理的保护逻辑联系在一起。

走向封闭社会？

约翰：又一次涉及社会的概念和社会是什么。这个社会，特别是在我居住的国家，正变得日益封闭。我想再次回顾并邀请你阅读卡尔·波普尔的《开放社会及其敌人》（Popper 1945）一书，可以吗？

斯滕：当然，我读过这本书。这是一本非常有趣的"二战"后著作，是对全球范围的极权主义、具有危险性和破坏性的封闭社会的严厉批判。

296

约翰：他是在新西兰写的这本书。他是战争期间来到新西兰的难民，正如我们在谈话开始时所说的，他被任命到坎特伯雷大学工作。我知道这不是我们现在讨论的话题，但有一个故事我很喜欢。当他写完这本书后，他被传唤到副校长的办公室，不得不辩解说，他从来没有使用过这所大学里的任何纸，任何打印方式，任何笔，任何其他的资源，因为研究和著书不在他的合同中。我们的大学在突发事件中发生了多么大的变化啊！

斯滕： 33 年前，德国社会学家乌尔里希·贝克（Ulrich Beck）写了一本非常有影响力的书，名叫《风险社会》（*Risk Society*，Beck 1985）。他已经过世了。我认识他，还曾经和他共进午餐，那是和一群哥本哈根大学的同事在一起。他是一个厉害的人，但在 2015 年猝然离世。贝克认为，在过去，风险与自然灾害有关：冰河期、地震、大风暴、洪水、雪崩、火山爆发、熔岩等，这些自然灾害会导致死亡、疾病、饥荒，迫使人们无家可归。在过去的 30—40 年中，我们进入了他所说的风险制造社会，在这个社会中，我们制造了巨大的风险，例如污染、气候恶化、巨大的不平等、大规模杀伤性武器、全球金融危机、严重的交通堵塞等等。他声称，我们生活在一个生产风险的社会中，而我们正自相矛盾地试图挽回我们自己制造的风险。

约翰： 哦，天哪。我有个朋友是墨尔本机场外一所学校的校长。我想我之前提到过他——约翰·马斯登（Marsden 2019）。他是一位非常著名的青少年小说作家，而且是一所学校的校长，这所学校更像是夏山学校而不是伊顿公学。学校位于一个灌木丛生的农场里，孩子们被鼓励去野外。但是他收到了相关部门关于他能做什么和不能做什么的来信："除非有一定比例的学生家长的认可，否则学生不被允许进入灌木丛。"他给相关部门写了一封很漂亮的回信。他并不像我那样去反驳他们或指出其荒谬之处。他用他世界级的写作来表现学校理论（他们已经认可）的无稽和矛盾。他现在仍然可以邀请学生们走进灌木丛，而不被大人包围。

斯滕： 我们还时不时看到丹麦的老教师和记者在报纸上写专题文章，他们说："当我们还是年轻人的时候，我们在港口地区玩耍，我们从高处跳过非常危险的东西，在梯子和大树上爬行，而且我们做了各种各样疯狂的事情，远离父母的注视，比如在海里潜水、在冰面上滑行、生火等等。现在，我们的学生都不被允许做这些事情。"

约翰：的确如此，我 20 多岁的时候也曾有过这样的争论——哦，我真不敢相信——那是在我们爬山的时候。如果你到了 30 岁，你就不会再去悬崖边缘。回首往事是多么愚蠢，但它确实带来了一些巨大的风险。

斯滕：但你经历过了。

约翰：是的，我在世界各地的群山中度过了美好的时光。当我 32 岁的时候，我从喜马拉雅山脉最壮丽的山峰之一阿玛达布朗峰上摔了下来。我幸免于难，只断了几根肋骨，那时我决定，已经拿上帝的恩惠冒了太多险了，是时候停下来享受了。

斯滕：据我了解，在墨尔本大学同事毛里齐奥·托斯卡诺（Maurizio Toscano）主持的采访中，您表示，研究必须是一项冒险和勇敢的活动，因为故事必须真实可信，故事必须尊重研究经验和研究主题（Hattie & Toscano 2018）。

约翰：然而，这个故事要说的不仅仅是一个总结，是的，这当然是有风险的。就像和你的见面，斯滕，我准备和你交谈本身就很冒险。你对我的研究有不认同之处。在你来之前，我收到过不少同事的电子邮件，其中还有一些我不认识的人，他们说："不要和他交谈。不要给他特殊待遇。不要给他理由。"我和你谈话的原因是，在你的作品中，除了一些例外（笑），你不发表针对个人的评价，你批评的是观点。我很欣赏这背后的哲学，作为一个贪心的学者，我想学习。但当我环顾周围的同事时，有的人不愿冒那么大的风险，有的人缺乏勇气。他们不会说出来，他们倾向于不建立模型，他们过于接近数据，不喜欢创造叙事和为其辩护，不喜欢把他们的信息传达给专业人士和公众。我认为这是站不住脚的，因为我们学者的薪酬是纳税人支付的。

斯滕：我很高兴我们见面了。

但是我想知道，研究和一般的生活有什么不同？生活也可能充满风险和挑战。

约翰：好吧，我想爱情是冒险的和需要勇气的，但有时你不得不停下来细嗅蔷薇。

斯滕：我的观点是，所有的人类都必须创造和呈现故事，同时他们发现自己能够感知、体验和倾听世界和其他人，试图破译和贡献这些生命模式的意义……

约翰：是的。

斯滕：……教师，学生，家长，不管是谁，都会这么做。所以原则上，当我们以自己的方式呈现某样东西时，我们都在创造，都在冒险。但是你认为研究人员在讲述一个故事的过程中是否在进行一种特殊的冒险行为？

约翰：我认为这是学术研究人员的基本职责，我们应该做一些困难的事情，提出许多人认为不容易回答的问题。如果我们不这样做，我认为我们就没有完成本职工作。当然，这是有风险的。

为什么我们渴望可预测性和安全性？

我们生活在一个制造风险的社会吗？

目前哪些倾向指向一个封闭的社会？

我们将来必须像世界公民一样思考和行动吗？

16 对话暂停　仍需继续

即便某种影响的体验是消极的，对这种影响的经验也可以是积极的吗？

是的，学校教育的目的之一就是让学生对教师预设的解释提出批评和申辩。

你的基本观点是人类是创造意义的生物。

是的，但我们也是预测性的生物，我们对预测有不同程度的风险承受能力，我们喜欢被欣赏，我们是会练习和改进的生物，我们应该能够站在别人的立场上看他们的世界。

反思更像是照镜子。它是一种思维，包括在头脑中解释一个主题，并给予它严肃的思考。它会导致怀疑、不确定或困难的状态。

约翰·杜威

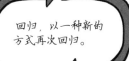

回归，以一种新的方式再次回归。

我们随时对话。

我们继续我们的对话。

斯滕：正如我们已经说过的，在德语和丹麦语中，我们分别有两个词表示经验；但是在英语世界里，只有一个词"experience"。这个词的第一个意思是经常发生的事情。我观看和体验（experience）一部电影，体验小说中的主人公，体验啤酒的味道，等等，这种体验形式在德语中被称为 Erlebnis，在丹麦语中被称为 oplevelse。就经验的第二个意思来说，当你对自己的体验进行详细的阐述和深刻的反思时，它们就会融入你的生活故事中，这在德语中被称为 Erfahrung，在丹麦语中被称为 erfaring。

你如何把握和解释生活中最不可预见的事件，并使其成为"铭刻"在你的意识和无意识、精神和身体结构中的深刻体验——决定你的"身体-思想"，就像我的朋友，丹麦哲学家奥莱·福格·柯尔凯比（Ole Fogh Kirkeby）提出的问题（Kirkeby 1994）。作为对德勒兹一段伟大引用的神秘而令人难忘的回响，柯尔凯比宣称，我们每个人的任务是让这个世界所发生的事情对世界来说是值得的，而不是对我们自己值得（Kirkeby 2004；Deleuze 1990/1969：149–150）。

鉴于这些区别，我有一个我觉得很有意思的问题要问你，几乎迫不及待想听到你的回答。影响的经验（德语中的 Erfahrung）能否是积极的，哪怕影响的体验（德语中的 Erlebnis）是消极的？比如说，这意味着课堂上发生的事情可能会激起学生对教师的计划、想法和论点的抗议。这意味着影响很小，甚至是负面的，因为中小学生没有意识到教育性机构的期望；但这种影响实际上应该很大，或者说是积极的，因为学生那时真的学到了一些东西。

约翰：这当然会发生，而且我们常常可以从消极的体验中得到积极的影响。尤其是如果体验导致了对先前信念的否定，那么下次就要学习如何适应和改进，并考虑导致负面体验的条件。学校教育在每个年龄段的结果之一就是让学生批评，因此，有时他们可能不得不对教师预设的解释进行申辩。

批评如果被倾听就需要被尊重。我们还必须注意对自己的信仰和批评的确定程度或信心。从心理学的研究中我们知道，如果你充满自信地进行争论，而结果证明你是错的，那么此时的学习就要深刻得多。

301 我听到了经验的两种不同含义，并且可以看到这样一种说法，即前一个含义更多是我们创造的故事和历史，但我仍然会将其视为我们解释的基础，也就是证据。

斯滕：是的，但我的想法是，回到你的排行榜，比如平均效应量是0.40，那你的线索是我们所做的每件事都有作用和影响力，很难用小数去标度这种积极的消极性，从而验证"真实"的体验。

约翰：你为什么不把这个数值当作一个结果呢？

斯滕：如果像我所说的那样，比如没有完成计划，提出其他的替代方案，对学校的规则提出批评，我想，在你的"可见的学习"项目中，你并没有真正对这些事情进行数据的收集与分析。你更多关注的是应用那些有积极影响的司空见惯的事物——例如，教师作用、学习计划的目标、两个教师的互相帮助、班级的规模等等。但是你如何把积极的消极性带入你的教育统计领域呢？例如，这意味着在日常生活中——在中小学校和大学之外——你可以从被某位女性的拒绝中得到"教训"，或许还能找到你更爱的人。你甚至可以从某人对你的伤害中学习，或从阅读非常苛刻、难以消化和"强硬"的理论文本中学习。

约翰：显然，你在这里引申了论点，因为在"可见的学习"研究中非常成功的一些方法鼓励你这样做。反过来，效应量低的方法应该使我们在行动中警惕。低效应常常被误解为没有价值，但低效应应该引起我们的质疑。例如，教师的学科相关知识的低效当然促使我采取行动，追问为何它如此低效。其他一些效应实际上是鼓励你完成你所追求的事情。

斯滕：它们鼓励这个？

约翰：……例如通过交互教学。它鼓励质疑、鼓励总结、鼓励澄清，也鼓励批评。它是以教授学生探究、质疑、求证、体验等策略为基础的，尤其是在经验一词的第二种含义上。

斯滕：但我想通常的思考方式是："我们有一个班级，有一些目标，我们知道他们应该实现什么。如果没有达到目标，那就糟糕了。"

约翰：如果是你说的那样，你是对的，这就是为什么我赞同迈克尔·斯克里文的无目标评价（Scriven 1991）。教师可以制定所有这些目标，但作为一个外来的评价者，我不想知道这些目标是什么，我想看看学生们的实际言行。我能看到目标体现在学生的行动、举止和声音中吗？

斯滕：所以，实际上，你认为直白的目标可以是积极的，也可以是消极的。

约翰：是的，我就是这样认为的。

斯滕：所以你引入的所谓不同因素的价值是一样的。但我担心的是，我可以看到这些消极的体验——它们实际上是积极的——和所有向批评开放的张力和困境，它们有可能消失，不再出现在学校规划的预期中。

人是创造意义和从事实践的生物

斯滕：我一直有个疑问。你认为人类是创造意义的生物，人类注定

302

要有意义，这是一个必要条件吗？

约翰：是的，但不只是创造意义，我们还是预测机器。我们不仅喜欢可预测的感觉，而且喜欢去预测（有些人更谨慎，有些人更大胆）。这也回到了风险容忍度的概念。有些人比其他人更能包容风险和其他观点。更重要的是，我们喜欢为我们的世界赋予意义，我们喜欢解释，我们喜欢可预测性。但有一个问题，学习不懂的事物，质疑和调整（有时甚至抛弃）我们关于世界的叙事，这是教育的本质。我们上学不是为了学习我们已经知道的东西。从这个意义上说，人脑是个预测错误的机器，并且会因为我们未知的事情而发展和成熟。是的，有些人过于觊觎可预测性和他们的判断力，以至于对机会视而不见，从不允许被批评，只是不断地把事实堆积起来——哦，我们经常给那些学生贴上"天才"的标签。然后，通常在他们十几岁的时候，当新的思想被开启，当他们被要求学习新的领域时，他们可能会崩溃，因为他们没有学习策略，也缺乏对失败和错误的包容性，无法从这些错误中学习。

我认为我们需要一个比"创造意义"和"可预测性"更好的词。我们还需要一种欣赏的感觉，这就是尊重自己和他人的原因，因为我可能是一个创造意义的生物，但如果我不理解和探索你（他人）是如何变得有意义的，我就错过了一个让自己成为意义创造者的机会。如果我能站在你的立场上看你对世界的看法，那么将会对我有帮助。我认为这个观念就是学习成为你自己的老师。

斯滕：我们似乎对人有三种不同的看法：理解他人、预测他人和欣赏他人。还有第四个，我们是从事实践的生物。无论是作为个体还是作为人类，我们或多或少都在努力改进自己的行动。

约翰：完全正确。

斯滕：我们一次又一次地努力做得更好。我们试着改变、转换方式，也许我们有勇气和需要去尝试……

约翰：还有理解。

斯滕：我们尝试着改进论点，或者弹吉他，或者在橄榄球比赛中抛球，或者别的什么。所以你很可能也是一个练习、锻炼和训练的社会生物——不仅仅是在教育方面，这意味着教化和 Übung（德语，意为练习；另见 Sloterdijk 2013/2009）作为概念和生活教育经验都很契合。在练习中，我们进入自我限定的反馈循环，这不断地改变着我们。

对反思的最后思考

约翰：我还是不太理解卢曼，我想了解他。反思对于意义建构是非常必要的。自从美国麻省理工学院哲学家唐纳德·A. 舍恩（Donald A. Schön）在 35 年前写了《反思的实践者》（Schön 1983）开始，这一概念就被深深误解了。当我回去读舍恩时，我觉得他其实很理性。但人们误解了，认为反思更像是照镜子。舍恩的观点比这精妙多了，他引入了"行动中的反思"（reflection-in-action）和"对行动的反思"（reflection-on-action）的概念。

他认为，"行动中的反思"就像是"回话"，教师把一个计划付诸行动，这种行动便开始"回话"，或是为教师提供反思的源泉。这涉及独立思考的能力，以及教师在教学过程中时刻做出的决定。而"对行动的反思"是为了进入一个不断学习的过程。这包括重新体验、聚焦正在发生的事情、批判性地分析情况，并重新构建以获得新的理解。

斯滕：我得重读一遍这本书。

约翰：杜威认为反思是一种思维方式，它包括在头脑中解释一个主

304

题，并给予它严肃的思考；它会导致怀疑、不确定或困难的状态（Dewey 1933）。你的"灵魂伴侣"哈贝马斯的看法是反思产生知识（Habermas 1971）。接下来到舍恩，正如穆恩（Jennifer A. Moon）所宣称的，尽管他的作品被广泛采用，但他的反思观念没有经过更好的检验，也没有获得更多的支持（Schön 1983；Moon 2000）。

教育中的反思工作大多可以追溯到舍恩，尤其是他对"行动中的反思"和"对行动的反思"二者的区分。我认为在异常繁忙的教室里顾及"行动中的反思"是一个很难的要求，而"对行动的反思"总是出现在事情没有按计划进行的时候（当然，计划本身没问题）。但偏差的产生源于教师的心智框架，源于教师的感受，（教师或学生）的困惑由此而生。但是，这些反思很少被其他人分享、争论或告知，只有那些经常声称拥有先进观点的教师才能"看到"。

这就是"教师是一个反思的实践者"这一观点的来源，其初衷非常好，但实施的过程不尽如人意。大多时候，这是类似于回首往事的反思。鉴于在课堂上教师难以看到或听到这种反思，我们最感兴趣是：他们为什么回忆起此事而不是彼事？在我们的反思中有很多偏差，大部分是确认偏差。

斯滕：拉丁语中的反思（reflexio）一词十分有趣，它既与光和声音有关，也与它们如何回归（可以这么说）有关，例如弯曲的树枝和树木如何"设法"变得灵活，恢复到原初的形状和位置。因此，作为一个词，reflexio 也拥有这种递归逻辑，重新创建相同的形式。

但是，问题是，你也可以谈论二阶和三阶反思，正如卢曼在他的观察逻辑的传播理论中所做的那样。反思的基础是否是人类个体的思想或意识？哲学家和社会学家可以对此进行长时间的激烈辩论（Luhmann 1998）。

约翰：是，那很不错。

斯滕：维持、保质和重塑之间的这种极其微妙的关系，使你能够以一种全新的方式确立、体验和面对这个世界。所以反思（reflexio）是一种双重的回归，以一种新的方式再次回归。

约翰：是的，尤其是以一种新的方式回归——但大多数情况下，我们需要他人来帮助我们反思，因为我们只有一种观点，而这种观点往往对发生的事情具有主观性的看法。我们花了大量的研究时间来尝试帮助教师"看到"发生了什么，这样他们就有更多的数据来反思。举个例子，当我们问教师，他们在教室里的说话时间占多大比例时，得到的答案是"很多"，在40%左右。但真实比例几乎是这个数字的两倍。他们每天要问150—200个问题，所说的话占据了80%—90%的时间，而这些话语和问题主要是表层信息（关于事实、细节、已知内容）。为什么我们要关心教师对自己那20%的有记忆的内容的反思呢？尤其是在他们有强烈的确认偏差的情况下。

这种以内容为主的教师话语是学生所体验的，但教师的反思往往是学生做的一些有趣的、深度评论等琐事，被不等比例地放大了。我们已经建立了一个应用程序，以便教师能立即获得（准确度高的）记录。它能自动编码一些关键因素——这是即时的。他们还可以将自己的话语直接传送到学生的笔记本电脑或白板上，这样学生就可以重复听到教师所说的和要求的内容；同时学生可以对自己的学习进行评价，然后反馈给教师，并听到教师的影响。大约10个小时后，我们可以看到并了解如何增强教师的互动行为。现在，英国也在随机对照试验中应用了这个程序，我们将继续完善它。

关键是，必须与基于简单回忆的反思做斗争。

斯滕：1943年，法国哲学家萨特（Jean-Paul Sartre）在自己的哲学著作《存在与虚无》中定义了反思（réflexion），他在书的"关键特殊术语"部分这样写道："意识试图成为自己的反思对象，'反思是一种

存在，在这种存在中，自为是为了自在的本来面目'"。（Sartre 1998/
1943：634）

有人可能会说，当今社会中的自我反思过程正变得自我关涉，它们
与个体心灵的内在意识领域相分离，发生于不同的沟通场域中——因此
必须被彻底地审视和研究。20 世纪下半叶的语言学转向后，随着反思
社会学、主体间交往理论和系统论的兴起，个体意识并不是命定和注定
要成为焦点。

在过去的几天里我们就教育的目的进行了交流，同时还进行了生动
的、多主题的、多层次的、不可预见的反思。这是受到了卢曼一阶、二
阶和三阶观察的概念的启发，可以说，我们都使用了一阶观察作为起点
（我们周围的教育发生了什么？政府是如何"监管的"？学生和教师是
如何"做"的？）；然后是二阶观察（我们和其他人的书籍和文章等中
所述内容）；接下来是三阶观察（包括试图解释、质疑和批评对方的观
察和论点）；以及四阶观察（在有分歧时试图找到共同的推理方式或达
成共识——时不时地尽我们最大的努力复兴德国教化理念和惯例传统，
使其与教育领域的实证转向实现更深入的融合 ［如元研究、"可见的学
习"项目、影响数据等］ ）。

以上的确是一个很长的句子，也许包含太长太多内容了。

第五级的观察可能来自你，亲爱的读者。

所以这里有一个冒号：待续。

参考文献

Adorno, T. W. (2004/1966). *Negative Dialectics*. Taylor & Francis E-Library.

Adorno, T. W. (2005/1951). *Minima Moralia. Reflections on a Damaged Life* (e. g. Appendix IX: Procrustes). London and New York: Verso Books.

Alexander, P. A. (2000). Research news and comment: Toward a model of academic development: Schooling and the acquisition of knowledge. *Educational Researcher*, 29 (2), 28-44.

Alexander, P. A. (2004). A model of domain learning: Reinterpreting expertise as a multidimensional, multistage process. In: D. Y. Dai & R. J. Sternberg (eds.). *Motivation, Emotion, and Cognition: Integrative Perspectives on Intellectual Functioning and Development* (pp. 273-298). Mahwah, NJ: Erlbaum.

Anderson, C. (2008). The end of theory: The data deluge makes the scientific method obsolete. *Wired* (magazine), 16 (7), 16-17.

Arendt, H. (1958). *The Human Condition*. Chicago: University of Chicago Press.

Arendt, H. (1971). *The Life of the Mind: One/Thinking*. New York: A Harvest Book.

Augustine, S. (1876). *The Confessions*. Edinburgh: Clark.

Barber, M., Moffit, A. & Kihn, P. (2010). *Deliverology 101: A Field Guide for Educational Leaders*. Thousand Oaks, CA: Corwin Press.

Batchelor, D. (2008). Have students got a voice? In: R. Barnett & R. Di Napoli (eds.). *Changing Identities in Higher Education: Voicing Perspectives*. London and New York: Routledge.

Beck, U. (1985). *Risk Society: Towards a New Modernity*. London: Sage.

Benedick, T. & Keteyian, A. (2018). *Tiger Woods*. Ossining, NY: Simon & Shuster.

Berckley, J. (2018). *What Are the Observable Correlates of the Aha! Moment, and How Does This Moment Relate to Moving from Surface to Deep Thinking?* Unpublished doctoral dissertation, University of Houston.

Bernstein, B. (1971). *Class, Codes and Control: Theoretical Studies Towards a Sociology of Language*. London: Routledge & Kegan Paul.

Biesta, G. (2013). *The Beautiful Risk of Education*. New York: Routledge.

Biesta, G. (2017). *The Rediscovery of Teaching*. New York: Routledge.

Biggs, J. B. & Collis, K. F. (1982). *Evaluating the Quality of Learning: The SOLO Taxonomy (Structure of the Observed Learning Outcome)*. New York: Academic Press.

Blatchford, P. (2011). *Reassessing the Impact of Teaching Assistants: How Research Challenges Practice and Policy*. London: Routledge.

Bloch, E. (1986/1954-1959). *The Principle of Hope*. Cambridge, MA: MIT Press.

Caplan, B. (2018). *The Case Against Education: Why the Education System Is a Waste of Time and Money*. Princeton: Princeton University Press.

Carroll, L. (1871). *Alice Through the Looking Glass*.

Christensen, S. & Krejsler, J. (2015). *Evidens -kampen om 'viden der virker'*. PUF's skriftserie Nr. 2. København: FOA.

Christie, N. (2020/1971). *If Schools Didn't Exist*. L. Cone & J. S. Wiewiura (ed. & trans.). Cambridge, MA: MIT Press.

Clay, M. (1991). *Becoming Literate*. Portsmouth, NH: Heinemann.

Clay, M. (2005). *Literacy Lessons Designed for Individuals: Why? When? and How?* Portsmouth, NH: Heinemann Educational Books.

Clinton, J. M. & Hattie, J. A. C. (2005). *When the Language of Schooling Enters the Home: Evaluation of the Flaxmere Project*, June. Final report to Ministry of Education. www. educationcounts. govt. nz/publications/schooling/10001.

Clinton, J. M., Hattie, J. A. C. & Nawab, D. (2018). The good teacher: Our best teachers are inspired, influential and passionate. In: M. Harring (ed.). *Handbook for School Pedagogics* (pp. 880-888). Munster, Germany: Waxmann.

Cook, T. D. , Scriven, M. , Coryn, C. L. & Evergreen, S. D. (2010). Contemporary thinking about causation in evaluation: A dialogue with Tom Cook and Michael Scriven. *American Journal of Evaluation*, 31 (1), 105–117.

Cuban, L. (1984). *How Teachers Taught: Constancy and Change in American Class-rooms, 1890 – 1980*. Research on Teaching Monograph Series. ERIC Document: https://eric. ed. gov/? id=ED383498.

Danielson, C. (2011). *Enhancing Professional Practice: A Framework for Teaching*. Alexandria, VA: ASCD.

Danielson, C. (2012) . Observing classroom practice. *Educational Leadership*, 70 (3), 32–37.

Deleuze, G. (1990/1969). *The Logic of Sense*. London: The Athlon Press.

Deleuze, G. & Guattari, F. (1996/1991). *What Is Philosophy?* New York: Columbia University Press.

Deming, D. J. (2017). The growing importance of social skills in the labor market. *The Quarterly Journal of Economics*, 132 (4), 1593–1640.

Derrida, J. (2002/1999). *The University Without Condition*. Cambridge: Cambridge University Press.

Dewey, J. (1933). *How We Think: A Restatement of the Relation of Reflective Thinking to the Educative Process*. New York: DC Heath.

deWitt, P. (2012). *Dignity for All: Safeguarding LGBT Students*. Thousand Oaks, CA: Corwin Press.

Dochy, F. , Segers, M. , Van den Bossche, P. & Gijbels, D. (2003). Effects of problem-based learning: A meta-analysis. *Learning and Instruction*, 13 (5), 533–568.

Durkheim, É. (1956/1922). *Education and Sociology*. Glencoe, IL: University of California, Free Press.

Ehrenberg, A. (1998). *La fatigue d'être soi: dépression et société*. Paris: Éditions Odile Jacob.

Fadel, C. , Bialik, M. & Trilling, B. (2015). *Four-Dimensional Education: The*

Competencies Learners Need to Succeed. Boston, MA: Center for Curriculum Redesign.

Flexner, A. (1939). The usefulness of useless knowledge. *Harpers*, 179, June-November.

Florida, R. (2005). *Cities and the Creative Class*. London: Routledge.

Fogg, L. & Fiske, D. W. (1993). Foretelling the judgments of reviewers and editors. *American Psychologist*, 48 (3), 293.

Forlin, C., Douglas, G. & Hattie, J. (1996). Inclusive practices: How accepting are teachers? *International Journal of Disability, Development and Education*, 43, 119-133.

Foucault, M. (1980). *Power/Knowledge: Selected Interviews and Other Writings, 1972—1997*. New York: Pantheon Books.

Foucault, M. (1984). *The Foucault Reader*. P. Rabinow (ed.). New York: Pantheon Books.

Freire, P. (1970/1968). *Pedagogy of the Oppressed*. New York: Herder and Herder.

Fuchs, T. (2006). Neuromythologien. Mutmaßungen über die Bewegkräfte der Hirnforschung. *Jahrbuch für Psychotherapie, Philosophie und Kultur No. 1 ε Jahress-chrift für skeptisches Denken*, 36.

Fuchs, T. (2009). *Das Gehirn -ein Beziehungsorgan. Eine phänomenologisch-ökologische Konzeption*. Stuttgart: Verlag Kohlhammer.

Fuchs, T. (2018). *Ecology of the Brain: The Phenomenology and Biology of the Embodied Mind*. Oxford: Oxford University Press.

Fuchs, T. & De Jaegher, H. (2009). Enactive intersubjectivity: Participatory sense-making and mutual incorporation. *Phenomenology and the Cognitive Sciences*, 8 (4), 465-486. www. klinikum. uniheidelberg. de/fileadmin/zpm/psychatrie/fuchs/Enactive_Intersubjectivity. pdf.

Fullan, M. (2015). Leadership from the middle. *Education Canada*, 55 (4), 22-26.

Gadamer, H. -G. (1989/1960). *Truth and Method*. London: Sheed & Ward.

Gage, N. (1991). The obviousness of social and educational research results. *Educational Researcher*, 20 (1), 10-16.

Gardner, H. (1983). *Frames of Mind: The Theory of Multiple Intelligences*. New York: Basic Books Google Scholar.

Gilligan, C. (1982). *In a Different Voice*. Cambridge, MA: Harvard University Press.

Glass, G. V. (1976). Primary, secondary, and meta-analysis of research. *Educational Researcher*, 5 (10), 3–8.

Goffman, E. (1959). *The Presentation of Self in Everyday Life*. New York: Doubleday Anchor.

Golding, W. (1954). *Lord of the Flies*. London: Faber and Faber.

Gorz, A. (2010). *The Immaterial*. New York: Seagull Books.

Griffin, P. & Care, E. (eds.). (2014). *Assessment and Teaching of 21st Century Skills: Methods and Approach*. Rotterdam, Netherlands: Springer.

Habermas, J. (1971). *Knowledge and Human Interests*. London: Heinemann.

Habermas, J. (1989). *The Theory of Communicative Action*. Vol. 2. Cambridge: Polity Press.

Habermas, J. (1991). *The Theory of Communicative Action*. Vol. 1. Cambridge: Polity Press.

Haig, B. (2014). *Investigating the Psychological World: Scientific Method in the Behavioral Sciences*. Cambridge, MA: MIT Press.

Haig, B. (2018). *The Philosophy of Quantitative Methods: Understanding Statistics*. Oxford: Oxford University Press.

Hardt, M. & Negri, A. (2009). *Commonwealth*. Cambridge, MA: The Belknap Press, Harvard University Press.

Hart, B. & Risley, T. R. (2003). The early catastrophe: The 30 million word gap by age 3. *American Educator*, 27 (1), 4–9.

Hattie, J. (1992a). *Self-Concept*. Mahwah, NJ: Erlbaum.

Hattie, J. (1992b). Measuring the effects of schooling. *Australian Journal of Education*, 36 (1), 5–13.

Hattie, J. (2009). *Visible Learning: A Synthesis of Over 800 Meta-Analyses Relating to Achievement*. London: Routledge.

Hattie, J. (2010). On being a 'critic and conscience of society': The role of the education academic in public debates. *New Zealand Journal of Educational Studies*, 45 (1), 85.

Hattie, J. (2012). *Visible Learning for Teachers: Maximizing Impact on Learning*. New York: Routledge.

Hattie, J. (2015a). *What Doesn't Work in Education: The Politics of Distraction*. Open Ideas at Pearsons. www. pearson. com/hattie/distractions. html.

Hattie, J. (2015b). *What Works Best in Education: The Politics of Collaborative Expertise*. London: Pearson.

Hattie, J., Brown, G. T., Ward, L., Irving, S. E. & Keegan, P. J. (2006). Formative evaluation of an educational assessment technology innovation: Developers' insights into assessment tools for teaching and learning (asTTle). *Journal of Multi-Disciplinary Evaluation*, 5 (3), 1-54.

Hattie, J. & Donoghue, G. M. (2018). A model of learning: Optimizing the effectiveness of learning strategies. In: K. Illeris (ed.). *Contemporary Theories of Learning*. Oxon: Routledge.

Hattie, J. & Hamilton, A. (2018). *Cargo Cults Must Die*. www. visiblelearningplus. com/groups/cargo-cults-must-die-white-paper.

Hattie, J. & Marsh, H. W. (1996). The relationship between research and teaching: A meta-analysis. *Review of Research in Education*, 66, 507-542.

Hattie, J., Myers, J. E. & Sweeney, T. J. (2004). A factor structure of wellness: Theory, assessment, analysis, and practice. *Journal of Counseling & Development*, 82 (3), 354-364.

Hattie, J. & Purdie, N. (1998). The SOLO model: Addressing fundamental measurement issues. In: B. Dart & G. Boulton Lewis (eds.). *Teaching and Learning in Higher Education*. Herndon, VA: Stylus Publishing.

Hattie, J. & Toscano, M. (2018). John Hattie on interpretation, the story of research, and the necessity of falsifiability: In dialogue with Maurizio Toscano. In: J. Quay, J. Bleazby, S. Stolz, M. Toscano & R. Webster (eds.). *Theory and Philosophy in Education Research: Methodological Dialogues*. Oxon: Routledge.

Hattie, J. & Yates, G. (2014). *Visible Learning and the Science of How We Learn*. New York: Routledge.

Hattie, J. & Zierer, K. (2018). *10 Mindframes for Visible Learning: Teaching for Success*. New York: Routledge.

Hedges, L. V. & Olkin, I. (1990). *Statistical Methods for Meta-Analysis*. Orlando, FL: Academic Press.

Hegel, G. W. F. (1979/1807). *Phenomenology of the Spirit*. Oxford: Oxford University Press.

Hirsch Jr. , E. D. (2010). *The Schools We Need: And Why We Don't Have Them*. New York: Anchor.

Humboldt, W. V. (1960/1793) . Theorie der Bildung des Menschen. In: *Schrif-ten zur Anthropologie und Geschichte*. Werke in Fünf Bänden I. Stuttgart: J. G. Cotta'sche Buchhandlung.

Hunter, M. C. (1982) . *Mastery Teaching*. Thousand Oaks, CA: Corwin Press.

Hyldgaard, K. (2017). Pædagogikkens placebo. In: T. A. Rømer, L. Tanggaard & S. Brinkmann (eds.). *Uren pædagogik 3*. Aarhus: Klim.

Illeris, K. (2004). *The Three Dimensions of Learning: Contemporary Learning Theory in the Tension Field Between the Cognitive, the Emotional and the Social*. Denmark: Krieger Publishing Company.

Illeris, K. (2018). *Contemporary Theories of Learning. Learning Theories . . . In Their Own Words*. New York: Routledge.

Imms, W. , Cleveland, B. & Fisher, K. (eds.). (2016). *Evaluating Learning Environments: Snapshots of Emerging Issues, Methods and Knowledge*. Rotterdam, Netherlands: Springer.

Kane, T. J. & Staiger, D. O. (2012). *Gathering Feedback for Teaching: Combining High-Quality Observations with Student Surveys and Achievement Gains*. Research Paper. MET Project. Bill & Melinda Gates Foundation.

Kant, I. (1971/1803) . *Education*. Ann Abor: The University of Michigan Press.

Kant, I. (1999/1781). *Critique of Pure Reason*. Cambridge: Cambridge University

Press.

Kant, I. （2007/1795）. *Perpetual Peace: A Philosophical Essay* （Zum ewigen Frieden. Ein philosophischer Entwurf）. Minneapolis: Filiquarian Publishing, LLC.

Kant, I. （2008/1790）. *Critique of Judgement.* Oxford: Oxford World's Classics.

Kauffmann, O. （2017）. Usynlig læring. In: *Turbulens.* http://turbulens.net/usynlig-laering/.

Kennedy, M. M. （2005）. *Inside Teaching.* Cambridge, MA: Harvard University Press.

Kennedy, M. M. （2008）. Contributions of qualitative research to research on teacher qualifications. *Educational Evaluation and Policy Analysis*, 30 （4）, 344–367.

Kierkegaard, S. A. （1959/1843）. *Either/Or.* Vol. 1—2. Princeton: Anchor.

Kirkeby, O. F. （1994）. *Begivenhed og krops-tanke. En fænomenologisk-hermeneutisk analyse.* Aarhus: Forlaget Modtryk.

Kirkeby, O. F. （2004）. The eventum tantum: To make the world worthy of what could happen to it. *Ephemera, Critical Dialogues on Organisations*, 26, October.

Klafki, W. （2000）. Didaktik analysis as the core of preparation of instruction. In: I. Westbury, S. Hopmann & K. Riquarts （eds.）. *Teaching as a Reflective Practice: The German Didaktik Tradition* （pp. 139–159）. Mahwah, NJ: Erlbaum.

Knudsen, H. （2017）. John Hattie: 'I'm a statistician, I'm not a theoretician'. *Nordic Journal in Studies of Educational Policy*, 3, #3. www.tandfonline.com/doi/full/10.1080/20020317.2017.1415048.

Koestler, A. （1964）. *The Act of Creation.* New York: Macmillan.

Kohlberg, L. （1981）. *Essays on Moral Development.* Vol. 1. San Francisco: Harper & Row.

Koselleck, R. （2006）. Zur anthropologischen und semantischen Struktur der Bildung. In: *Begriffsgeschichten. Studien zur Semantik und Pragmatik der politischen und sozialen Sprache.* Frankfurt am Main: Suhrkamp Verlag.

Kousholt, K. （2016）. Testing as social practice: Analysing testing in classes of young children from the children's perspective. *Theory & Psychology*, 26 （3）.

Kozol, J. （2012）. *Savage Inequalities: Children in America's Schools.* New York:

Broadway Books.

Krejsler, J. B., Olsson, U. & Petersson, K. (2014). The transnational grip on Scandinavian education reforms: The open method of coordination challenging national policy-making. *Nordic Studies in Education*, 34 (3), 172-186.

Larsen, S. N. (2004). Evalueringsfeber. *Dansk Sociologi*, 1.

Larsen, S. N. (2011). Der er ingen evidens for *evidens* -refleksioner omkring en magtfuld illusion. *Dansk pædagogisk Tidsskrift*, 1.

Larsen, S. N. (2012). Is capitalism dying out? (review of André Gorz. *The Immaterial*). *Ephemera*, 4.

Larsen, S. N. (2013a). The plasticity of the brain-an analysis of the contemporary taste for and limits to neuroplasticity. In: *Neurolex... Dura Lex*. Wellington, New Zealand. www. victoria. ac. nz/law/nzacl/PDFS/SPECIAL%20ISSUES/NEUROLEX/CP%20Neurolex %20Book%20Web%20Alpdf.

Larsen, S. N. (2013b). '*Know thy impact*' -kritiske tanker i forbindelse med Hattie-effektens evidente gennemslag (review of John Hattie. *Synlig læring-for lærere*. Frederikshavn: Dafolo 2013). *Dansk pædagogisk Tidsskrift*, 3.

Larsen, S. N. (2014a). Efterskrift: Hvordan undgå at læringbliver til en kliché? In: C. Aabro (ed.). *Læring i daginstitutioner-et erobringsprojekt*. Frederikshavn: Dafolo Forlag.

Larsen, S. N. (2014b). Compulsory creativity-a critique of contemporary cognitive capitalism. *Culture Unbound*, 6. www. cultureunbound. ep. liu. se/v6/a09/ cu14v6a09. pdf.

Larsen, S. N. (2014c). Evidenstænkningens videnskabeliggørelse som videnspolitik (review of John Hattie and Gregory Yates. *Visible Learning and the Science of How We Learn*. London and New York: Routledge 2014). *Dansk pædagogisk Tidsskrift*, 3.

Larsen, S. N. (2014d). Kritik-et essay. *Social Kritik*, 140.

Larsen, S. N. (2015a). Blind spots in John Hattie's evidence credo. *Journal of Academic Perspectives*, 1. www. journalofacademicperspectives. com/back-issues/volume-2015/volume-2015-no-1/.

Larsen, S. N. (2015b). Top-down university governance eradicates thinkingand good teaching. In: E. Westergaard & J. S. Wiewiura (eds.). *On the Facilitation of the Academy*. Rotterdam. www. sensepublishers. com/media/2288-on-the-facilitation-of-the-academy. pdf.

Larsen, S. N. (2015c) . *Dannelse-en samtidskritisk og idéhistorisk revitalisering*. Munkebo: Fjordager.

Larsen, S. N. (2015d). Evidens-19 kritiske aforismer. *Social Kritik*, 143.

Larsen, S. N. (2016a). *At ville noget med nogen. Filosofiske og samtidskritiske fragmenter om dannelseog pædagogik*. Aarhus: Turbine.

Larsen, S. N. (2016b). Runddans på missionshotellet (review of John Hattie et al. *Visible Learning into Action*. London and New York: Routledge 2015). *Dansk pædagogisk Tidsskrift*, 1.

Larsen, S. N. (2016c). Hvilke konsekvenser har målstyringen af (ud) dannelse for universitetsansatte og -studerende? In: M. Friis Andersen & L. Tanggaard (eds.). *Tæller vi det der tæller. Målstyring og standardisering i arbejdslivet. Moderne Arbejdsliv # 5*. Aarhus: KLIM.

Larsen, S. N. (2017a). Biestas blinde vinkler. In: L. Grandjean & O. Morsing (eds.). *Uddannelse for en menneskelig fremtid. Gerd Biestas pædagogiske tænkning*. Aarhus: KLIM.

Larsen, S. N. (2017b). 'Know thy impact' -blinde vinkler i John Hatties evidens-credo. In: J. Bjerre et al. (eds.). *Hattie på dansk. Evidenstænkningen I et kritisk og konstruktivt perspektiv*. København: Hans Reitzels Forlag.

Larsen, S. N. (2017c). What is education? -A critical essay. In: A. Bech Jørgensen et al. (eds.). *What Is Education?* Copenhagen: DUF, Problema. www. whatisedu cation. net/wp-content/uploads/2017/09/what-is-education. pdf.

Larsen, S. N. (2018a). Formålet med at uddanne sig er ikke at honorere givne læringsmål (review of John Hattie and Klaus Zierer. *10 Mindframes for Visible Learning: Teaching for Success*. London and New York: Routledge 2018). *Information*, 24 (3). www. information. dk/moti/anmeldelse/2018/03/formaalet-uddanne-honorere-givne-laeringsmaal.

Larsen, S. N. (2018b). A critical essay on the exercise of critique: On the impossibility of reconciling ontology and epistemology. *Danish Yearbook of Philosophy*, 51.

Larsen, S. N. (2019a). Blindness in seeing—a philosophical critique of the *Visible Learning* paradigm in education. *Education Sciences*, 9 (1), 47.

Larsen, S. N. (2019b). Hvordan det begrænset synlige blev det virkelige. In: D. Dalum Christoffersen & K. Stender Petersen (eds.). *Er der evidens for evidens?* Frederiksberg: Samfundslitteratur.

Larsen, S. N. (2019c). Imagine the university without condition. *Danish Yearbook of Philosophy*, 52.

Larsen, S. N. & Pedersen, I. K. (eds.). (2011). *Sociologisk leksikon*. Copenhagen: Hans Reitzels Forlag.

Lortie-Forgues, H. & Inglis, M. (2019). Rigorous large-scale educational RCTs are often uninformative: Should we be concerned? *Educational Researcher*, 48 (3), 158–166.

Luhmann, N. (1998). *Die Gesellschaft der Gesellschaft* 1. Frankfurt am Main: Suhrkamp Verlag.

Luhmann, N. (2002). *Die Erziehungssystem der Gesellschaft*. Frankfurt am Main: Suhrkamp Verlag.

Luria, A. R. (1976). *Cognitive Development: Its Cultural and Social Foundations*. Cambridge, MA: Harvard University Press.

Marsden, J. (2019). *The Art of Growing Up*. Australia: Macmillan.

Marsh, H. W. & Hattie, J. A. (2002). The relation between research productivity and teaching: Complementary, antagonistic, or independent constructs? *Journal of Higher Education*, 73, 603–641.

Marx, K. (1976/1867). *Capital: A Critique of Political Economy*. Vol. 1. Harmondsworth: Penguin, New Left Review.

Marzano, R. J. (2018). *The Handbook for the New Art and Science of Teaching*. Bloomington, IN: Solution Tree.

McGraw, K. O. & Wong, S. P. (1992). A common language effect size statistic. *Psy-*

chological Bulletin, 111 (2), 361-365.

Meyer, G. (2016). *Lykkens kontrollanter*. København: Jurist-og Økonomforbundets For-
lag.

Mitchell, D. (2007). *What Really Works in Special and Inclusive Education: Using Evi-
dence-Based Teaching Strategies*. London: Routledge.

Moon, J. A. (2000). *Reflection in Learning and Professional Development*. London:
Kogan Page.

Moulier Boutang, Y. (2011/2007) . *Cognitive Capitalism*. Cambridge: Polity Press.

Musgrave, A. (1993) . *Common Sense, Science and Scepticism: A Historical Introduction
to the Theory of Knowledge*. Cambridge: Cambridge University Press.

Nietzsche, F. (2009/1889). *Twilight of the Idols, or, How to Philosophize with a Ham-
mer* (Götzendämmerung, oder, Wie man mit dem Hammer philosophiert). Oxford:
Oxford University Press.

Nuthall, G. (2007). *The Hidden Lives of Learners*. Wellington: NZCER Press.

Pedersen, O. K. (2011). *Konkurrencestaten*. København: Gyldendal.

Peters, M. A. (2013). *Education, Philosophy and Politics: The Selected Works of Mi-
chael A. Peters*. London: Routledge.

Pfost, M. , Hattie, J. , Dörfler, T. & Artelt, C. (2014). Individual differences in
reading development: A review of 25 years of empirical research on Matthew effects in
reading. *Review of Educational Research*, 84 (2), 203-244.

Plato. (1989). *Cratylus-Parmenides-Greater Hippias-Lesser Hippias*. Loeb. Cambridge,
MA: Harvard University Press.

Polanyi, M. (1962). Tacit knowing: Its bearing on some problems of philosophy. *Re-
views of Modern Physics*, 34 (4), 601.

Popper, K. (1945). *The Open Society and its Enemies*. New York: Routledge.

Popper, K. (1979). *Three Worlds*. Ann Arbor: University of Michigan.

Popper, K. (2002/1953). *Conjectures and Refutations: The Growth of Scientific Know-
ledge*. New York: Routledge.

Porter, A. C. , Polikoff, M. S. & Smithson, J. (2009). Is there a de facto national intended curriculum? Evidence from state content standards. *Educational Evaluation and Policy Analysis*, 31（3）, 238-268.

Purkey, W. W. & Novak, J. M. （1996）. *Inviting School Success：A Self-Concept Approach to Teaching, Learning, and Democratic Practice*. Florence, KY：Wadsworth.

Rawls, J. （1971）. *A Theory of Justice*. Cambridge, MA：Harvard University Press.

Ricoeur, P. （1995a）. *Oneself as Another*. Chicago：University of Chicago Press.

Ricoeur, P. （1995b）. Ethical and theological considerations on the golden rule. In：M. I. Wallace（ed.）. *Figuring the Sacred, Religion, Narrative, and Imagination*. Min-neapolis：Fortress Press.

Rømer, T. A. , Tanggaard, L. & Brinkmann, S. （eds.）. （2011）. *Uren pædagogik*. Aarhus：Klim.

Rømer, T. A. , Tanggaard, L. & Brinkmann, S. （eds.）. （2014）. *Uren pædagogik 2*. Aarhus：Klim.

Rømer, T. A. , Tanggaard, L. & Brinkmann, S. （eds.）. （2017）. *Uren pædagogik 3*. Aarhus：Klim.

Rorty, R. （1989）. *Contingency, Irony and Solidarity*. Cambridge：Cambridge University Press.

Rorty, R. （1999）. *Philosophy and Social Hope*. Harmondsworth：Penguin.

Rosa, H. & Endres, W. （2016）. *Resonanzpädagogik：Wenn es im Klassenzimmer knistert*. Weinheim：Beltz.

Rousseau, J. J. （1979/1762）. *Emile, or On Education*. New York：Basic Books.

Safranski, R. （2003）. *Wieviel Globalisierung verträgt der Mensch?* München：Carl Hanser Verlag.

Sartre, J. -P. （1998/1943）. *Being and Nothingness*. London and New York：Routledge.

Schön, D. A. （1983）. *The Reflective Practitioner：How Professionals Think in Action*. New York：Basic Books.

Scribner, S. & Cole, M. （1981）. *The Psychology of Literacy*. Cambridge, MA：Harvard University Press.

Scriven, M. （1991）. Pros and cons about goal-free evaluation. *Evaluation Practice*, 12

(1), 55–62.

Sheets-Johnstone, M. (1990). *The Roots of Thinking*. Philadelphia: Temple University Press.

Simmel, G. (1910/1908). How is society possible? (Wie ist Gesellschaft möglich?) *American Journal of Sociology*, 16 (3), 372–391, November.

Sinek, S. (2019). *The Infinite Game*. Penguin.

Skovmand, K. (2016). *Uden mål og med-forenklede fælles mål?* København: Hans Reitzels Forlag.

Skovmand, K. (2019a). *I bund og grund-reformer uden fundament?* København: Hans Reitzels Forlag.

Skovmand, K (2019b). *Folkeskolen-efter læringsmålstyringen*. København: Hans Reitzels Forlag.

Sloterdijk, P. (2013/2009). *You Must Change Your Life*. Cambridge and Malden: Polity Press.

Snook, I., O'Neill, J., Clark, J., O'Neill, A. M. & Openshaw, R. (2009). Invisible learnings? A commentary on John Hattie's book - '*Visible Learning*: A synthesis of over 800 meta-analyses relating to achievement'. *New Zealand Journal of Educational Studies*, 44 (1), 93.

Sperry, D. E., Sperry, L. L. & Miller, P. J. (2018). Reexamining the verbal environments of children from different socioeconomic backgrounds. *Child Development*, 1–16.

Szumski, G., Smogorzewska, J. & Karwowski, M. (2017). Academic achievement of students without special educational needs in inclusive classrooms: A meta-analysis. *Educational Research Review*, 21, 33–54.

Tayler, C., Ishimine, K., Cloney, D., Cleveland, G. & Thorpe, K. (2013). The quality of early childhood education and care services in Australia. *Australasian Journal of Early Childhood*, 38 (2), 13–21.

Turkle, S. (2017). *Alone Together: Why We Expect More from Technology and Less from Each Other*. New York: Basic Books.

Vygotsky, L. S. (1997). *The Collected Works of LS Vygotsky: Problems of the Theory and History of Psychology*. Vol. 3. New York: Springer Science & Business Media.

Watkins, D. A. & Biggs, J. B. (eds.). (2001). *Teaching the Chinese Learner: Psychological and Pedagogical Perspectives*. Hong Kong: Hong Kong University Press.

Weingartner, C. & Postman, N. (1971). *Teaching as a Subversive Activity*. London: Pitman.

Westover, T. (2018). *Educated*. London: Cornerstone Digital.

Whitehead, A. N. (1959) . The aims of education. *Daedalus*, 88 (1), 192–205.

Wilmot, E. (1987). *Pemulwuy: The Rainbow Warrior*. McMahons Point, NSW: Weldons.

Wittgenstein, L. (1953) . *Philosophical Investigations*. New York: Macmillan.

Young, M. & Muller, J. (2013). On the powers of powerful knowledge. *Review of Education*, 1 (3), 229–250.

Zeichner, K. M. (1992). Conceptions of reflective teaching in contemporary US teacher education program reforms. *Reflective Teacher Education: Cases and Critiques*, 161–173.

Ziehe, T. (2004). *Øer af intensitet i et hav af rutine*. København: Politisk Revy.

索引^①

---

① 本索引所附页码为英文原版书页码，即本书边码。

出 版 人　郑豪杰
责任编辑　翁绮睿
版式设计　孙欢欢
责任校对　贾静芳
责任印制　米　扬

图书在版编目（CIP）数据

教育的目的："可见的学习"对话录／（新西兰）
约翰·哈蒂（John Hattie），（丹）斯滕·内佩尔·拉森
（Steen Nepper Larsen）著；柴楠译. -- 北京：教育
科学出版社，2024.10. -- ISBN 978-7-5191-3867-7

Ⅰ．G40-011

中国国家版本馆 CIP 数据核字第 2024S8E258 号

北京市版权局著作权合同登记 图字：01-2024-2159 号

教育的目的："可见的学习"对话录
JIAOYU DE MUDI："KEJIAN DE XUEXI" DUIHUA LU

出版发行	教育科学出版社				
社　　址	北京·朝阳区安慧北里安园甲 9 号		邮　　编	100101	
总编室电话	010-64981290		编辑部电话	010-64981167	
出版部电话	010-64989487		市场部电话	010-64989572	
传　　真	010-64989419		网　　址	http://www.esph.com.cn	
经　　销	各地新华书店				
制　　作	北京金奥都图文制作中心				
印　　刷	河北燕山印务有限公司				
开　　本	720 毫米×1020 毫米　1/16		版　　次	2024 年 10 月第 1 版	
印　　张	25.75		印　　次	2024 年 10 月第 1 次印刷	
字　　数	326 千		定　　价	89.00 元	

图书出现印装质量问题，本社负责调换。